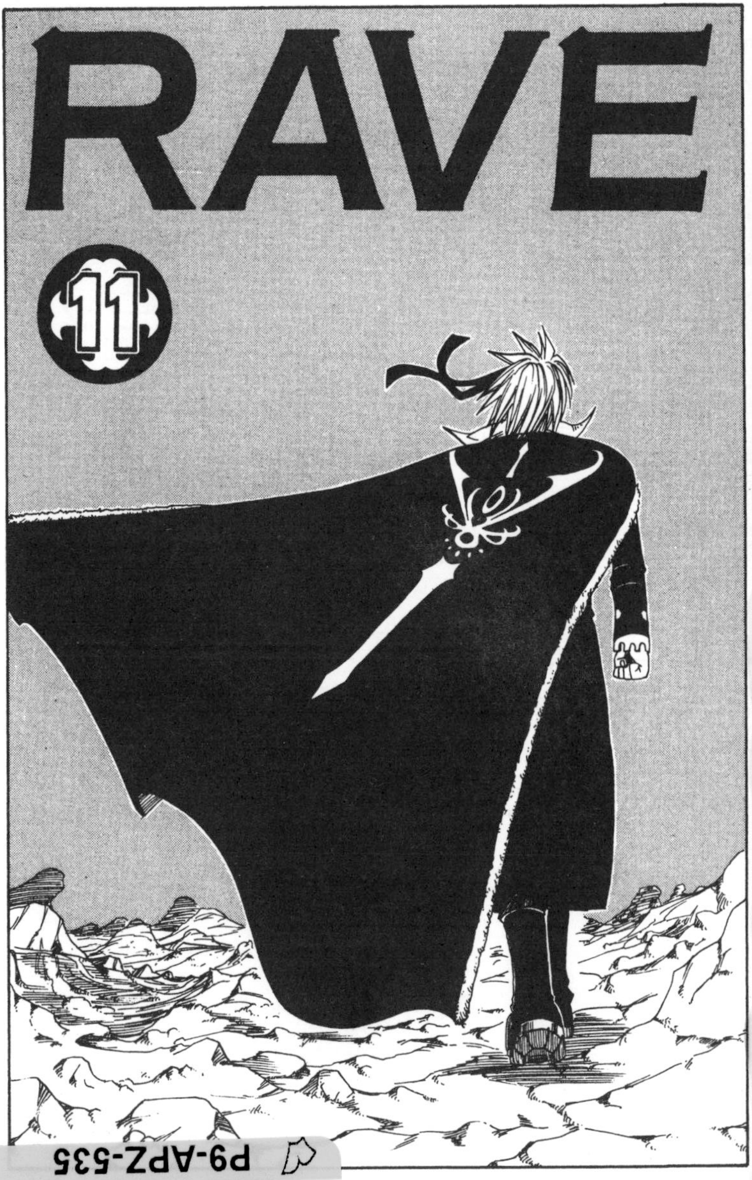
RAVE
11

RAVE 11 CONTENIDOS

RAVE 80 ✚ LAS PISADAS DEL DEMONIO 3

RAVE 81 ✚ LA VOZ DE SYMPHONIA 23

RAVE 82 ✚ EL VÉRTICE DEL CAOS 43

RAVE 83 ✚ DESTINO FORTUITO 64

RAVE 84 ✚ PORQUE SOMOS COMPAÑEROS .. 85

RAVE 85 ✚ LOS DESOLADOS DRAGONES 105

RAVE 86 ✚ LA VERDAD SOBRE JULIA 125

RAVE 87 ✚ SILVER RAY 145

RAVE 88 ✚ LOS RECUERDOS
DE LOS SILVER CLAIM 168

MANGA EXTRA. ✚ RAVE 0077 186

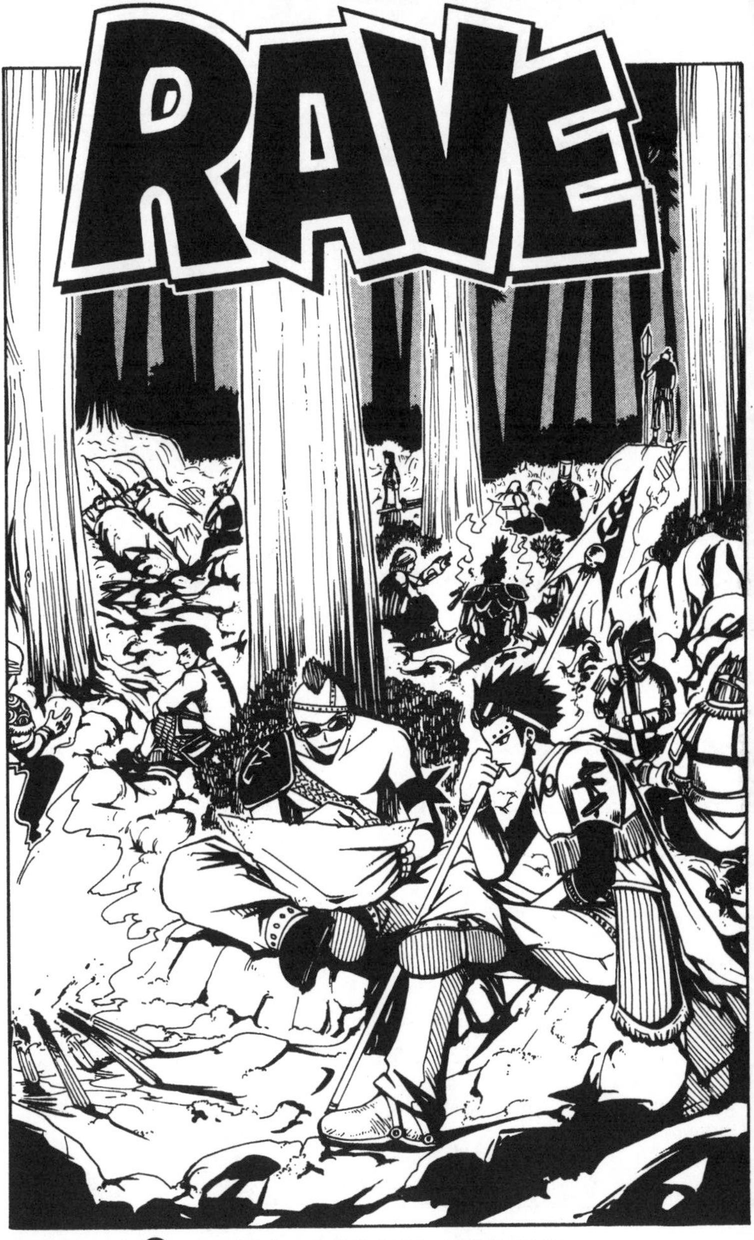
RAVE

RAVE 80 ✠ LAS PISADAS DEL DEMONIO

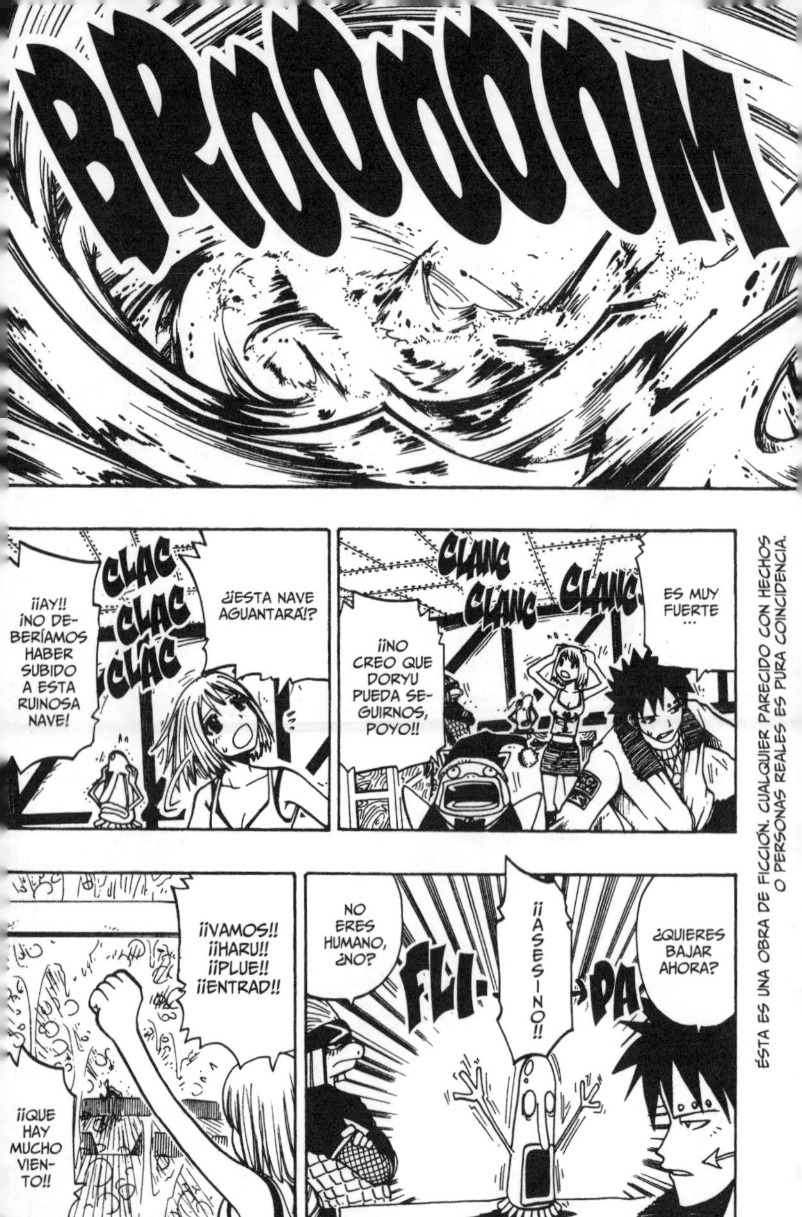
BROOOOOM
CLAC CLAC CLAC
¿¡ESTA NAVE AGUANTARÁ!?
¡¡AY!! ¡NO DEBERÍAMOS HABER SUBIDO A ESTA RUINOSA NAVE!
CLANC CLANC CLANC
ES MUY FUERTE ...
¡¡NO CREO QUE DORYU PUEDA SEGUIRNOS, POYO!!
¡¡VAMOS!! ¡¡HARU!! ¡¡PLUE!! ¡¡ENTRAD!!
¡¡QUE HAY MUCHO VIENTO!!
¿QUIERES BAJAR AHORA?
FLI-PA
¡¡ASESINO!!
NO ERES HUMANO, ¿NO?

ÉSTA ES UNA OBRA DE FICCIÓN. CUALQUIER PARECIDO CON HECHOS O PERSONAS REALES ES PURA COINCIDENCIA.

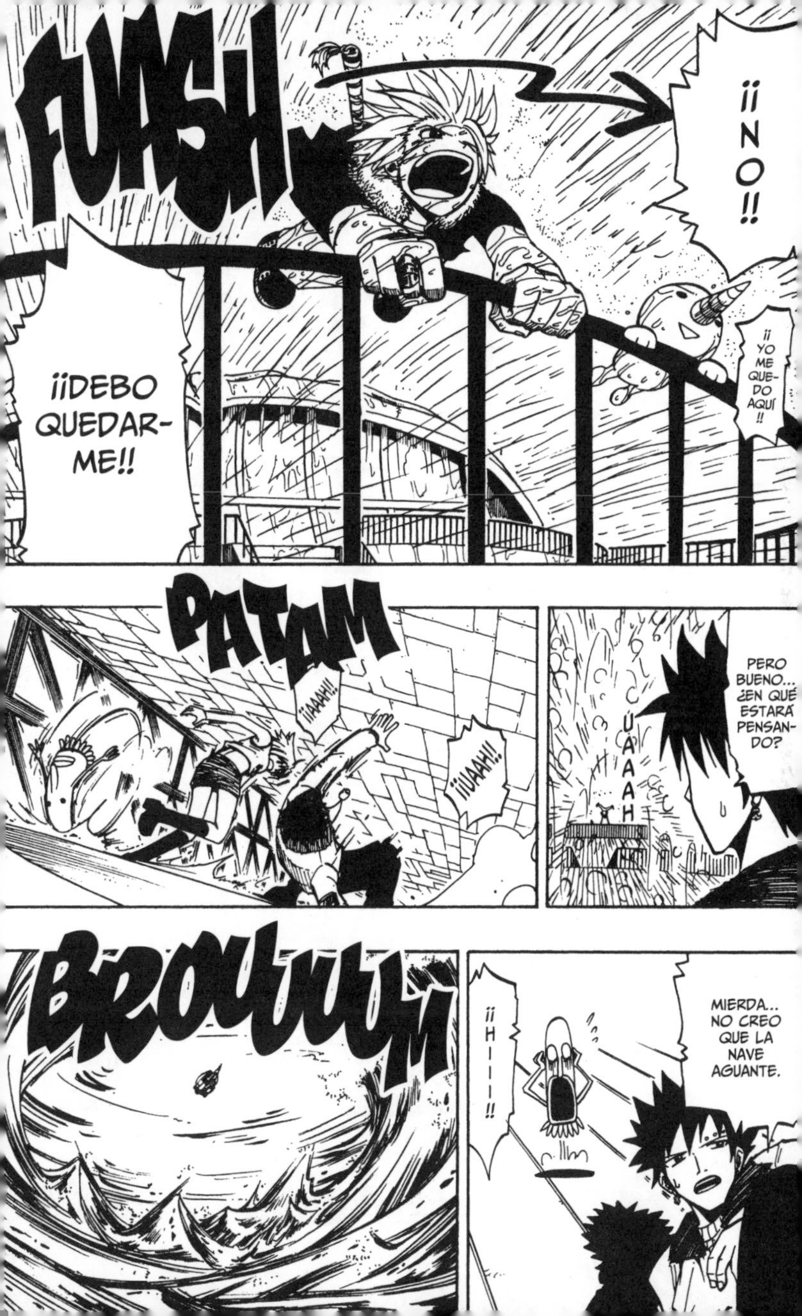

FUASH
¡¡NO!!
¡¡YO ME QUEDO AQUÍ!!
¡¡DEBO QUEDARME!!
PERO BUENO... ¿EN QUÉ ESTARÁ PENSANDO?
ÚAAAAH
PATAM
¡¡AAAH!!
¡¡UAAH!!
MIERDA... NO CREO QUE LA NAVE AGUANTE.
¡¡HIII!!
BROUUUM

¿ESTÁS BIEN, POYO!? A MÍ TAMPOCO ME GUSTAN LOS TRUENOS, POYO.

BRR

BRR

UGH...

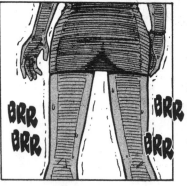

BRR

BRR

BRR

BRR

¡¡HARU!! ¡¡YA BASTA!! ¡¡VEN AQUÍ DENTRO O TE LLEVARÁ EL VIENTO!!

PLANG PLANG

¿SEGURO QUE VAMOS A LLEGAR SANOS Y SALVOS A SYMPHONIA?

Y ESO QUE AÚN NO ESTAMOS EN LAS PUERTAS DE THE STORM, POYO.

BRUUBRUUU

VOY A... DESCANSAR UN RATO A MI HABITACIÓN.

TUMP

FUOOOOSH

ESTOY CON RAVE.

YO SOY EL ÚNICO QUE PUEDE USAR RAVE.

¿EING?

NO PUEDO HACERLO.

SHAAA

6

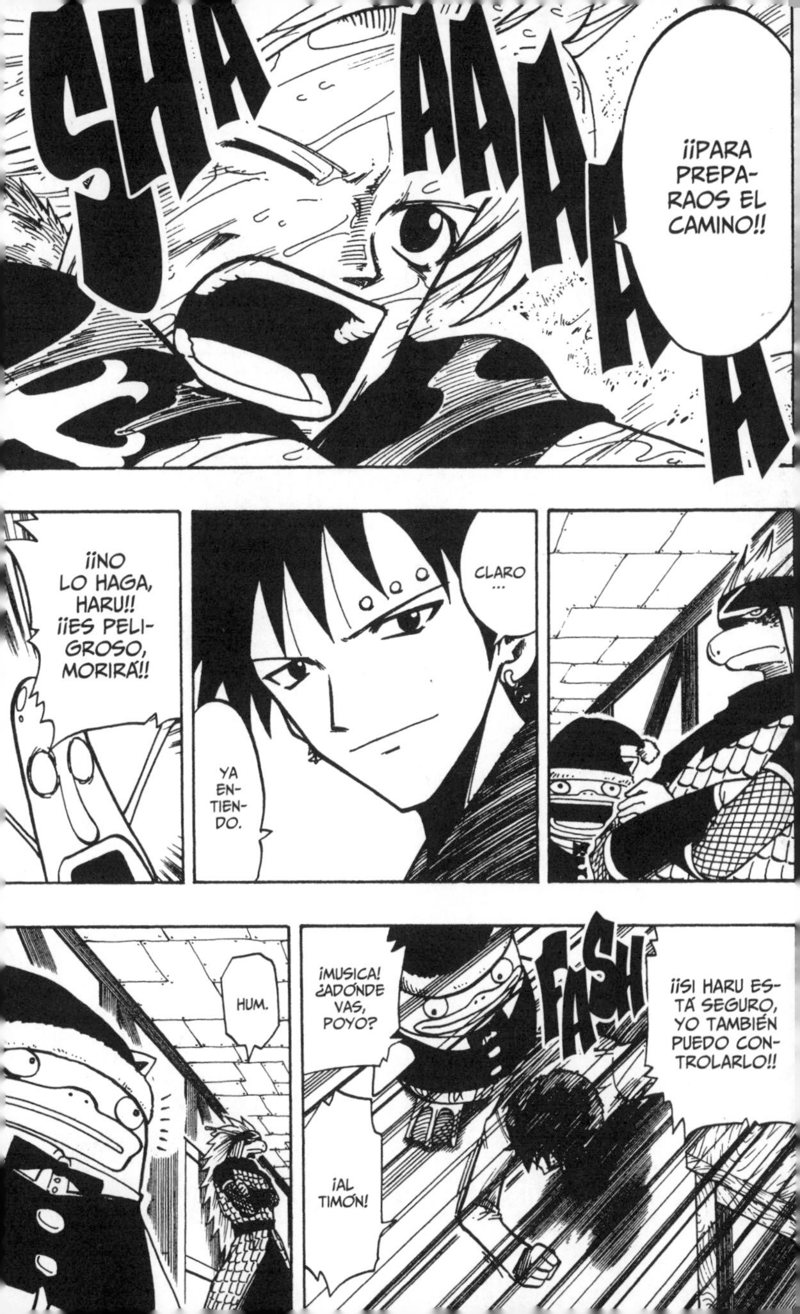
SHAAAAAAA
¡¡PARA PREPARAOS EL CAMINO!!
CLARO...
YA ENTIENDO.
¡¡NO LO HAGA, HARU!! ¡¡ES PELIGROSO, MORIRÁ!!
¡¡SI HARU ESTÁ SEGURO, YO TAMBIÉN PUEDO CONTROLARLO!!
FASH
¡MUSICA! ¿ADÓNDE VAS, POYO?
¡AL TIMÓN!
HUM.

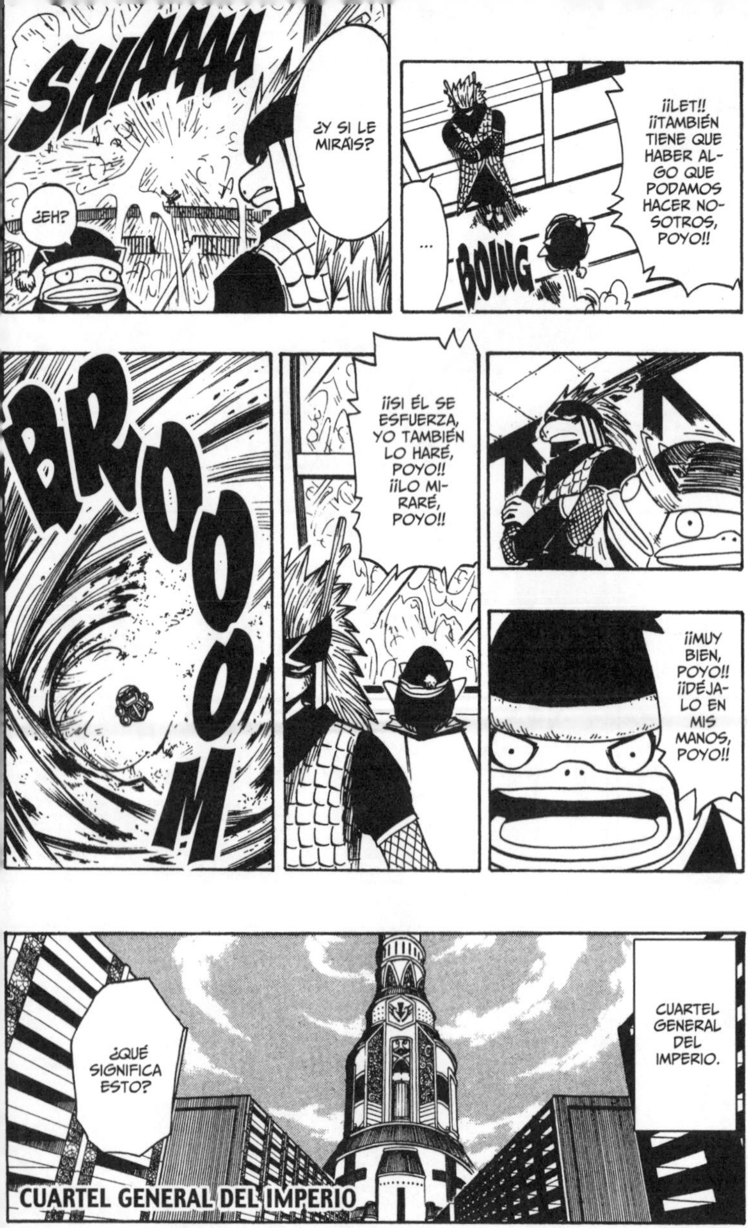
SHIAAAA
¿EH?
¿Y SI LE MIRÁIS?
...
BOING
¡¡LET!! ¡¡TAMBIÉN TIENE QUE HABER ALGO QUE PODAMOS HACER NOSOTROS, POYO!!
BROOOOOM
¡¡SI ÉL SE ESFUERZA, YO TAMBIÉN LO HARÉ, POYO!! ¡¡LO MIRARÉ, POYO!!
TK
¡¡MUY BIEN, POYO!! ¡¡DÉJALO EN MIS MANOS, POYO!!
CUARTEL GENERAL DEL IMPERIO.
¿QUÉ SIGNIFICA ESTO?
CUARTEL GENERAL DEL IMPERIO

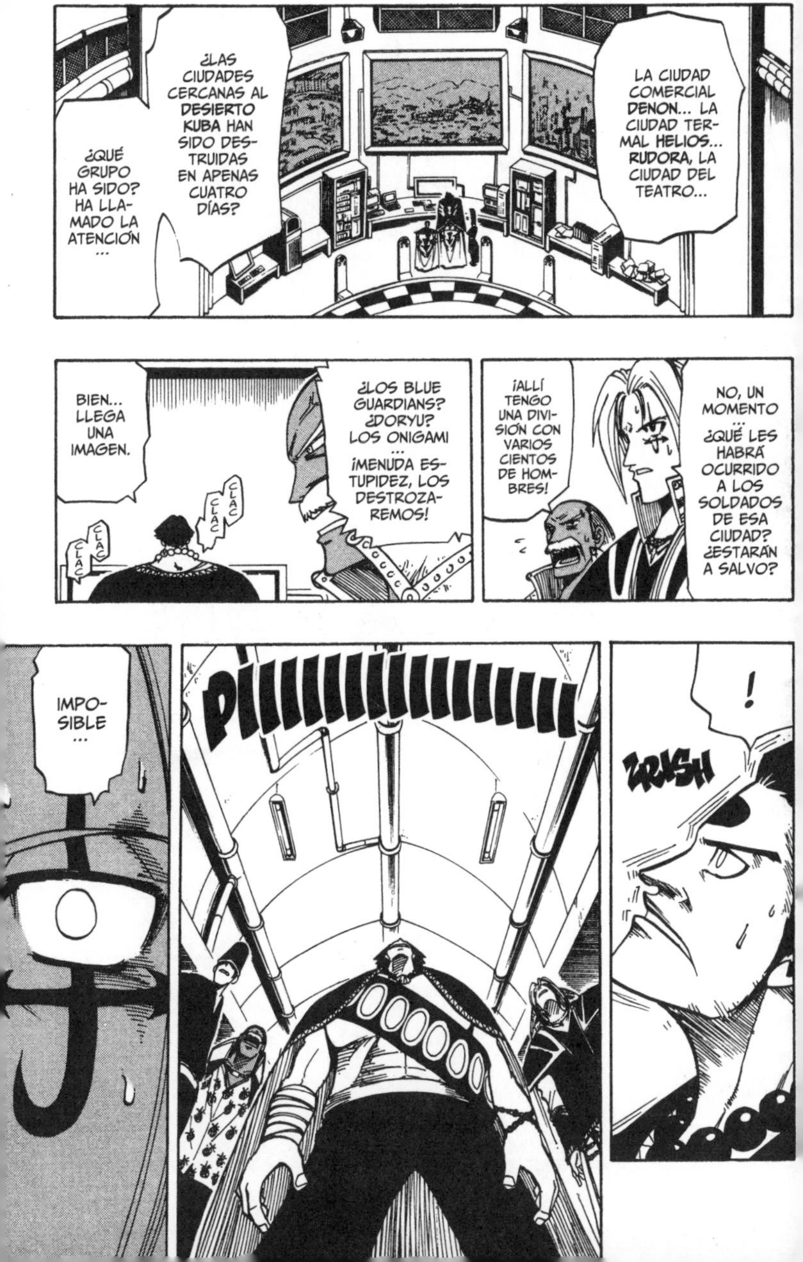
LA CIUDAD COMERCIAL DENON... LA CIUDAD TERMAL HELIOS... RUDORA, LA CIUDAD DEL TEATRO...
¿LAS CIUDADES CERCANAS AL DESIERTO KUBA HAN SIDO DESTRUIDAS EN APENAS CUATRO DÍAS?
¿QUÉ GRUPO HA SIDO? HA LLAMADO LA ATENCIÓN...
NO, UN MOMENTO... ¿QUÉ LES HABRÁ OCURRIDO A LOS SOLDADOS DE ESA CIUDAD? ¿ESTARÁN A SALVO?
¡ALLÍ TENGO UNA DIVISIÓN CON VARIOS CIENTOS DE HOMBRES!
¿LOS BLUE GUARDIANS? ¿DORYU? LOS ONIGAMI... ¡MENUDA ESTUPIDEZ, LOS DESTROZAREMOS!
CLAC
CLAC
CLAC
CLAC
BIEN... LLEGA UNA IMAGEN.
!
ZRUSH
PIIIIIIIIIIIIIII
IMPOSIBLE...

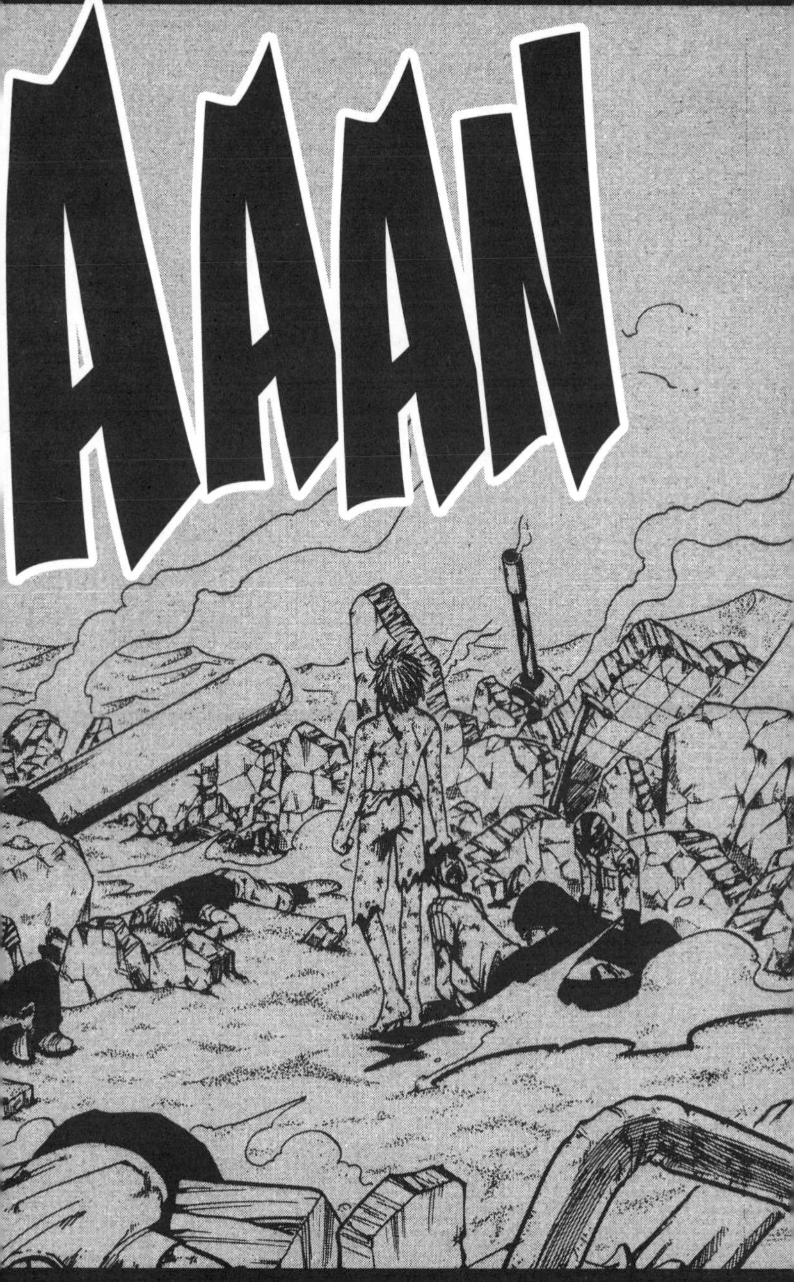
AAAN

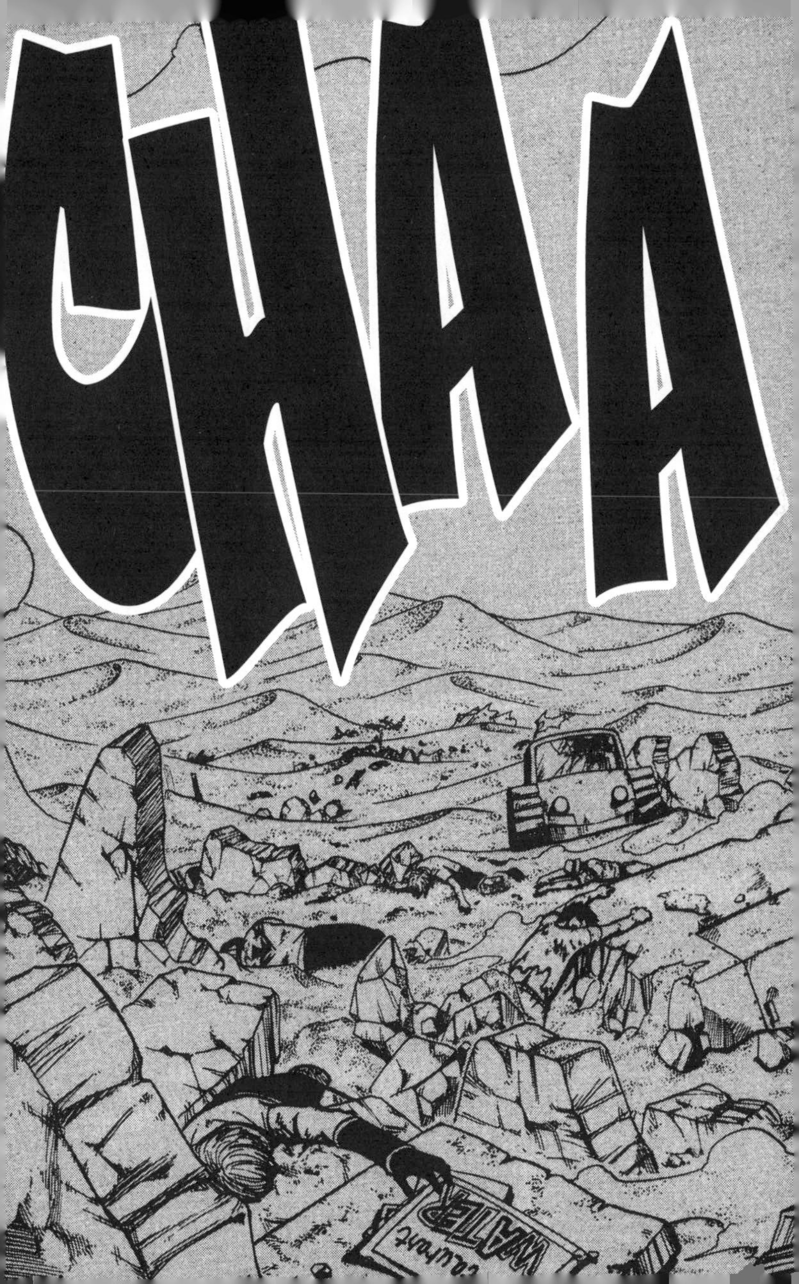
CHAA
WATER

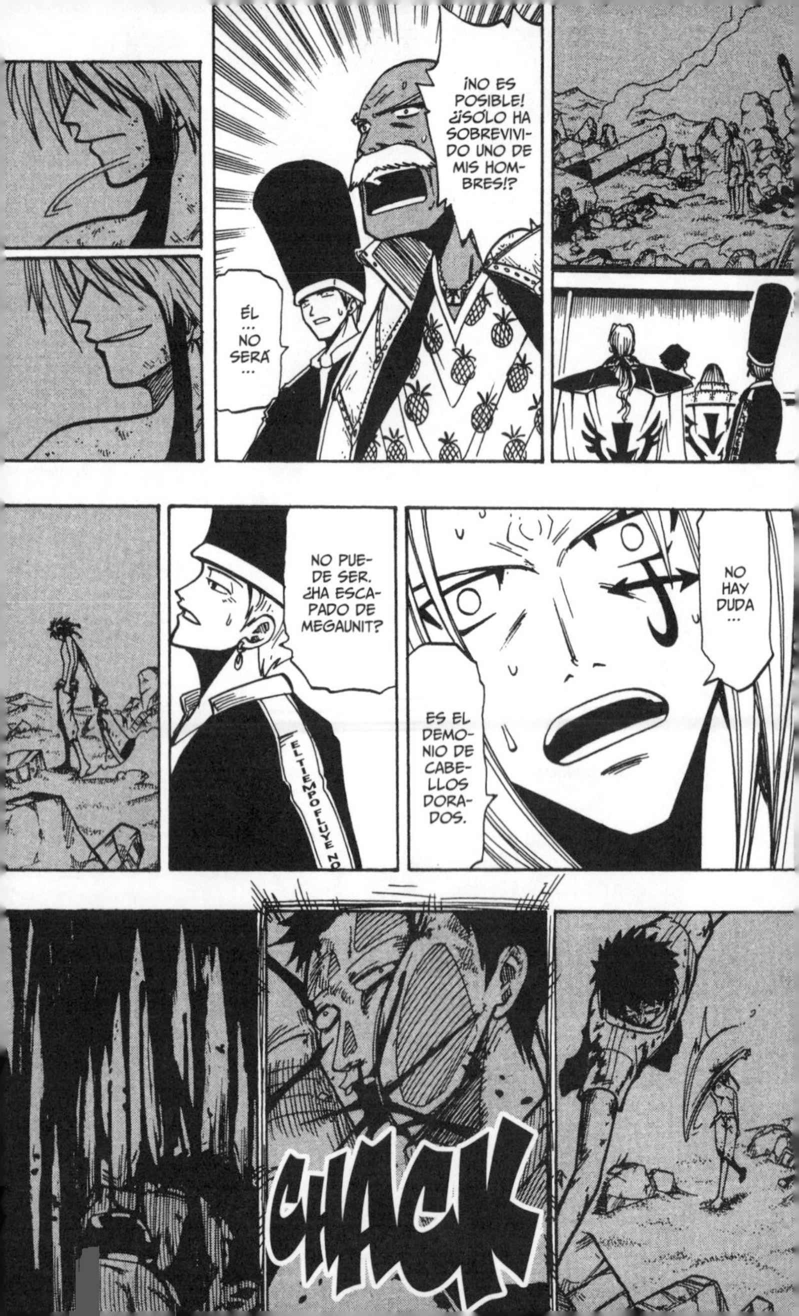
¡NO ES POSIBLE! ¿¡SÓLO HA SOBREVIVIDO UNO DE MIS HOMBRES!?
ÉL... NO SERÁ...
NO HAY DUDA...
ES EL DEMONIO DE CABELLOS DORADOS.
NO PUEDE SER. ¿HA ESCAPADO DE MEGAUNIT?
EL TIEMPO FLUYE NO
CHACK

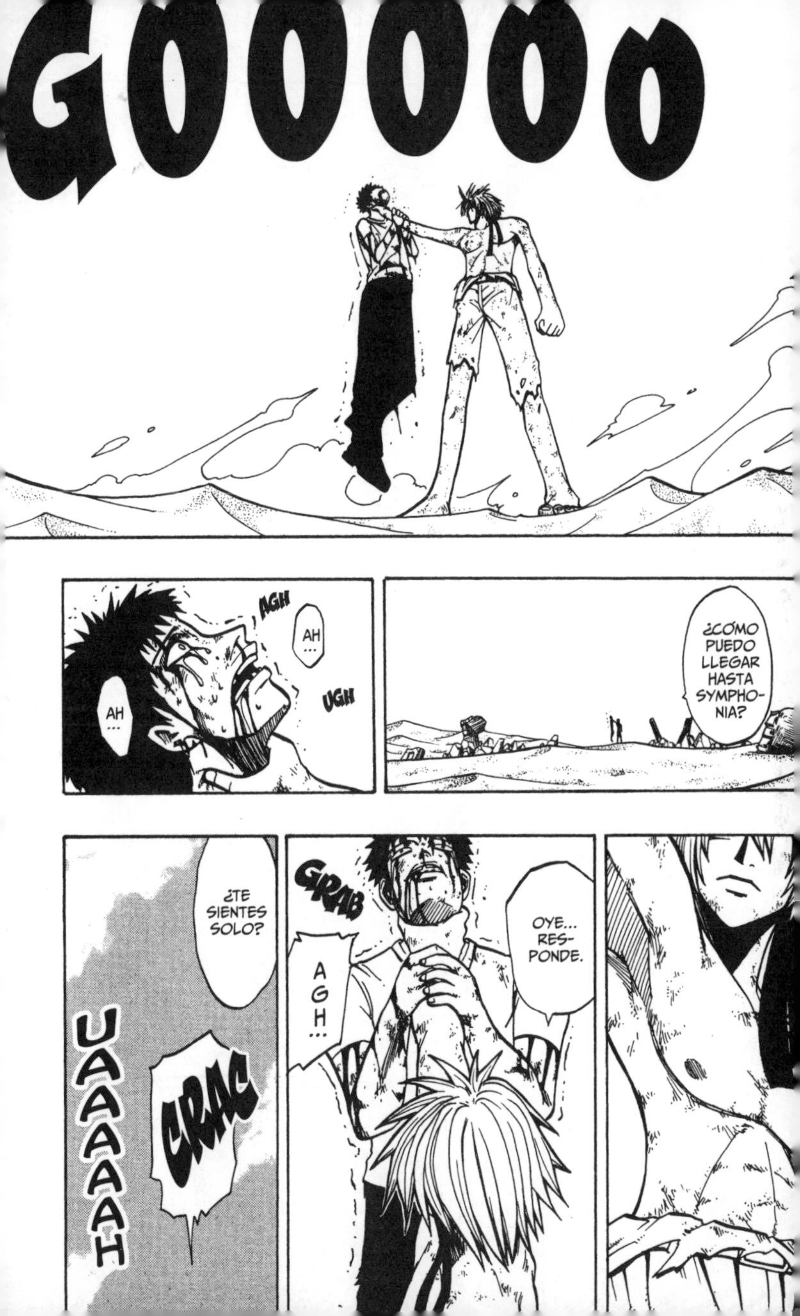
GOOOOO
AGH
AH...
AH...
UGH
¿CÓMO PUEDO LLEGAR HASTA SYMPHONIA?
¿TE SIENTES SOLO?
UAAAAAAH
CRAC
GRAB
AGH...
OYE... RESPONDE.

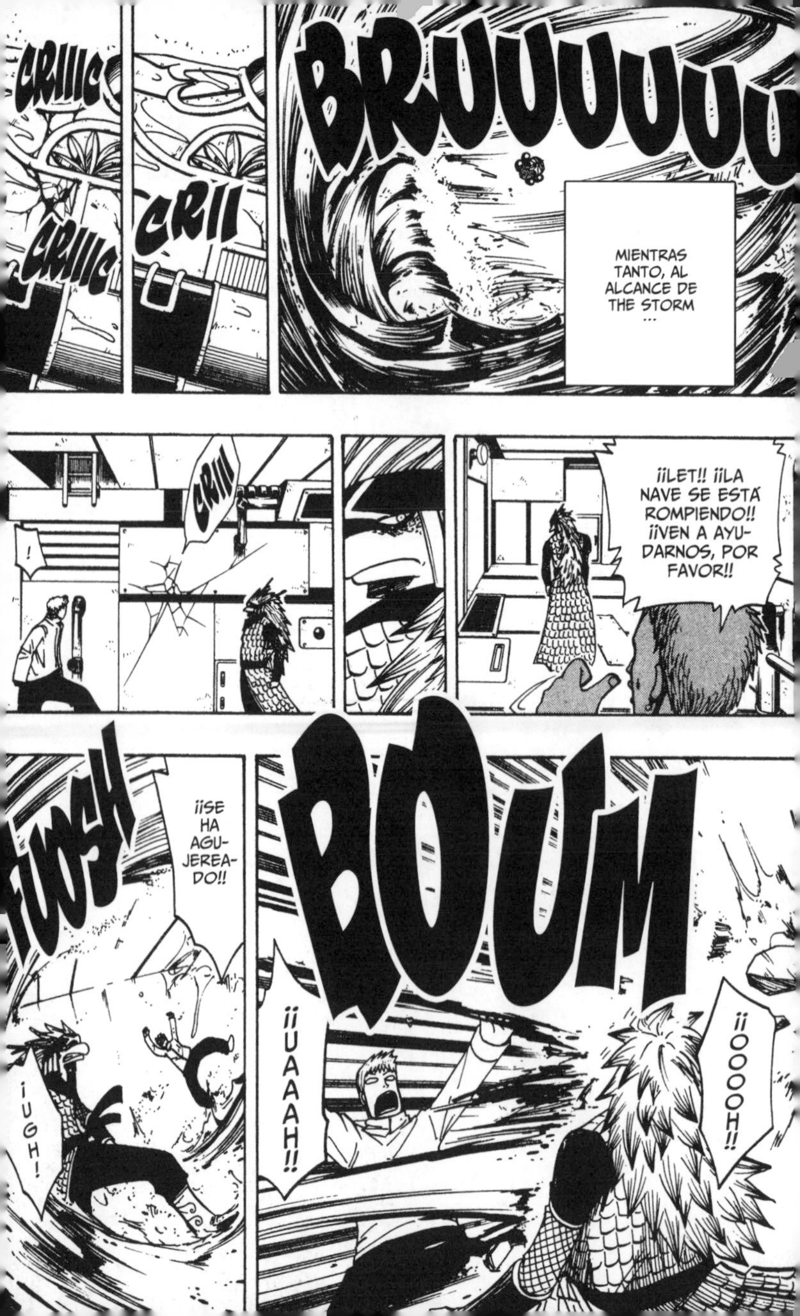
CRIIIC
CRII
CRIIIC
BRUUUUUU
MIENTRAS TANTO, AL ALCANCE DE THE STORM ...
!
CRIII
¡¡LET!! ¡¡LA NAVE SE ESTÁ ROMPIENDO!! ¡¡VEN A AYUDARNOS, POR FAVOR!!
¡¡SE HA AGUJEREADO!!
BOUM
¡UGH!
¡¡UAAAAH!!
¡¡OOOOOH!!

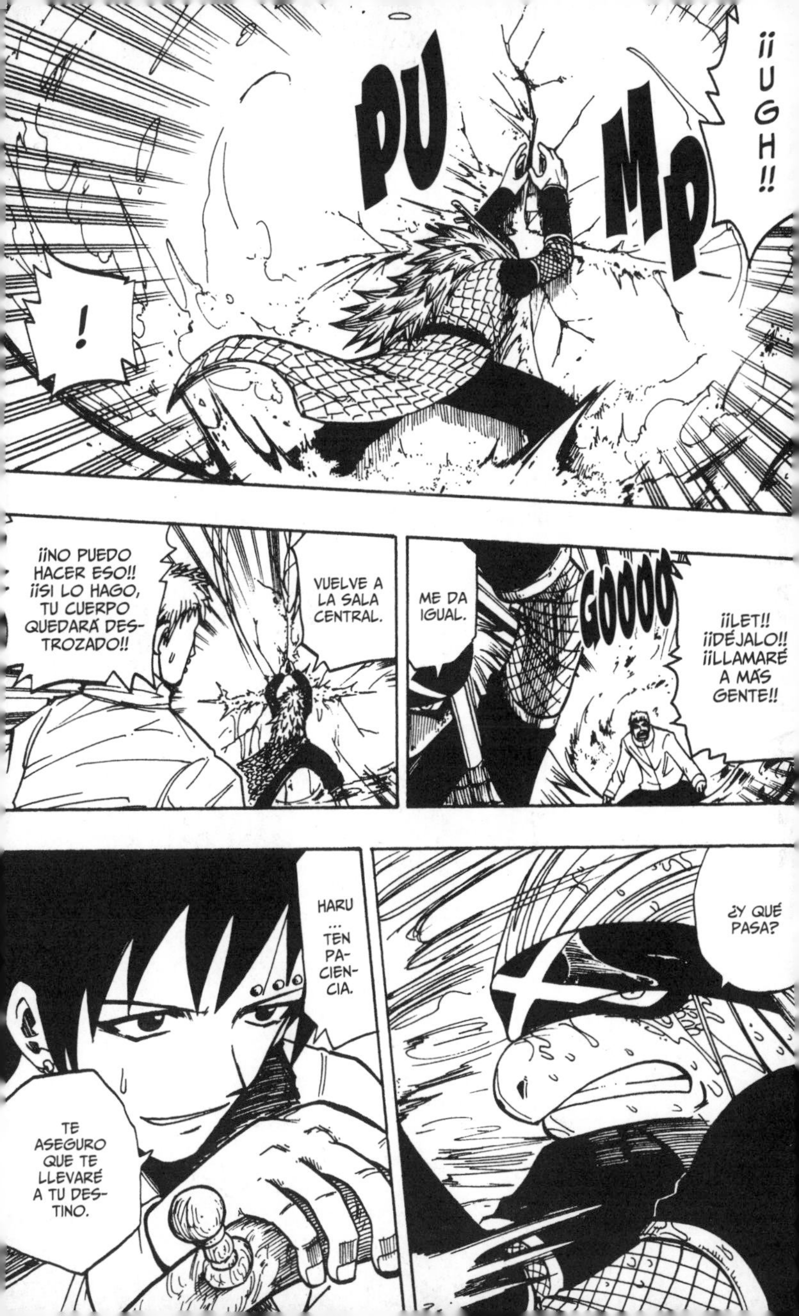
¡¡UGH!!
PUMP
!
¡¡LET!! ¡¡DÉJALO!! ¡¡LLAMARÉ A MÁS GENTE!!
GOOOO
ME DA IGUAL.
VUELVE A LA SALA CENTRAL.
¡¡NO PUEDO HACER ESO!! ¡¡SI LO HAGO, TU CUERPO QUEDARÁ DESTROZADO!!
¿Y QUÉ PASA?
HARU... TEN PACIENCIA.
TE ASEGURO QUE TE LLEVARÉ A TU DESTINO.

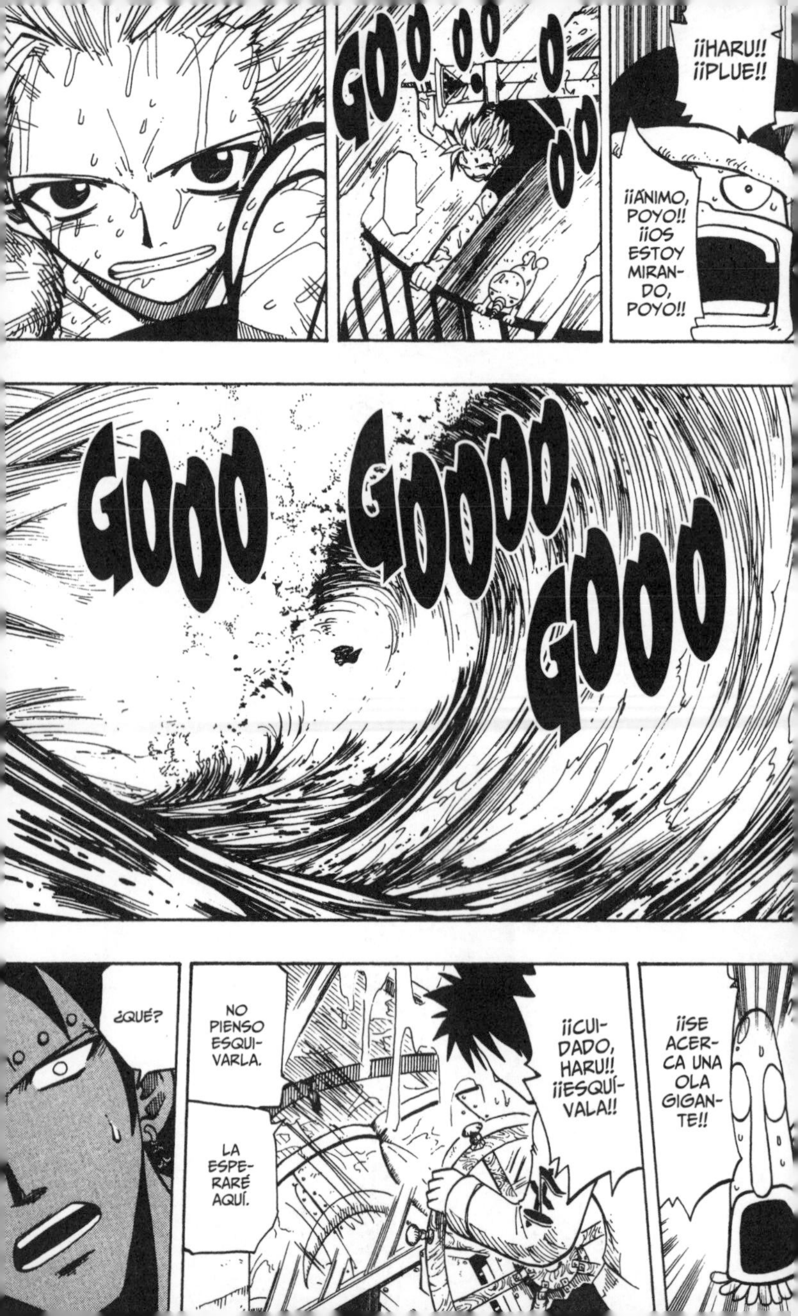
¡¡HARU!! ¡¡PLUE!!
¡¡ÁNIMO, POYO!! ¡¡OS ESTOY MIRANDO, POYO!!
GOOO GOOOO GOOOO
¡¡SE ACERCA UNA OLA GIGANTE!!
¡¡CUIDADO, HARU!! ¡¡ESQUÍVALA!!
NO PIENSO ESQUIVARLA.
LA ESPERARÉ AQUÍ.
¿QUÉ?

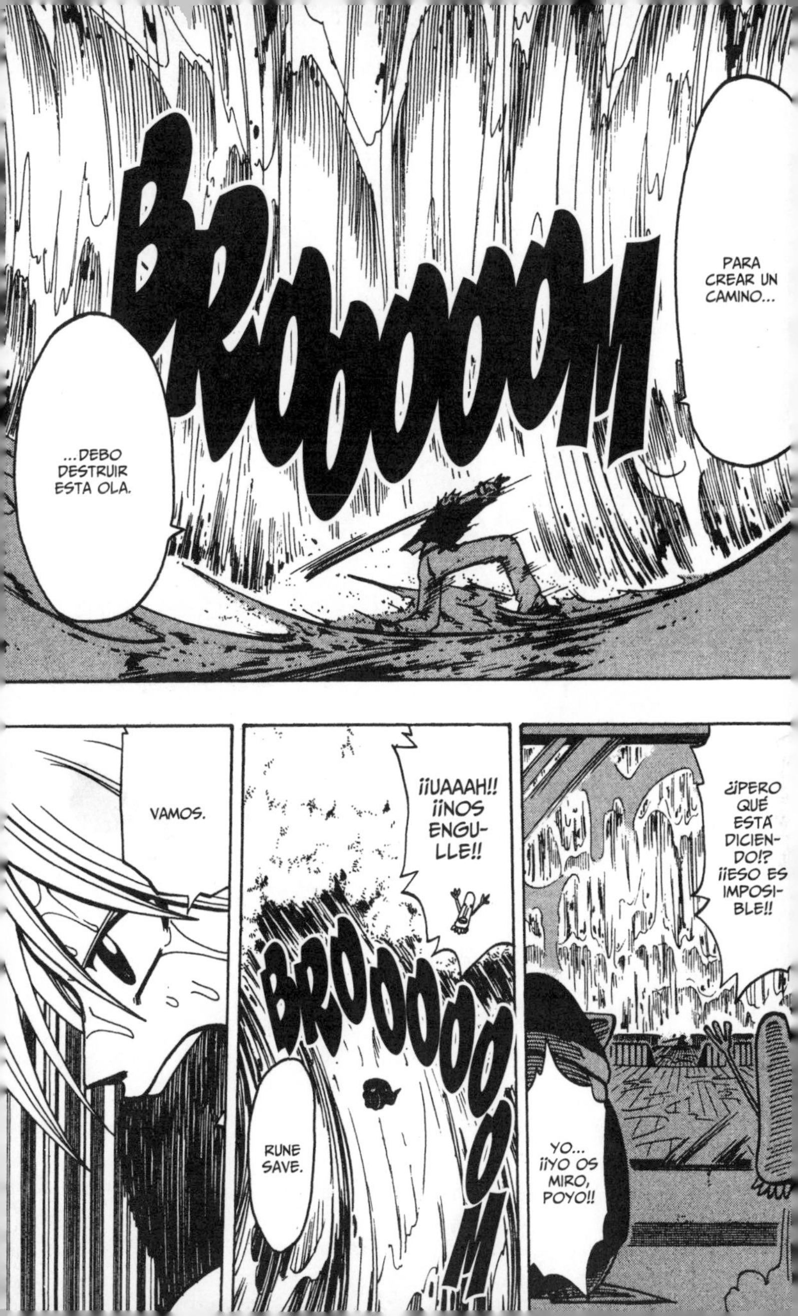
PARA CREAR UN CAMINO...
BROOOOOM
...DEBO DESTRUIR ESTA OLA.
¿¡PERO QUÉ ESTÁ DICIEN-DO!? ¡¡ESO ES IMPOSI-BLE!!
YO... ¡¡YO OS MIRO, POYO!!
¡¡UAAAH!! ¡¡NOS ENGU-LLE!!
RUNE SAVE.
VAMOS.

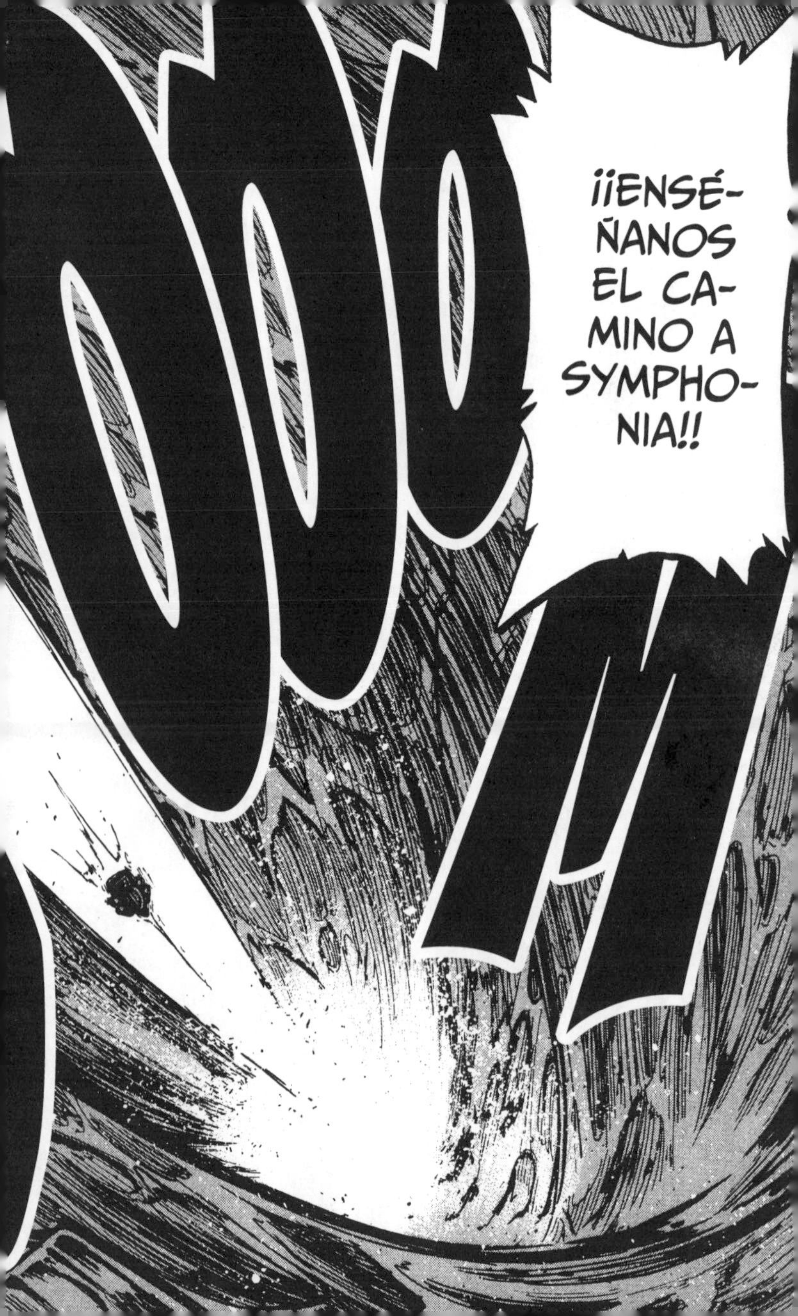
¡¡ENSÉÑANOS EL CAMINO A SYMPHONIA!!

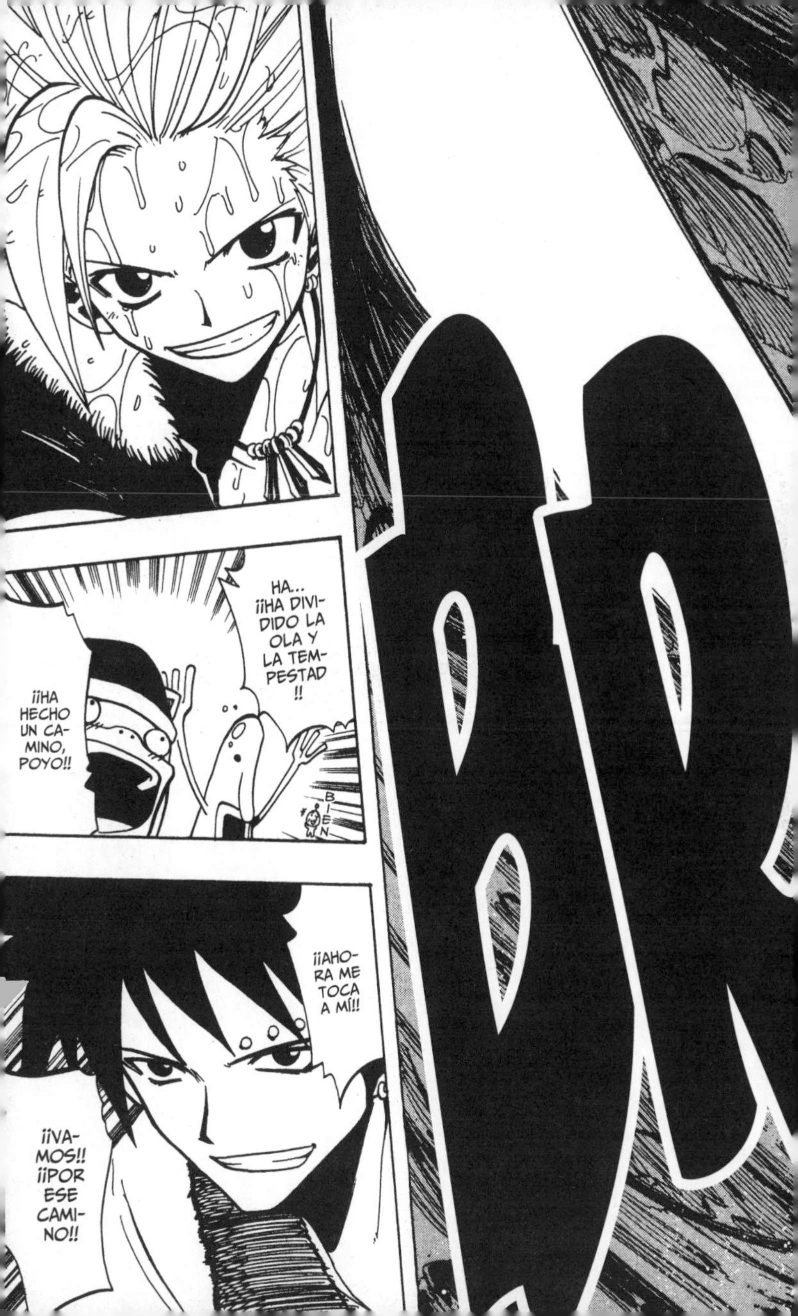

HA... ¡¡HA DIVIDIDO LA OLA Y LA TEMPESTAD!!
¡¡HA HECHO UN CAMINO, POYO!!
BIEN
¡¡AHORA ME TOCA A MÍ!!
¡¡VAMOS!! ¡¡POR ESE CAMINO!!

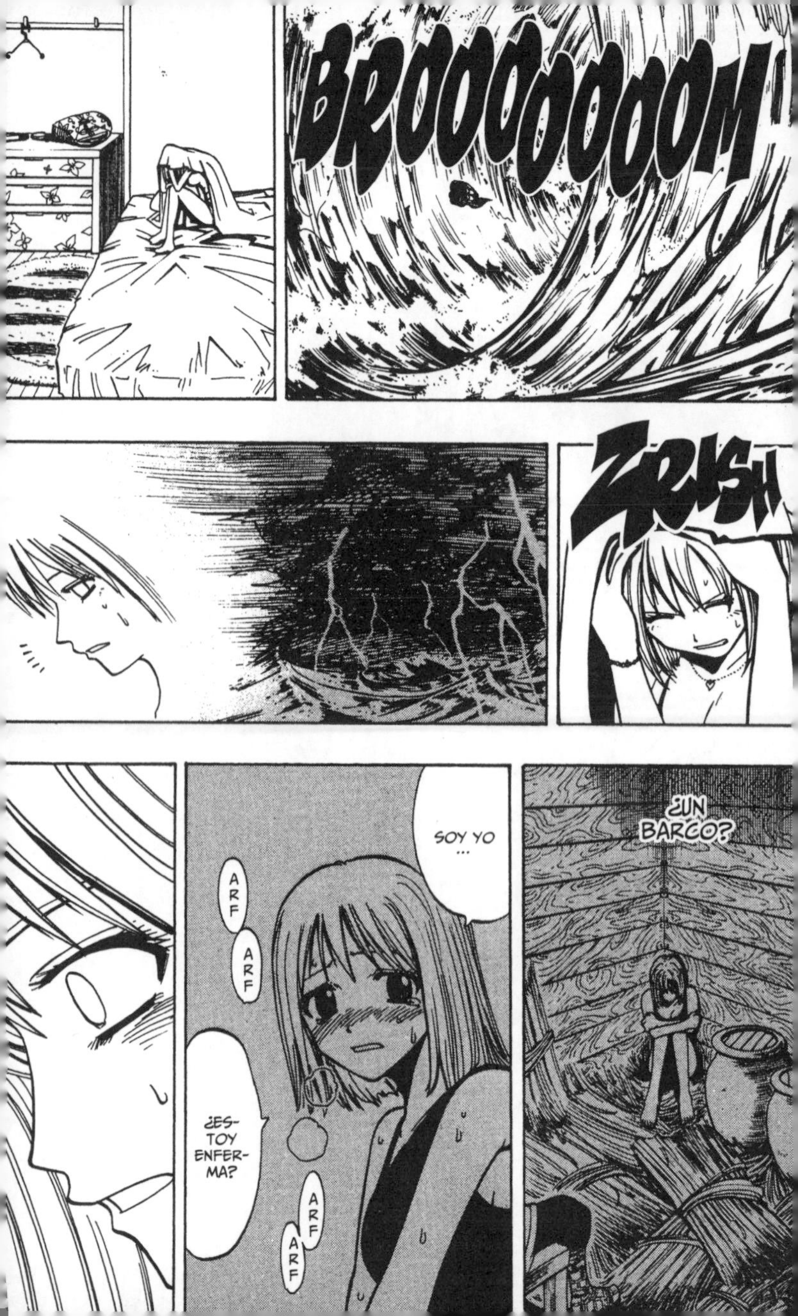
BROOOOOOOOM
ZRASH
¿UN BARCO?
SOY YO ...
ARF ARF ARF
¿ES-TOY ENFER-MA?
ARF ARF ARF

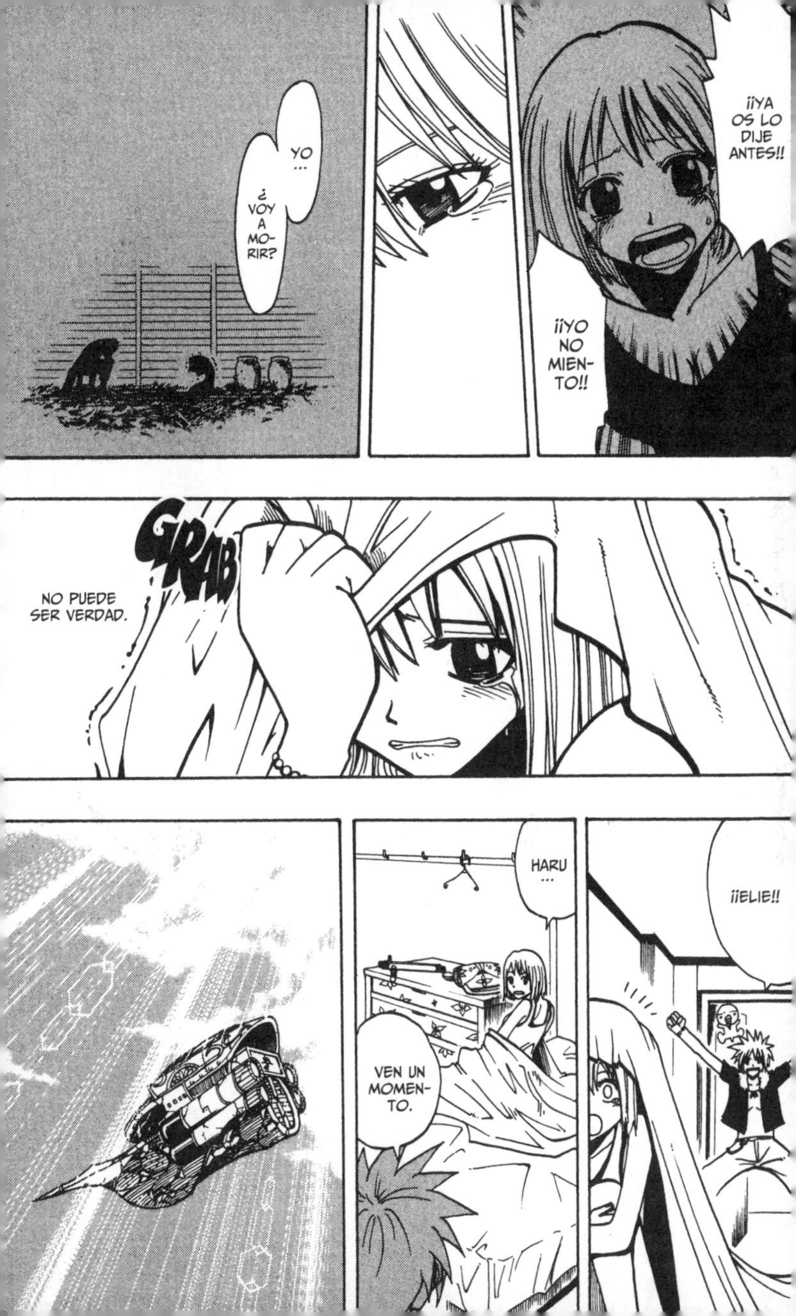
¡¡YA OS LO DIJE ANTES!!
¡¡YO NO MIENTO!!
YO ... ¿VOY A MORIR?
GRAB
NO PUEDE SER VERDAD.
¡¡ELIE!!
HARU ...
VEN UN MOMENTO.

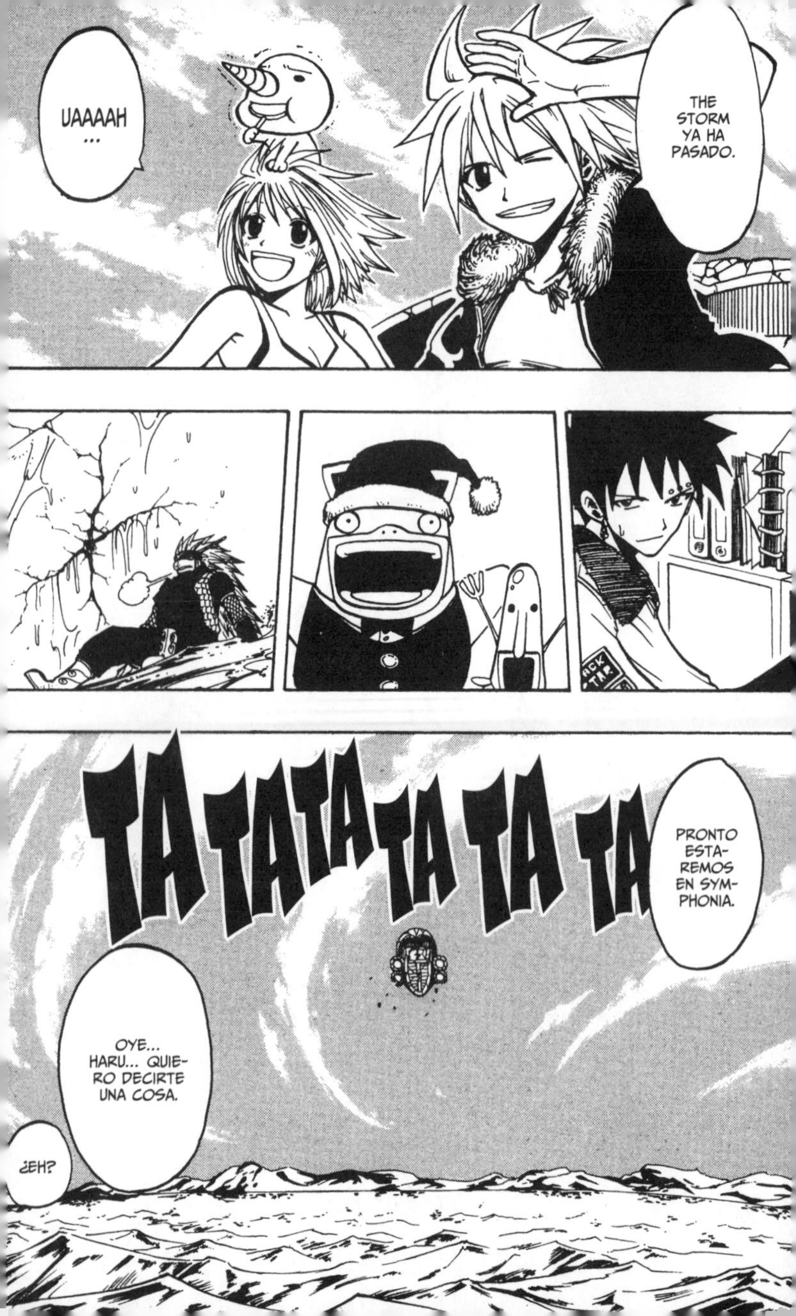
THE STORM YA HA PASADO.
UAAAAH ...
PRONTO ESTA-REMOS EN SYM-PHONIA.
TA TATA TA TA TA
OYE... HARU... QUIE-RO DECIRTE UNA COSA.
¿EH?

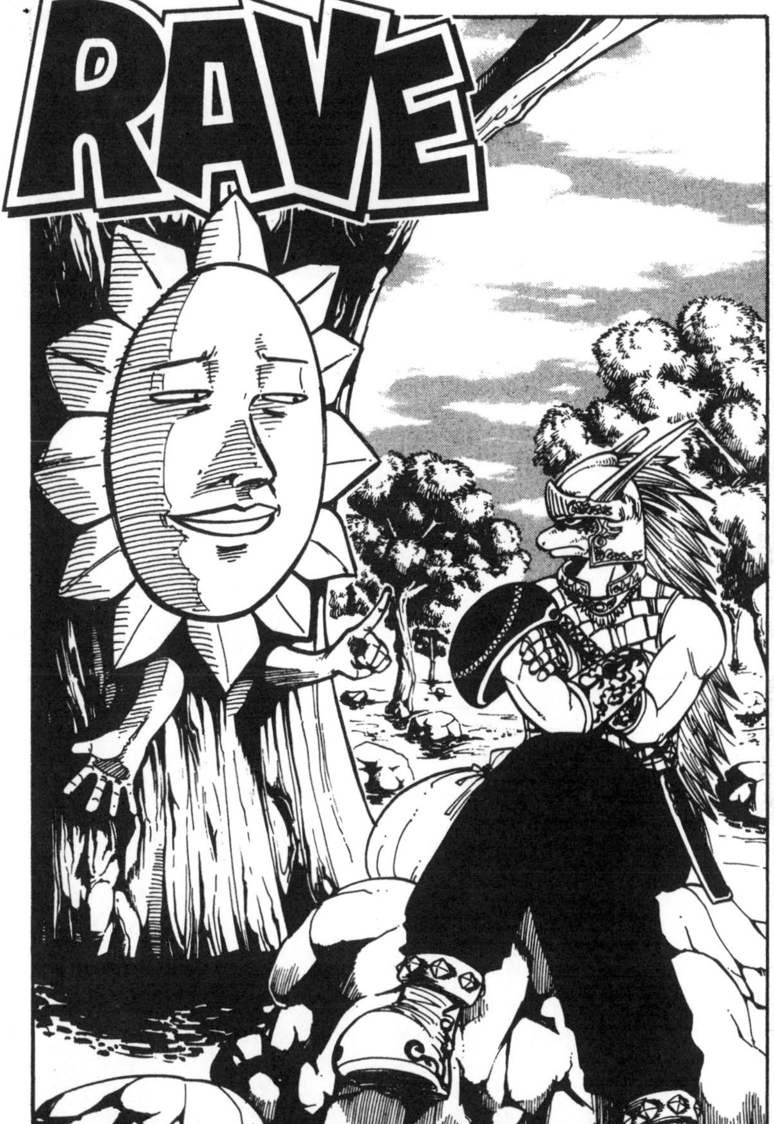
RAVE

RAVE 81 ✠ LA VOZ DE SYMPHONIA

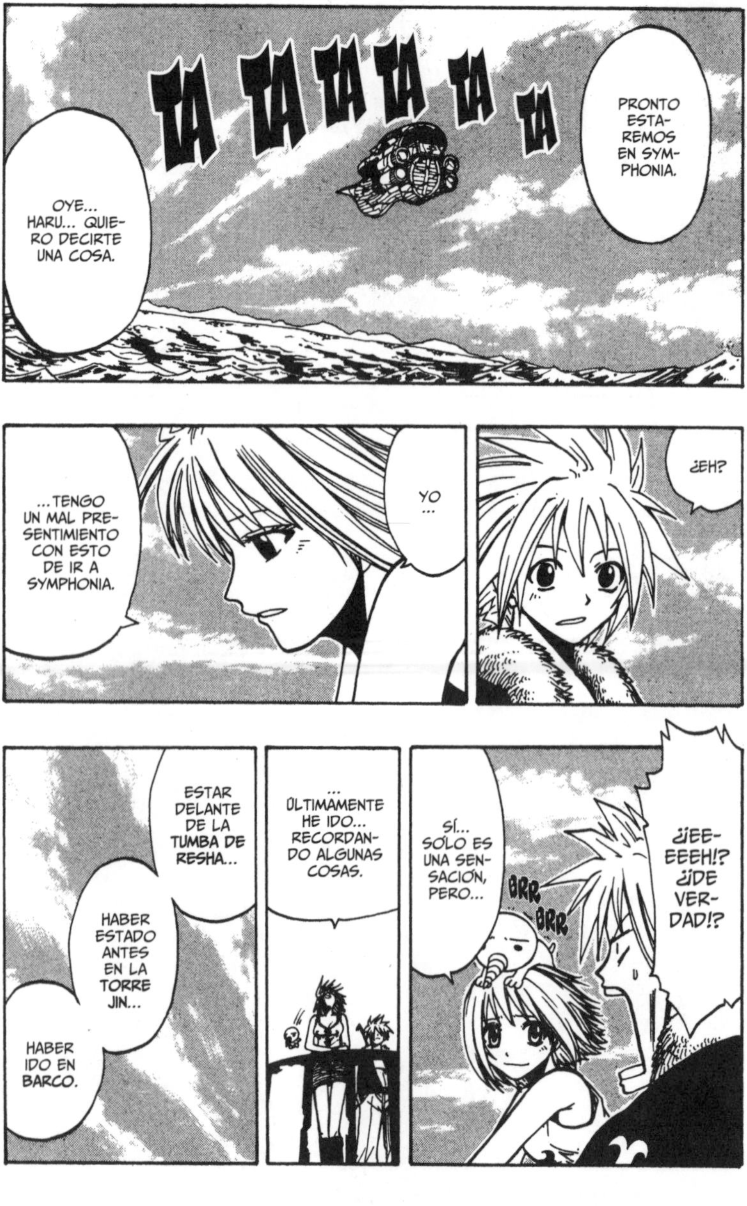
PRONTO ESTAREMOS EN SYMPHONIA.
TA TA TA TA TA TA
OYE... HARU... QUIERO DECIRTE UNA COSA.
¿EH?
YO ...
...TENGO UN MAL PRESENTIMIENTO CON ESTO DE IR A SYMPHONIA.
¿¡EEEEEH!? ¿¡DE VERDAD!?
SÍ... SÓLO ES UNA SENSACIÓN, PERO...
BRR BRR
... ÚLTIMAMENTE HE IDO... RECORDANDO ALGUNAS COSAS.
ESTAR DELANTE DE LA TUMBA DE RESHA...
HABER ESTADO ANTES EN LA TORRE JIN...
HABER IDO EN BARCO.

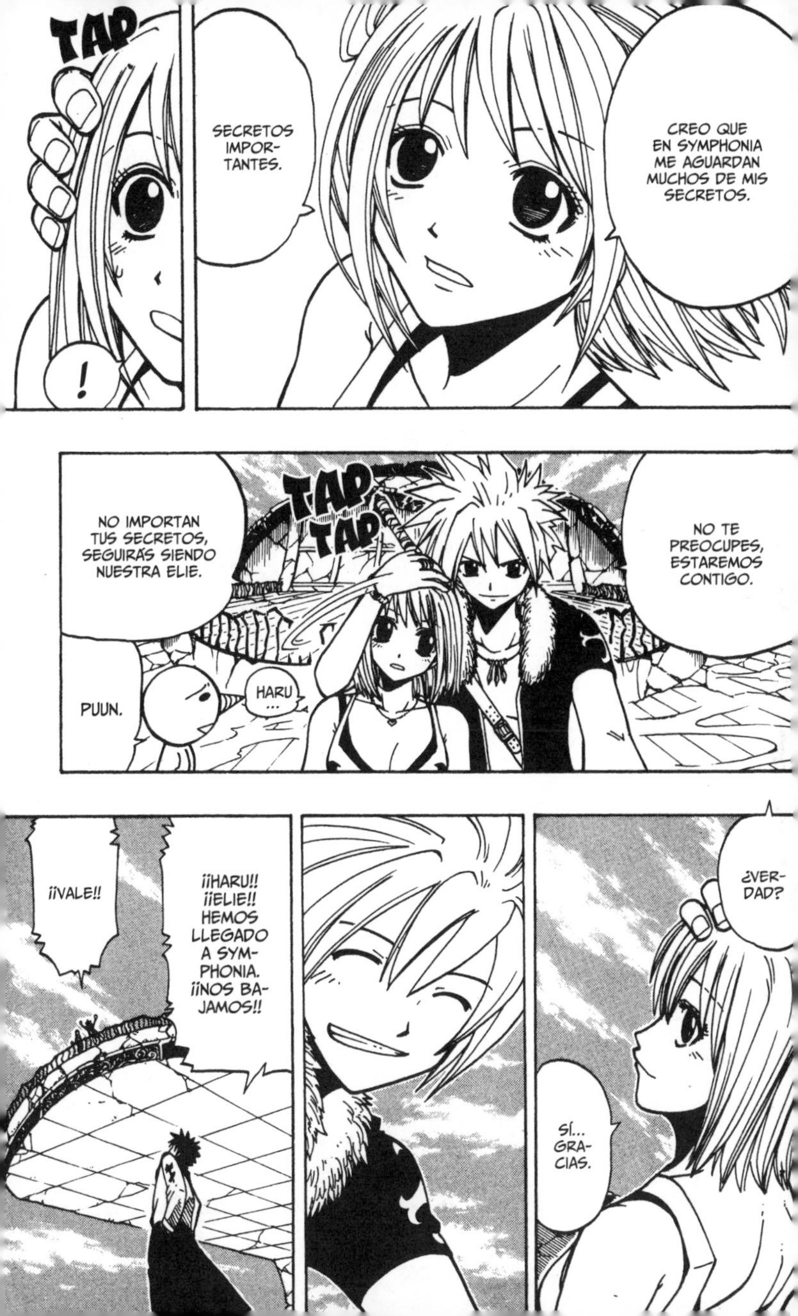

CREO QUE EN SYMPHONIA ME AGUARDAN MUCHOS DE MIS SECRETOS.
SECRETOS IMPORTANTES.
TAP
!
NO TE PREOCUPES, ESTAREMOS CONTIGO.
NO IMPORTAN TUS SECRETOS, SEGUIRÁS SIENDO NUESTRA ELIE.
TAP TAP
HARU...
PUUN.
¿VERDAD?
SÍ... GRACIAS.
¡¡HARU!! ¡¡ELIE!! HEMOS LLEGADO A SYMPHONIA. ¡¡NOS BAJAMOS!!
¡¡VALE!!

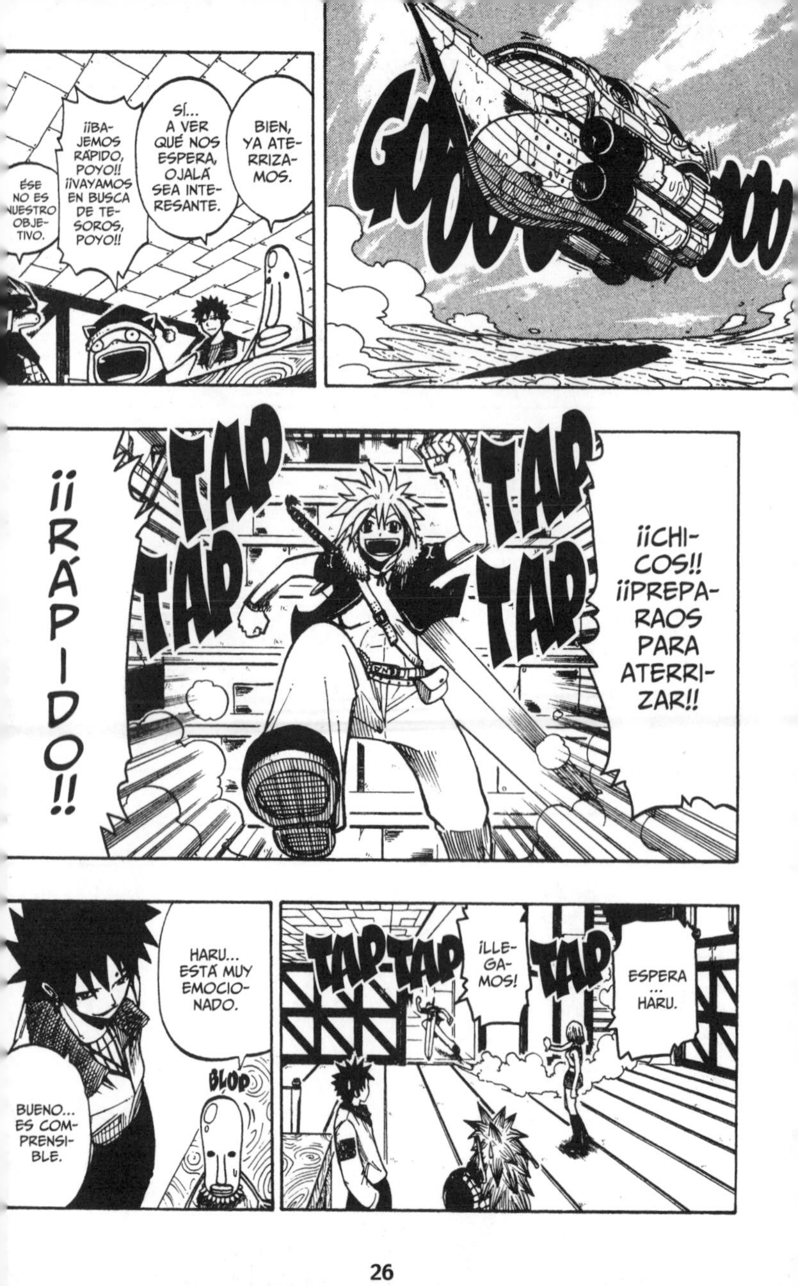
BIEN, YA ATERRIZAMOS.
SÍ... A VER QUÉ NOS ESPERA, OJALÁ SEA INTERESANTE.
¡¡BAJEMOS RÁPIDO, POYO!! ¡¡VAYAMOS EN BUSCA DE TESOROS, POYO!!
ÉSE NO ES NUESTRO OBJETIVO.
¡¡CHICOS!! ¡¡PREPARAOS PARA ATERRIZAR!!
TAP TAP
TAP TAP
¡¡RÁPIDO!!
ESPERA ... HARU.
TAP
¡LLEGAMOS!
TAP-TAP
HARU... ESTÁ MUY EMOCIONADO.
BLOP
BUENO... ES COMPRENSIBLE.

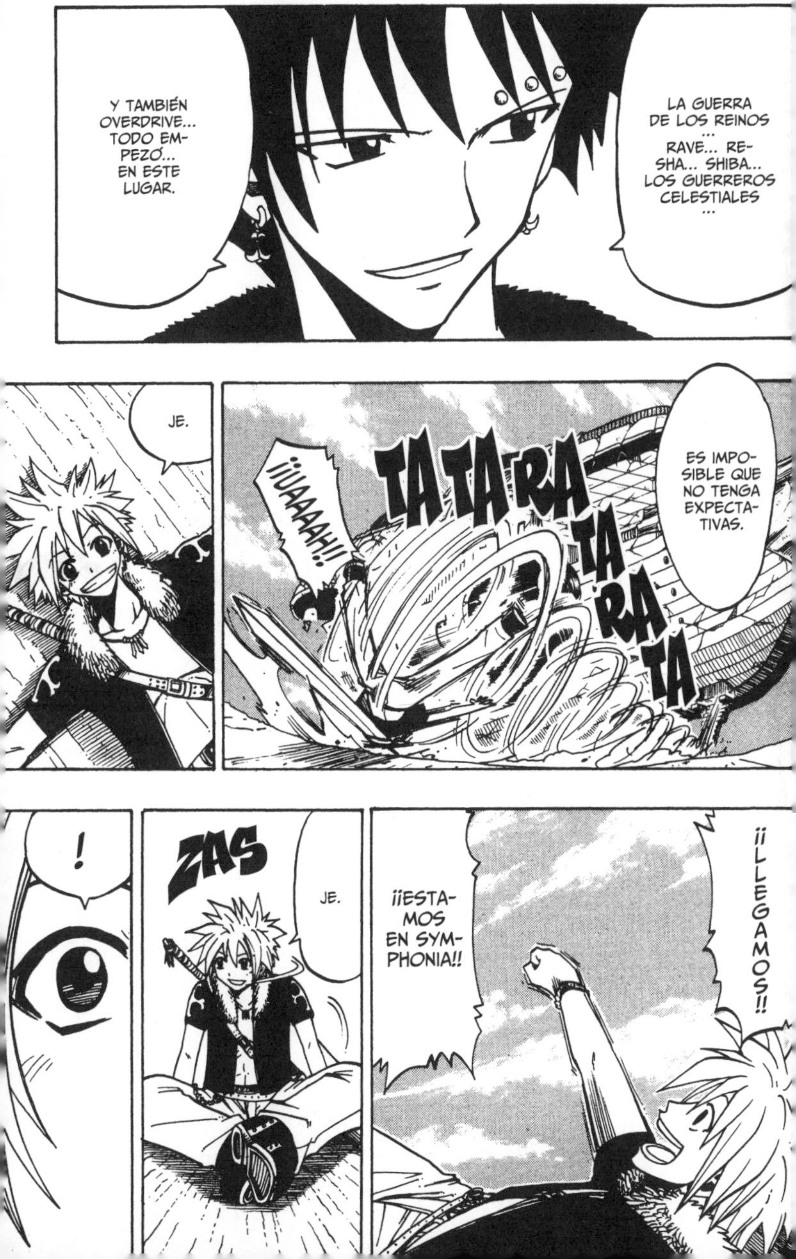
LA GUERRA DE LOS REINOS ... RAVE... RESHA... SHIBA... LOS GUERREROS CELESTIALES ...
Y TAMBIÉN OVERDRIVE... TODO EMPEZÓ... EN ESTE LUGAR.
ES IMPOSIBLE QUE NO TENGA EXPECTATIVAS.
TA TA RA TA RA TA RA TA
¡¡UAAAAH!!
JE.
¡¡LLEGAMOS!!
¡¡ESTAMOS EN SYMPHONIA!!
JE.
ZAS
!

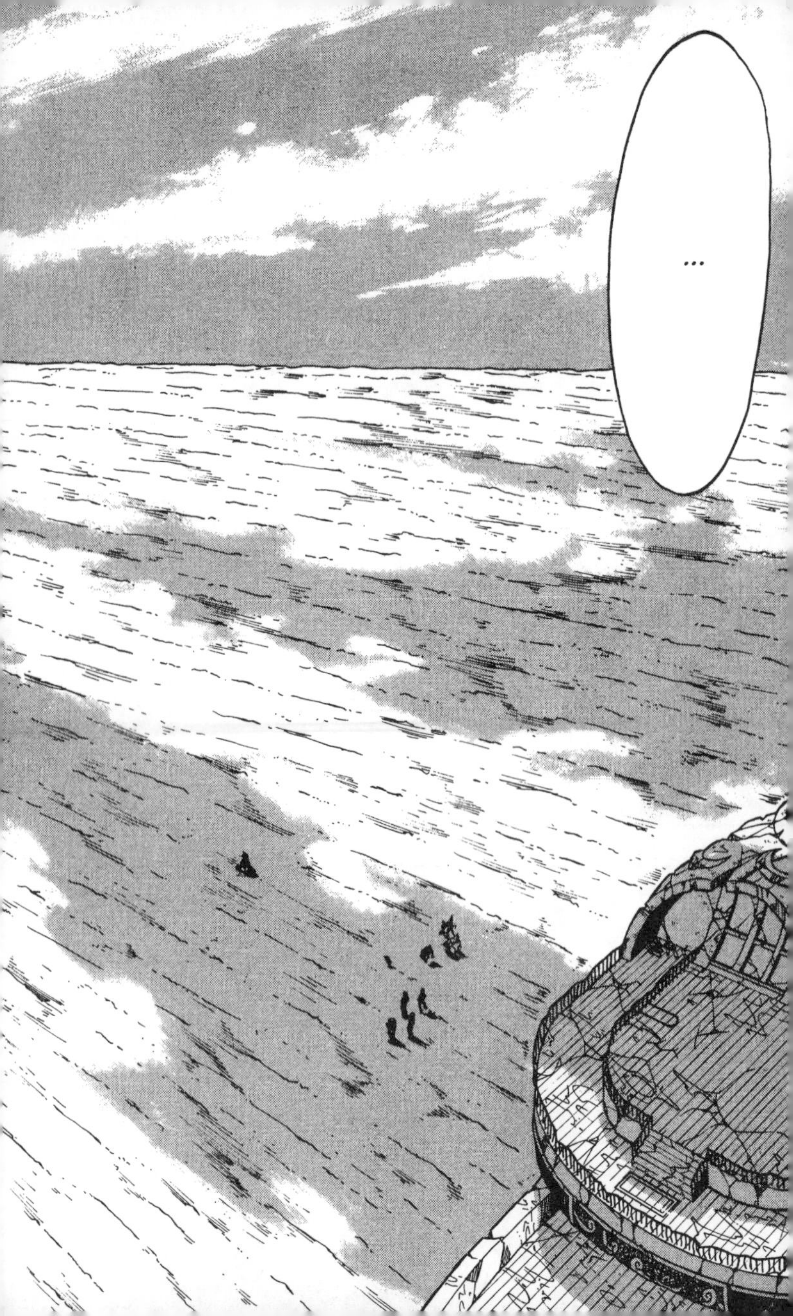
...

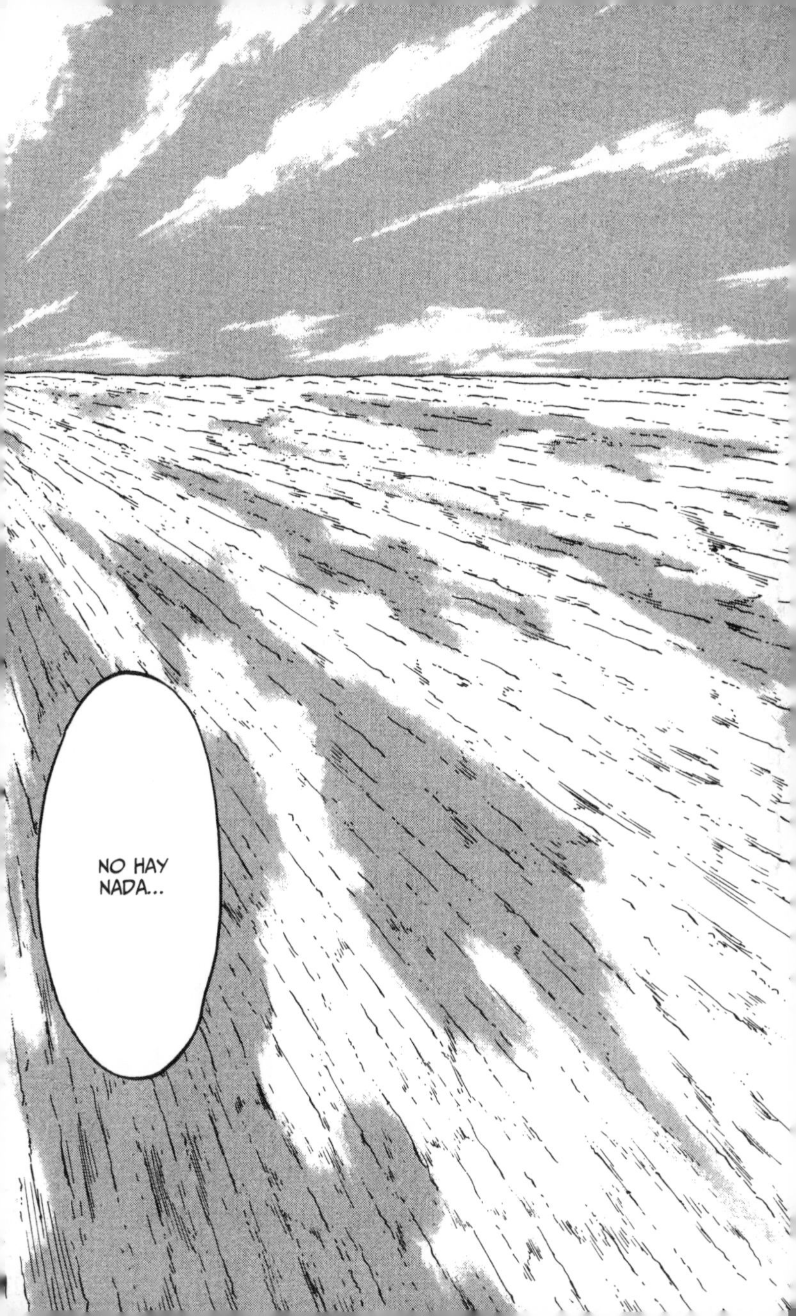
NO HAY NADA...

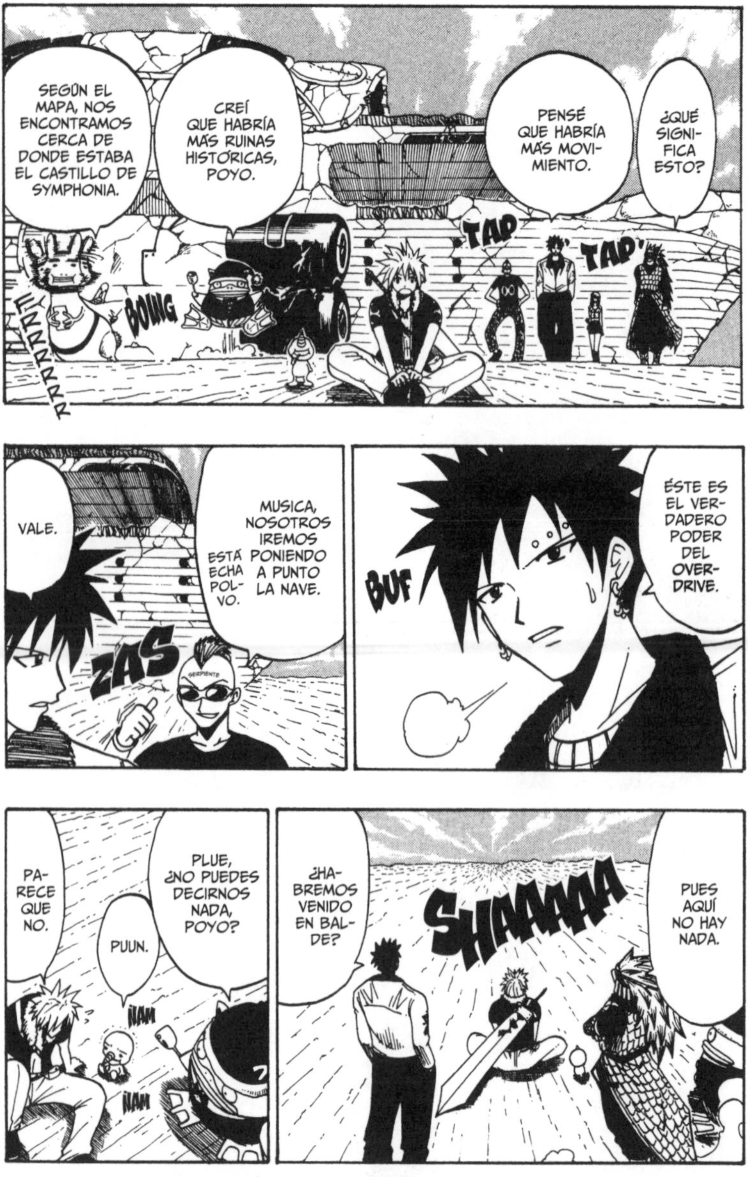
¿QUÉ SIGNIFICA ESTO?
TAP
TAP
PENSÉ QUE HABRÍA MÁS MOVIMIENTO.
CREÍ QUE HABRÍA MÁS RUINAS HISTÓRICAS, POYO.
BOING
SEGÚN EL MAPA, NOS ENCONTRAMOS CERCA DE DONDE ESTABA EL CASTILLO DE SYMPHONIA.
FRRRRRRRR
ÉSTE ES EL VERDADERO PODER DEL OVERDRIVE.
BUF
MUSICA, NOSOTROS IREMOS PONIENDO A PUNTO LA NAVE.
ESTÁ ECHA POLVO.
SERPIENTE
ZAS
VALE.
PUES AQUÍ NO HAY NADA.
SHAAAAA
¿HABREMOS VENIDO EN BALDE?
PLUE, ¿NO PUEDES DECIRNOS NADA, POYO?
PUUN.
ÑAM
ÑAM
PARECE QUE NO.

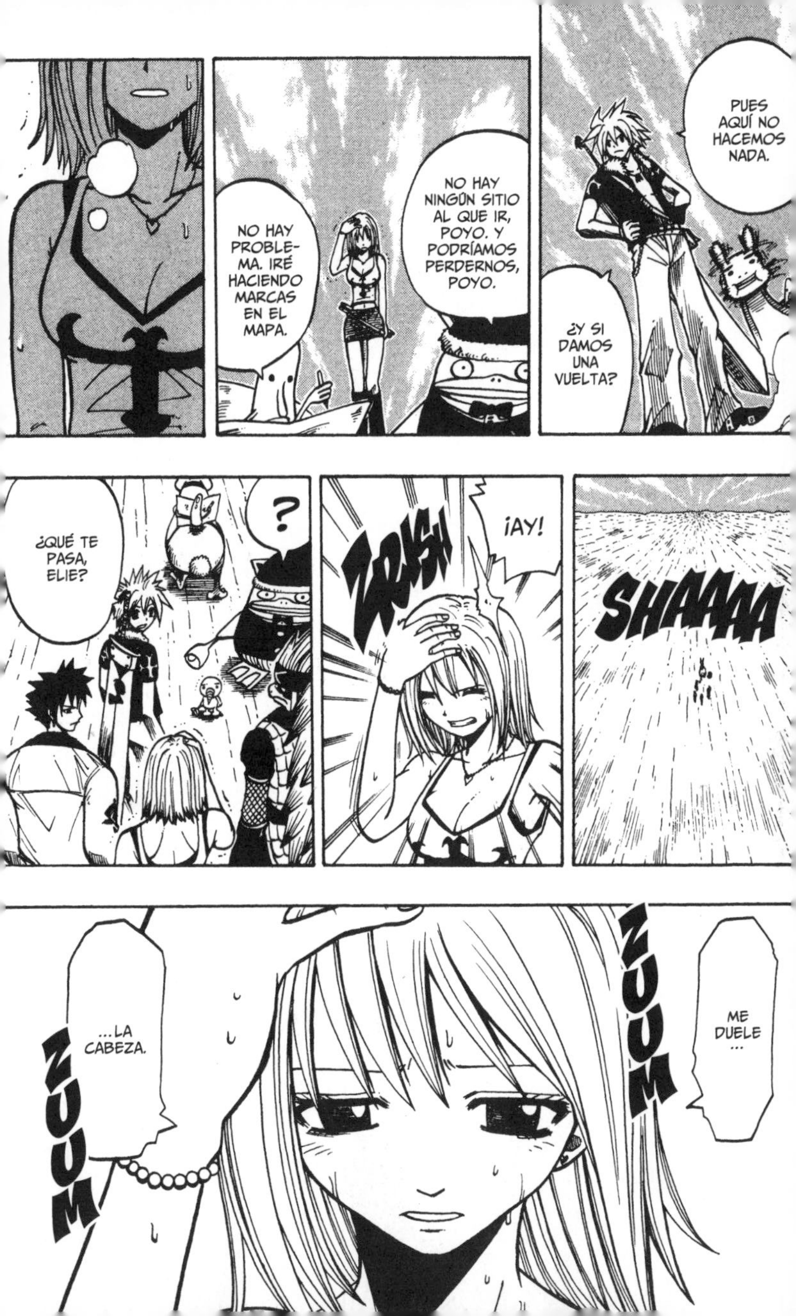
PUES AQUÍ NO HACEMOS NADA.
¿Y SI DAMOS UNA VUELTA?
NO HAY NINGÚN SITIO AL QUE IR, POYO. Y PODRÍAMOS PERDERNOS, POYO.
NO HAY PROBLEMA. IRÉ HACIENDO MARCAS EN EL MAPA.
SHIAAAA
¡AY!
?
¿QUÉ TE PASA, ELIE?
ME DUELE ...
NUUM
...LA CABEZA.
NUUM

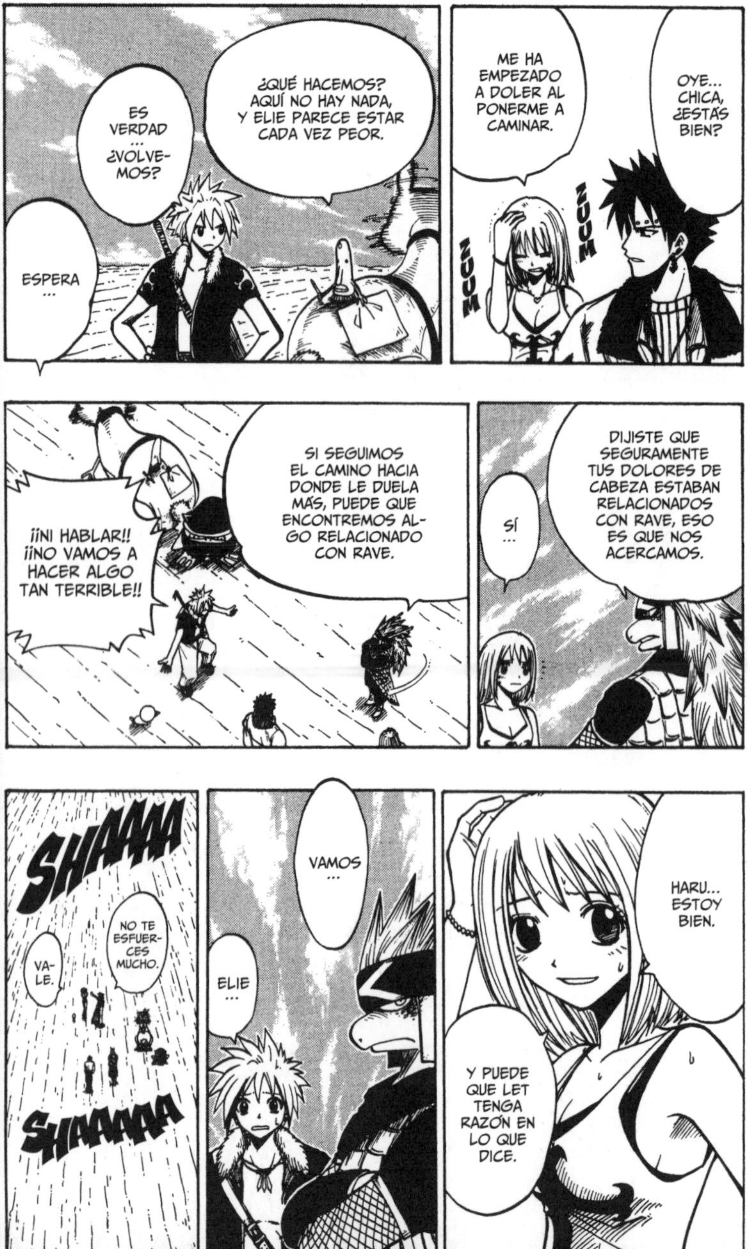
OYE... CHICA, ¿ESTÁS BIEN?
ME HA EMPEZADO A DOLER AL PONERME A CAMINAR.
ZUUM
ZUUM
¿QUÉ HACEMOS? AQUÍ NO HAY NADA, Y ELIE PARECE ESTAR CADA VEZ PEOR.
ES VERDAD... ¿VOLVE-MOS?
ESPERA...
DIJISTE QUE SEGURAMENTE TUS DOLORES DE CABEZA ESTABAN RELACIONADOS CON RAVE, ESO ES QUE NOS ACERCAMOS.
SÍ...
SI SEGUIMOS EL CAMINO HACIA DONDE LE DUELA MÁS, PUEDE QUE ENCONTREMOS AL-GO RELACIONADO CON RAVE.
¡¡NI HABLAR!! ¡¡NO VAMOS A HACER ALGO TAN TERRIBLE!!
HARU... ESTOY BIEN.
Y PUEDE QUE LET TENGA RAZÓN EN LO QUE DICE.
VAMOS...
ELIE...
SHAAAAA
NO TE ESFUER-CES MUCHO.
VA-LE.
SHAAAAA

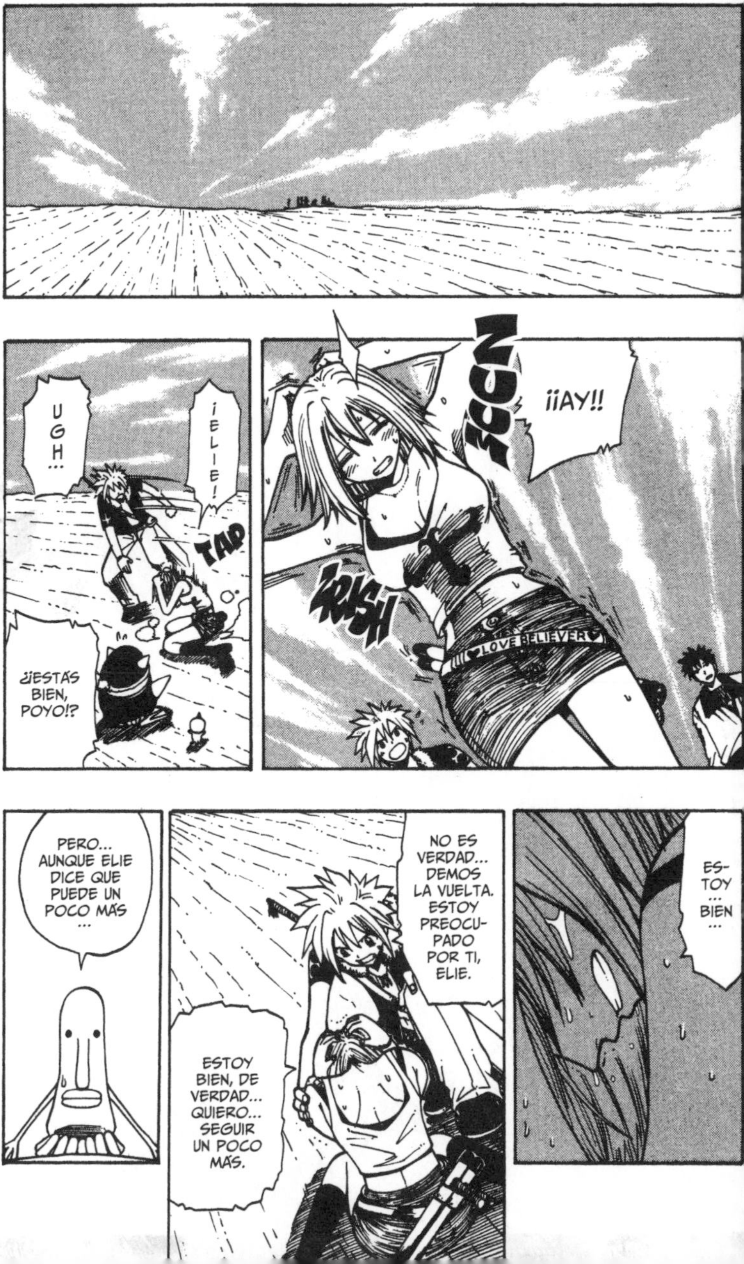

¡¡AY!!
KRASH
¡ELIE!
UGH...
TAP
¿ESTÁS BIEN, POYO!?
ES-TOY ... BIEN ...
NO ES VERDAD... DEMOS LA VUELTA. ESTOY PREOCUPADO POR TI, ELIE.
ESTOY BIEN, DE VERDAD... QUIERO... SEGUIR UN POCO MÁS.
PERO... AUNQUE ELIE DICE QUE PUEDE UN POCO MÁS ...

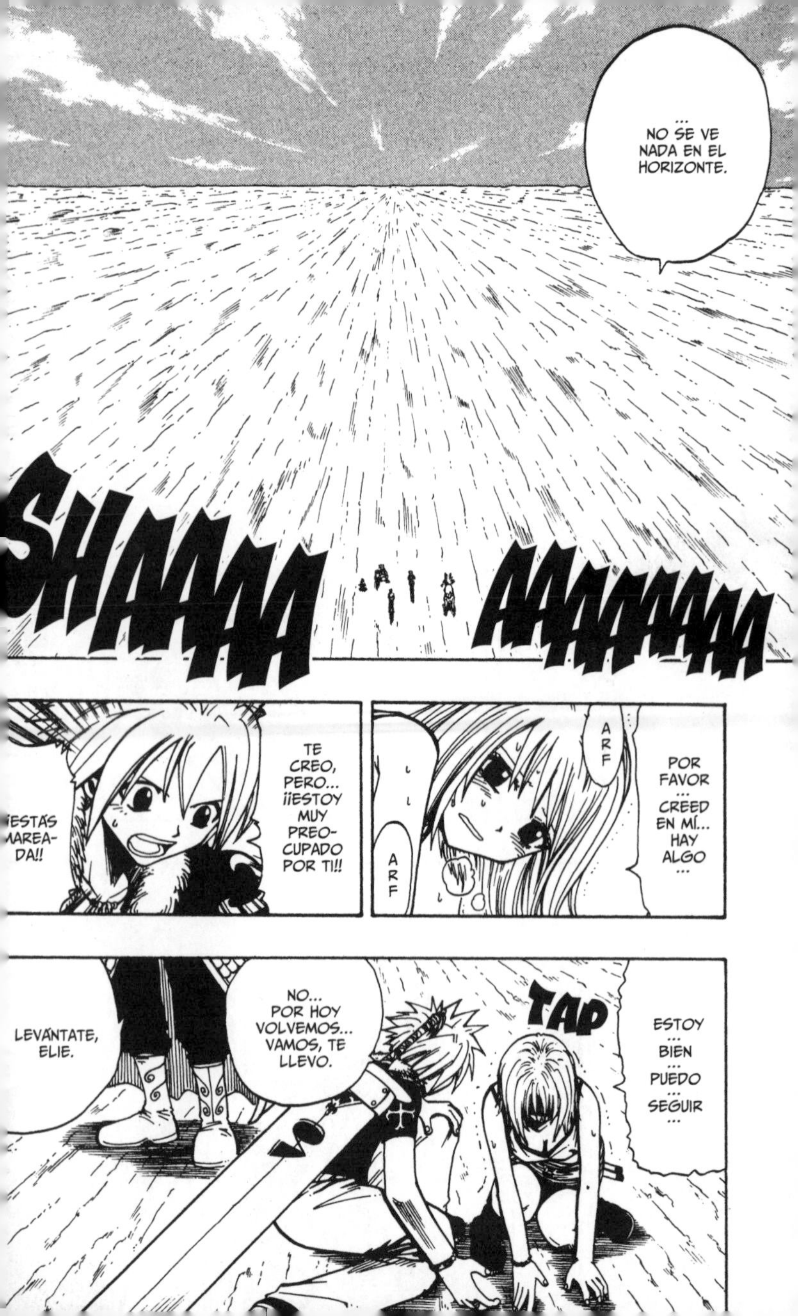
... NO SE VE NADA EN EL HORIZONTE.
SHAAAA AAAAAAAA
ARF
POR FAVOR ... CREED EN MÍ... HAY ALGO ...
ARF
TE CREO, PERO... ¡¡ESTOY MUY PREOCUPADO POR TI!!
¡ESTÁS MAREA-DA!!
TAP
ESTOY ... BIEN ... PUEDO ... SEGUIR ...
NO... POR HOY VOLVEMOS... VAMOS, TE LLEVO.
LEVÁNTATE, ELIE.

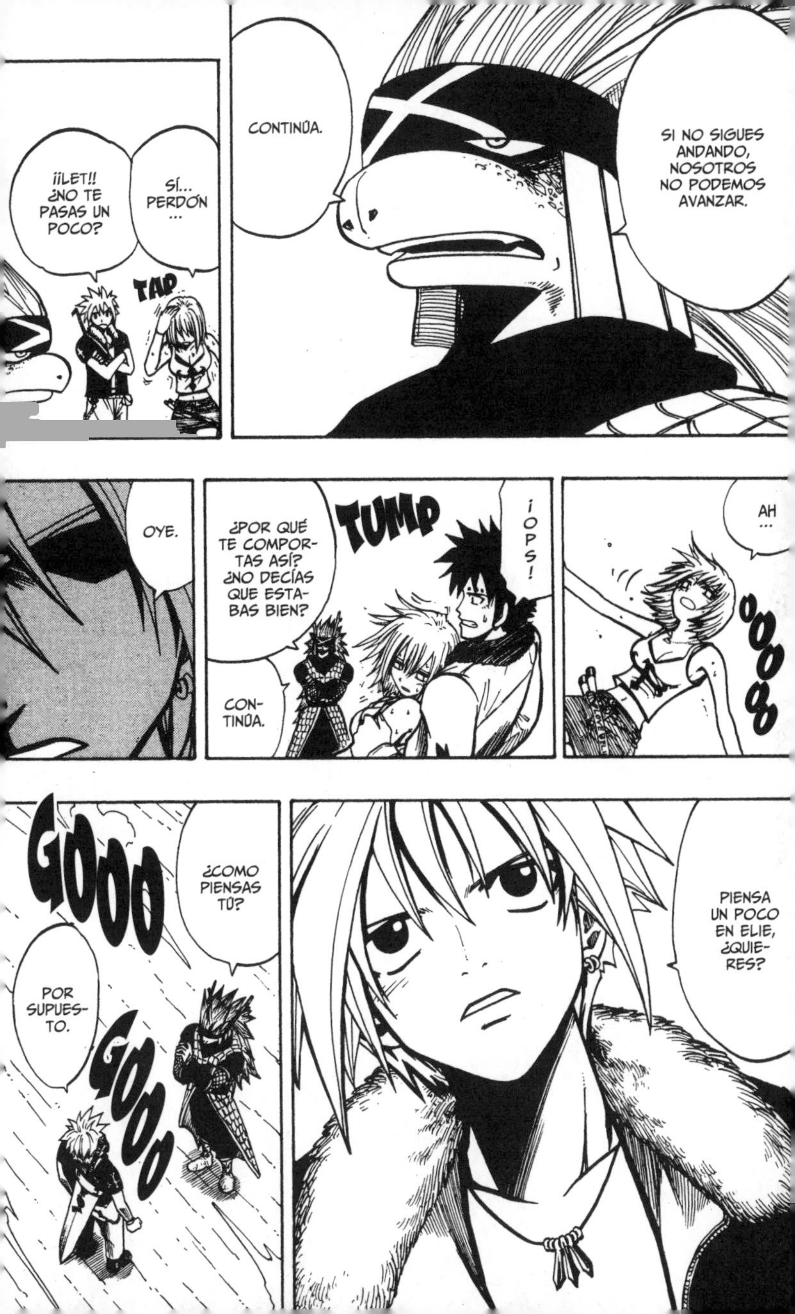
SI NO SIGUES ANDANDO, NOSOTROS NO PODEMOS AVANZAR.
CONTINÚA.
TAP
¡¡LET!! ¿NO TE PASAS UN POCO?
SÍ... PERDÓN ...
AH ...
OOOO
¡OPS!
TUMP
¿POR QUÉ TE COMPORTAS ASÍ? ¿NO DECÍAS QUE ESTABAS BIEN?
CONTINÚA.
OYE.
PIENSA UN POCO EN ELIE, ¿QUIERES?
¿COMO PIENSAS TÚ?
POR SUPUESTO.
GOOO
GOOO

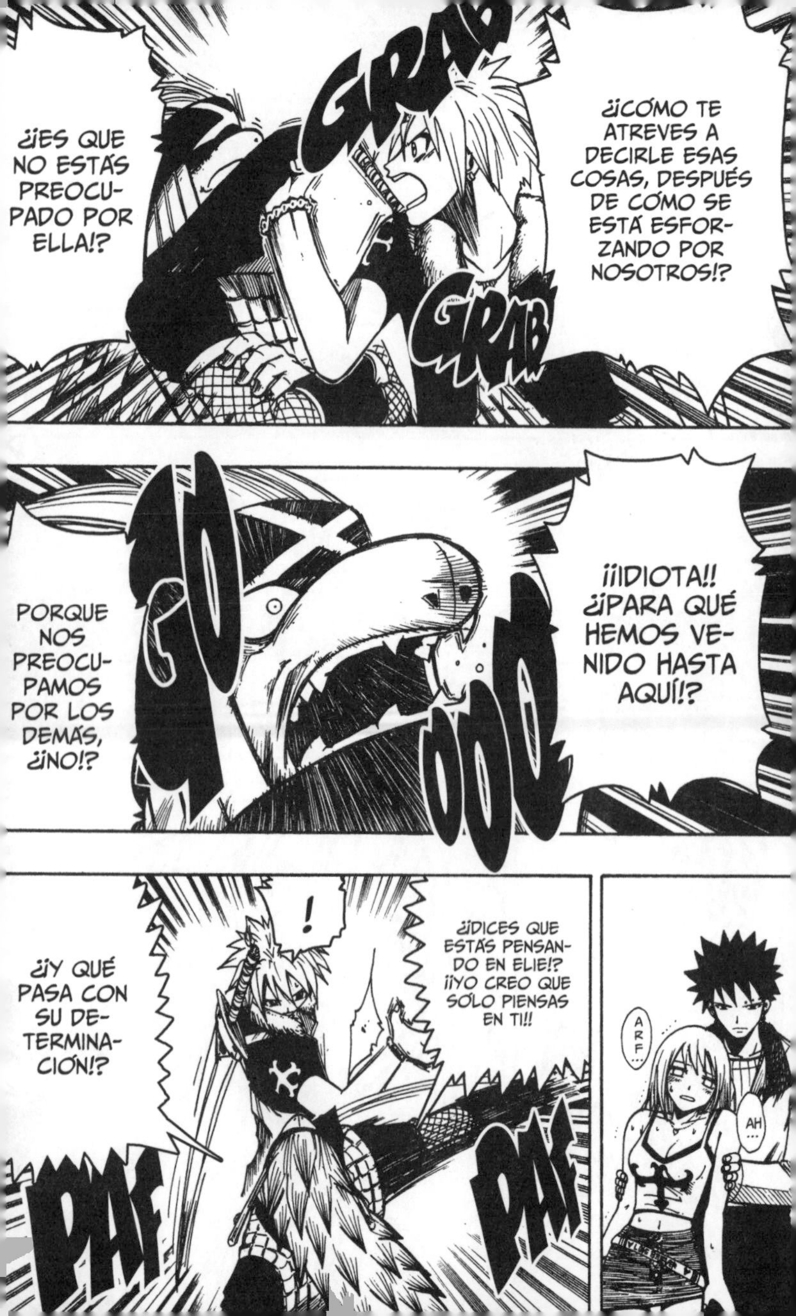
GRAB
¿¡CÓMO TE ATREVES A DECIRLE ESAS COSAS, DESPUÉS DE CÓMO SE ESTÁ ESFORZANDO POR NOSOTROS!?
GRAB
¿¡ES QUE NO ESTÁS PREOCUPADO POR ELLA!?
¡¡IDIOTA!! ¿¡PARA QUÉ HEMOS VENIDO HASTA AQUÍ!?
GOOOO
PORQUE NOS PREOCUPAMOS POR LOS DEMÁS, ¿¡NO!?
ARF...
AH...
!
¿¡DICES QUE ESTÁS PENSANDO EN ELIE!? ¡¡YO CREO QUE SÓLO PIENSAS EN TI!!
PAF
¿¡Y QUÉ PASA CON SU DETERMINACIÓN!?
PAF

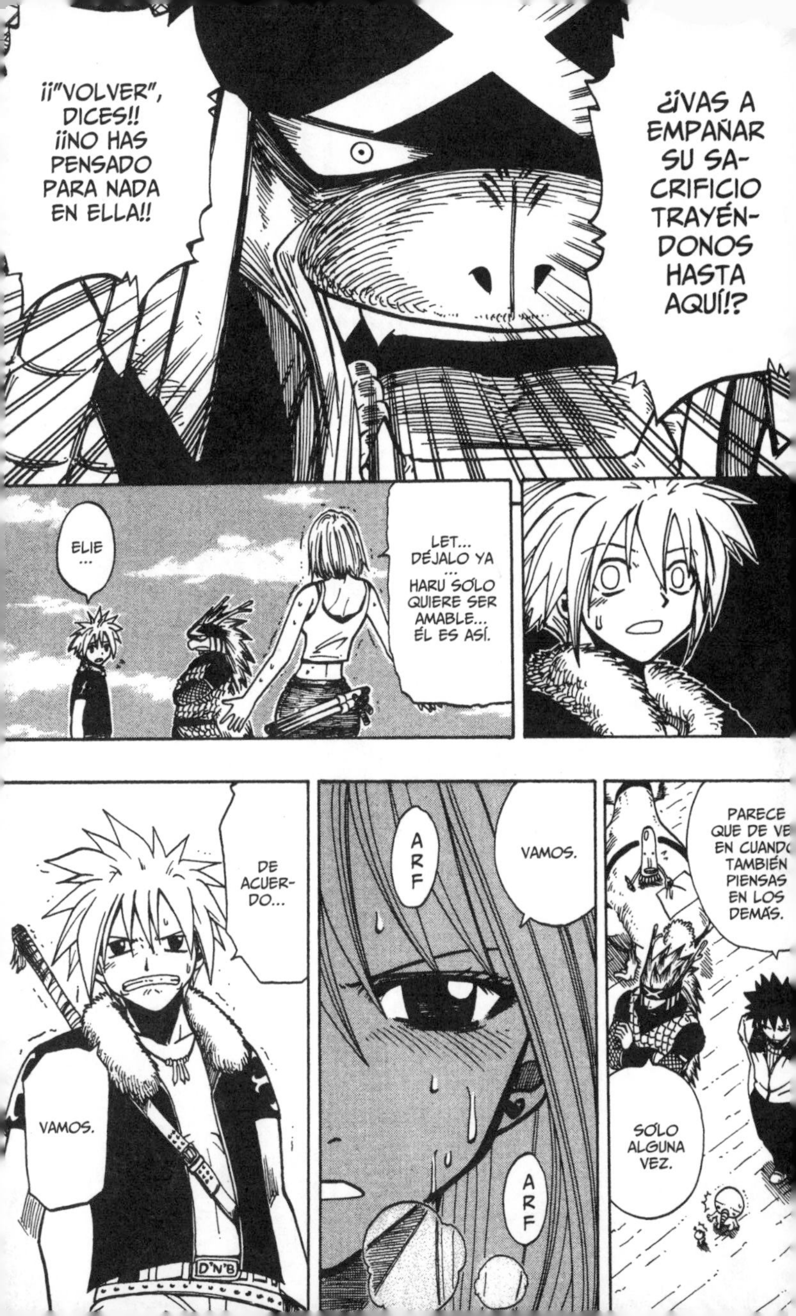
¿¡VAS A EMPAÑAR SU SACRIFICIO TRAYÉNDONOS HASTA AQUÍ!?
¡¡"VOLVER", DICES!! ¡¡NO HAS PENSADO PARA NADA EN ELLA!!
LET... DÉJALO YA ... HARU SÓLO QUIERE SER AMABLE... ÉL ES ASÍ.
ELIE ...
PARECE QUE DE VE EN CUAND TAMBIÉN PIENSAS EN LOS DEMÁS.
SÓLO ALGUNA VEZ.
VAMOS.
ARF
ARF
DE ACUERDO...
VAMOS.

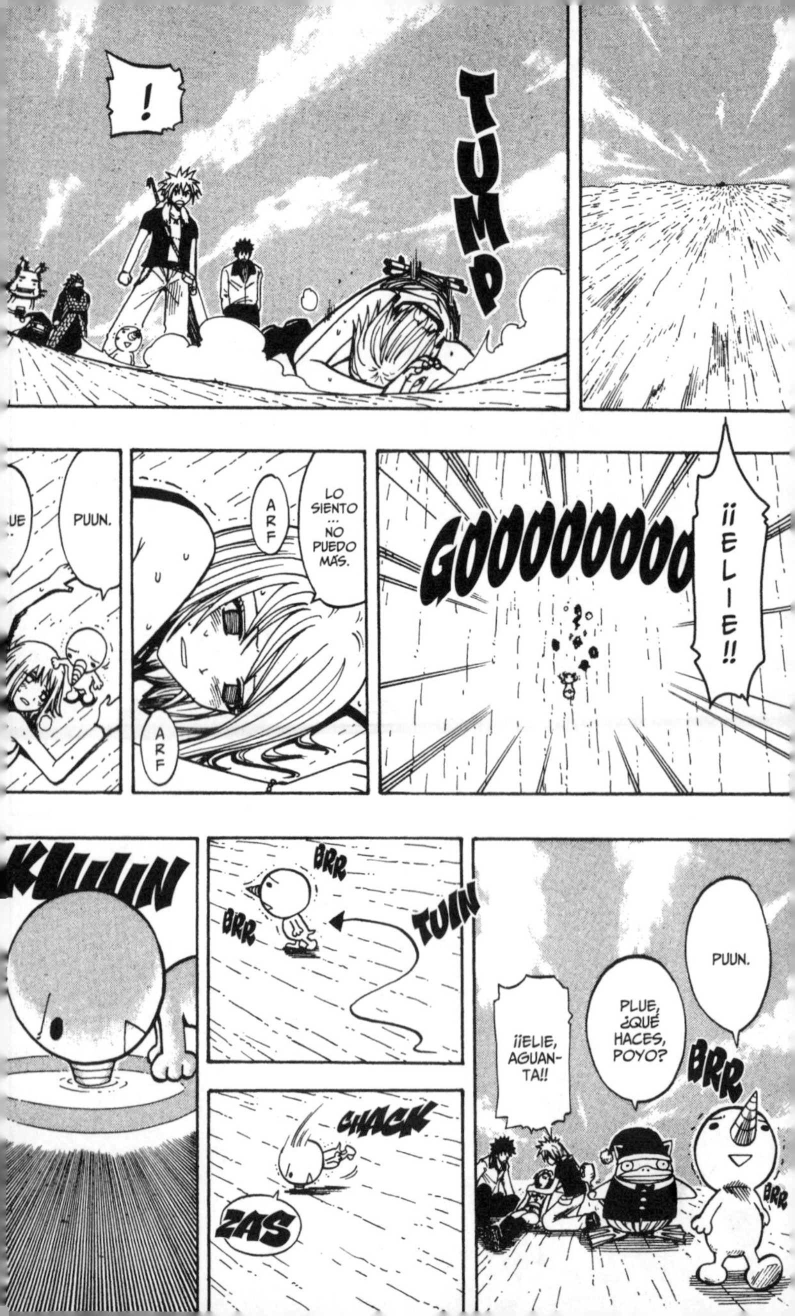
!
TUMP
¡¡ELIE!!
GOOOOOOOO
LO SIENTO... NO PUEDO MÁS.
ARF
ARF
PUUN.
PUUN.
PLUE, ¿QUÉ HACES, POYO?
¡¡ELIE, AGUANTA!!
BRR
BRR
BRR
BRR
TUIN
CHACK
ZAS
KAUUN

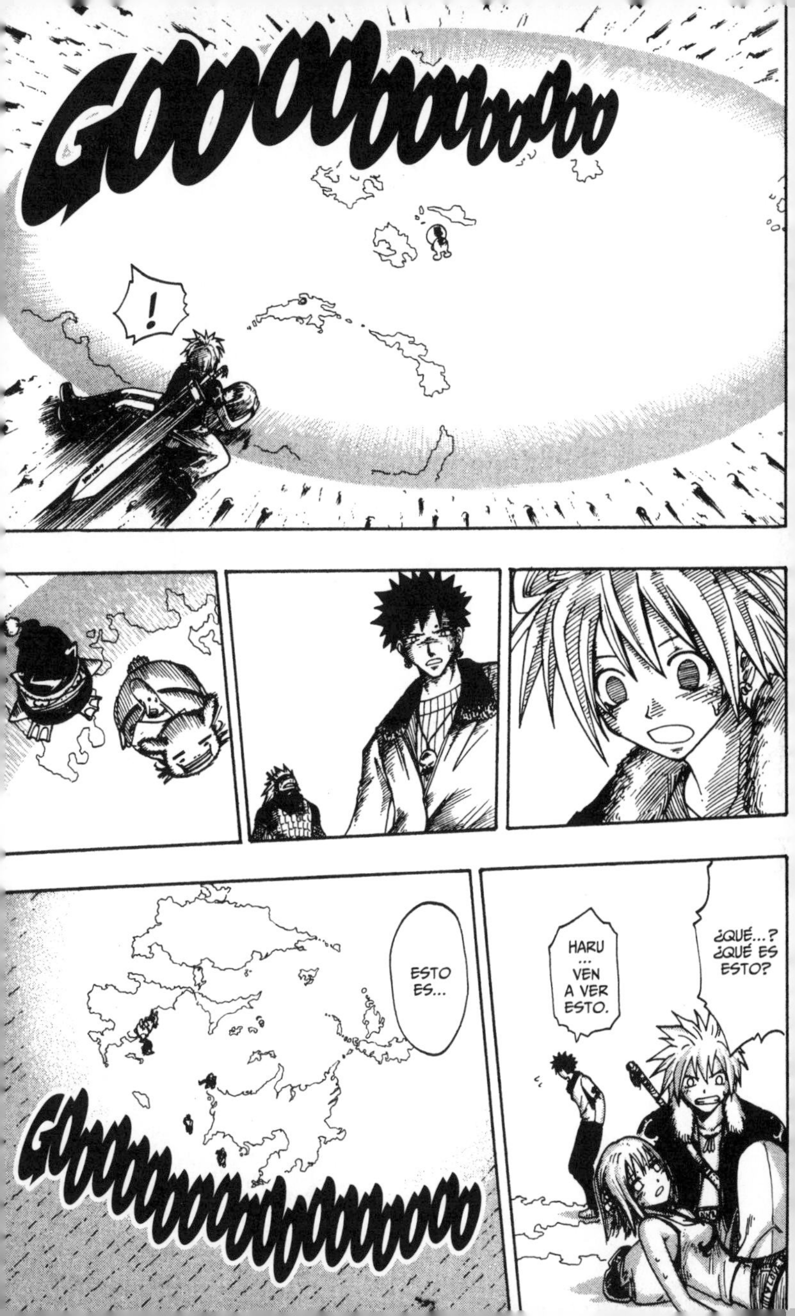
GOOOOoooooo
!
¿QUÉ...? ¿QUÉ ES ESTO?
HARU ... VEN A VER ESTO.
ESTO ES...
GOooooooooooooooo

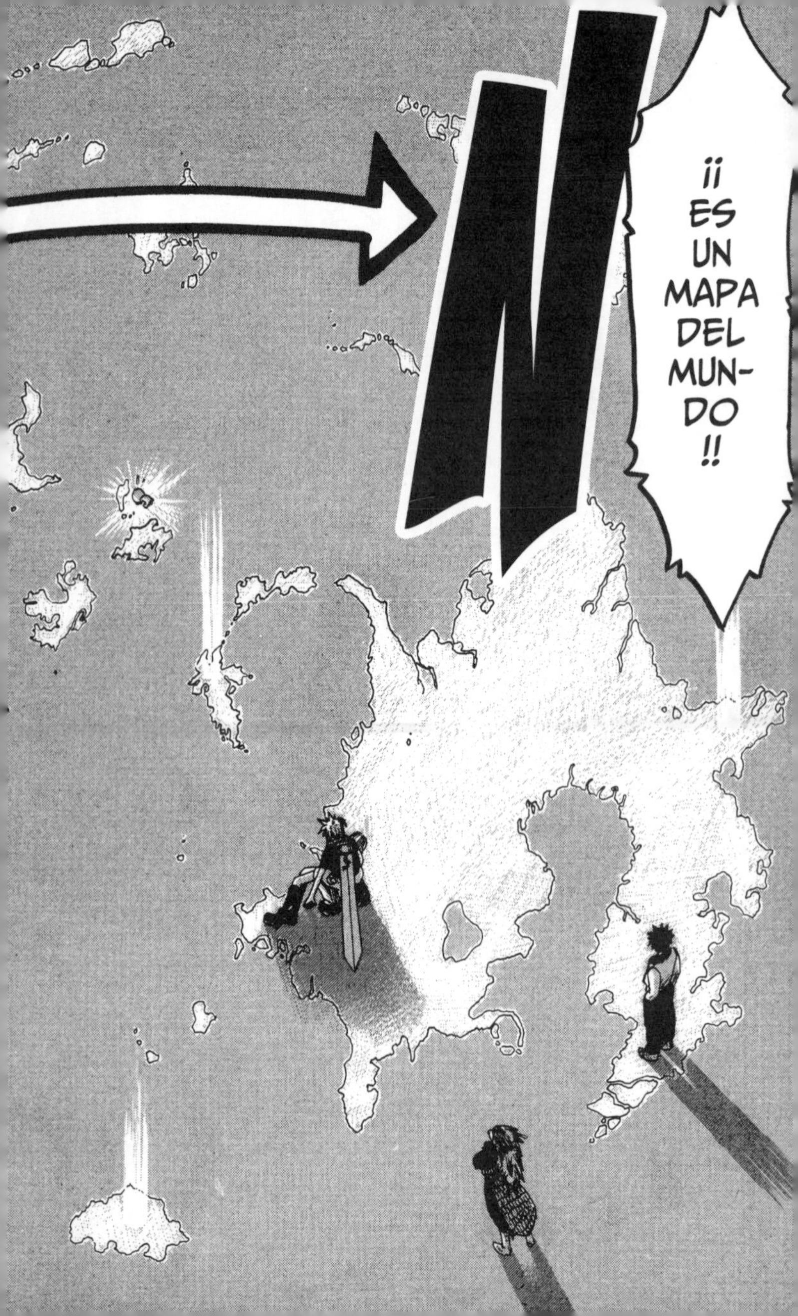
¡¡ES UN MAPA DEL MUN-DO!!

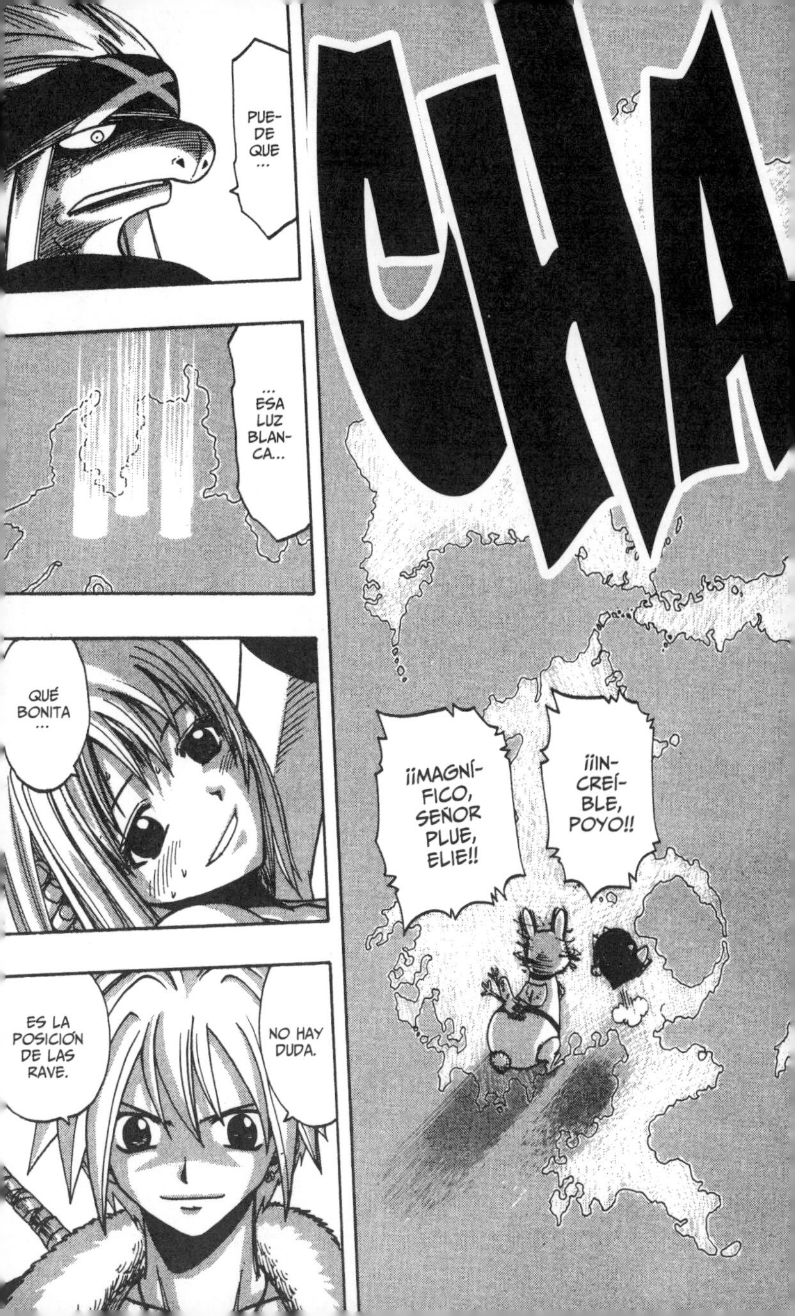
CHA
¡¡IN-CREÍ-BLE, POYO!!
¡¡MAGNÍ-FICO, SEÑOR PLUE, ELIE!!
PUE-DE QUE ...
... ESA LUZ BLAN-CA...
QUÉ BONITA ...
NO HAY DUDA.
ES LA POSICIÓN DE LAS RAVE.

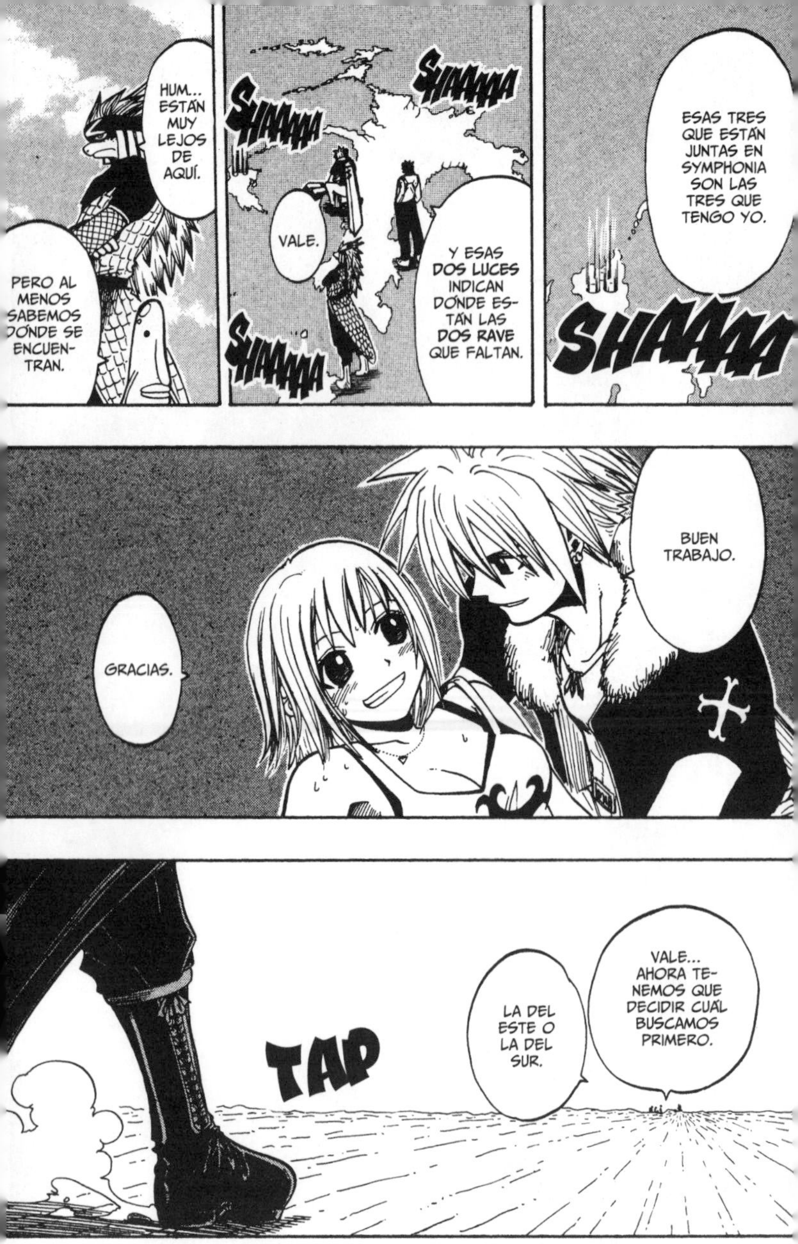
ESAS TRES QUE ESTÁN JUNTAS EN SYMPHONIA SON LAS TRES QUE TENGO YO.
SHAAAAA
Y ESAS DOS LUCES INDICAN DÓNDE ESTÁN LAS DOS RAVE QUE FALTAN.
SHAAAAA
VALE.
SHAAAAA
SHAAAAA
HUM... ESTÁN MUY LEJOS DE AQUÍ.
PERO AL MENOS SABEMOS DÓNDE SE ENCUENTRAN.
BUEN TRABAJO.
GRACIAS.
VALE... AHORA TENEMOS QUE DECIDIR CUÁL BUSCAMOS PRIMERO.
LA DEL ESTE O LA DEL SUR.
TAP

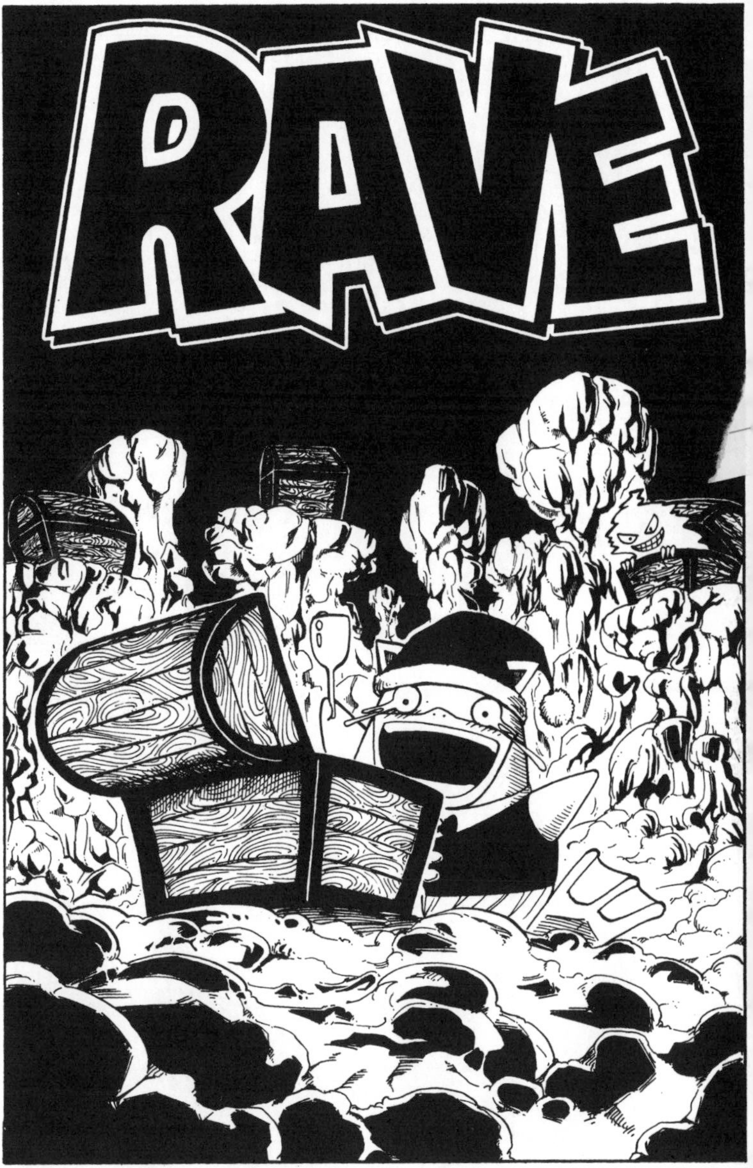
RAVE

RAVE 82 ✚ EL VÉRTICE DEL CAOS

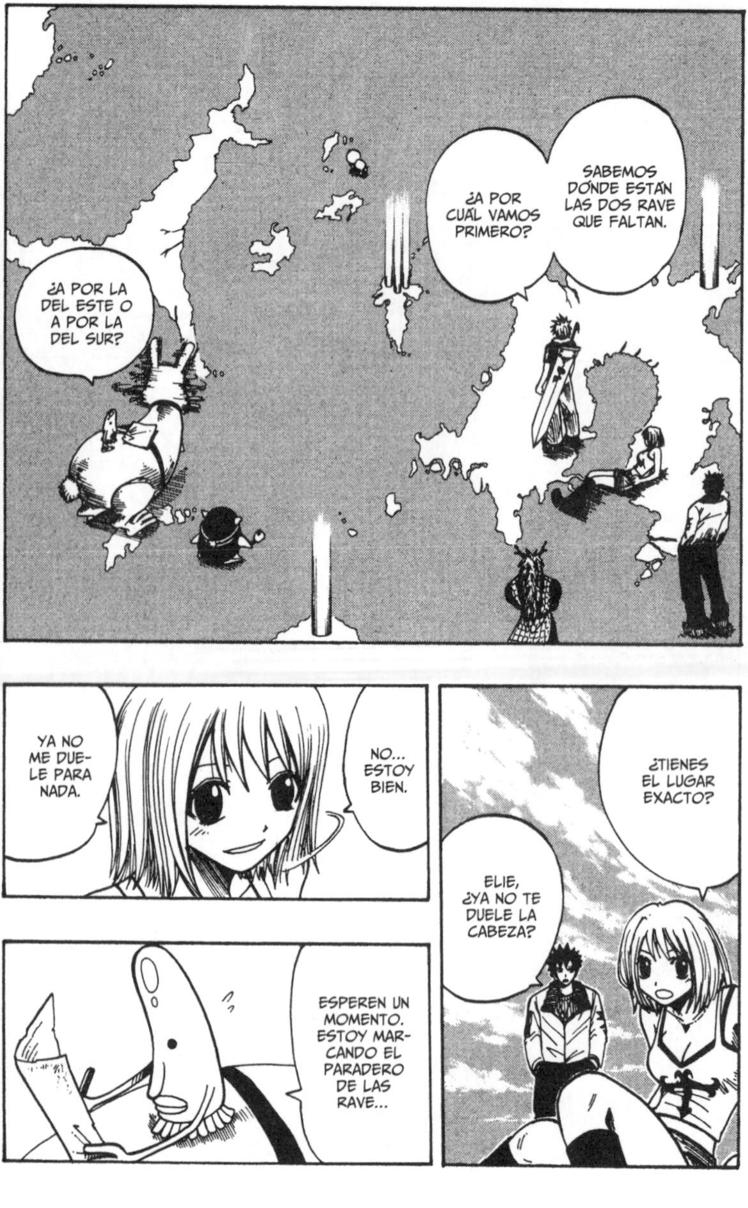
SABEMOS DÓNDE ESTÁN LAS DOS RAVE QUE FALTAN.
¿A POR CUÁL VAMOS PRIMERO?
¿A POR LA DEL ESTE O A POR LA DEL SUR?
¿TIENES EL LUGAR EXACTO?
ELIE, ¿YA NO TE DUELE LA CABEZA?
NO... ESTOY BIEN.
YA NO ME DUELE PARA NADA.
ESPEREN UN MOMENTO. ESTOY MARCANDO EL PARADERO DE LAS RAVE...

SHAAAAA
SHAAAAA
SHUUU
BLOP
¡¡LA LUZ HA DESAPARECIDO!!
¡PLUE!
PUUN.
¿¡QUÉ HACEMOS, POYO!?
GRIFF... ¿TIENES SU POSICIÓN?
¡SÍ! ¡LA RECUERDO PERFECTAMENTE!
TSK... ME HUBIERA GUSTADO HABER PODIDO VERLO CON MÁS TRANQUILIDAD ...
?
BLOP

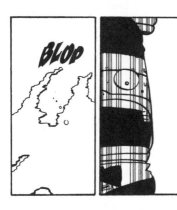

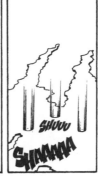

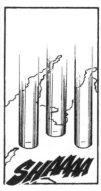

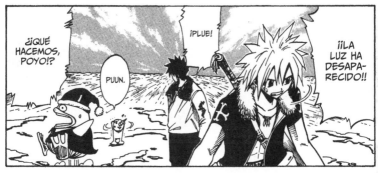

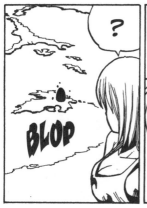

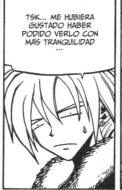

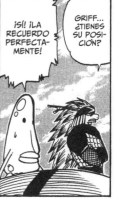

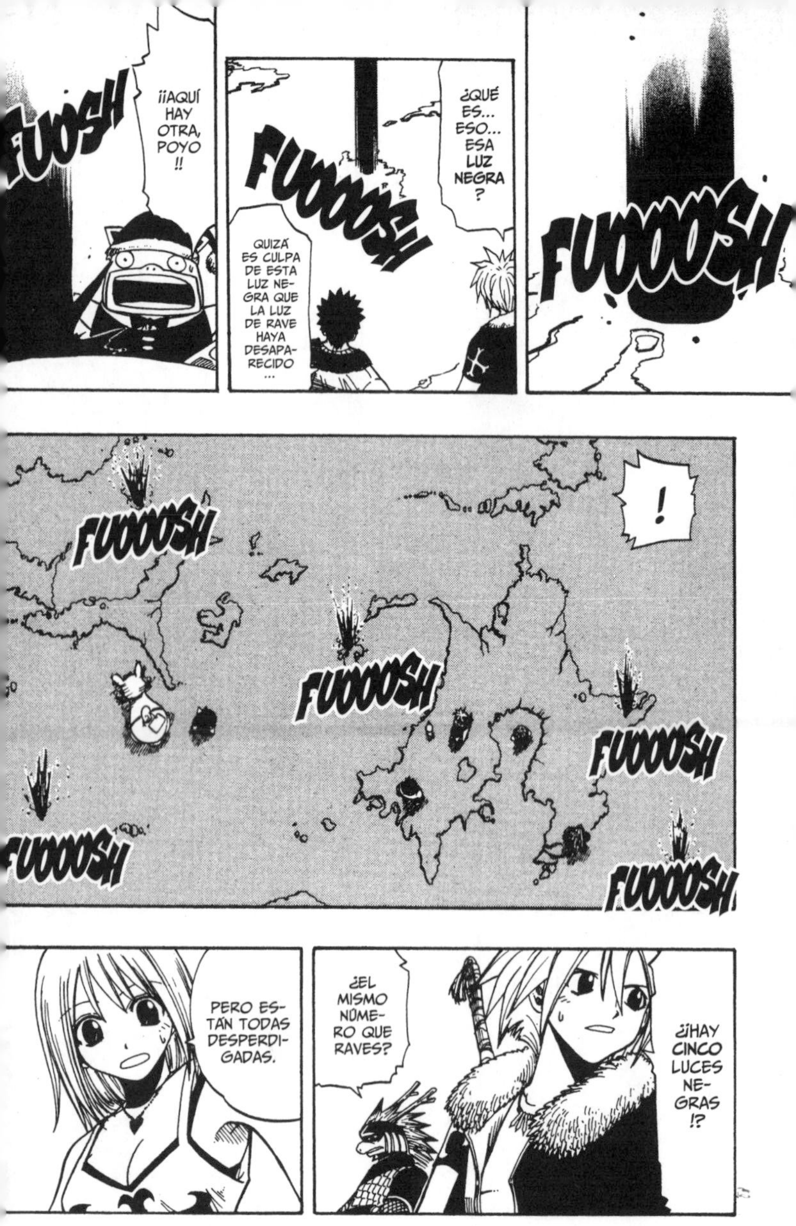
FUOOSH
¡¡AQUÍ HAY OTRA, POYO!!
FUOOOOSH
¿QUÉ ES... ESO... ESA LUZ NEGRA?
QUIZÁ ES CULPA DE ESTA LUZ NEGRA QUE LA LUZ DE RAVE HAYA DESAPARECIDO...
FUOOOOSH
!
FUOOOOSH
FUOOOOSH
FUOOOOSH
FUOOOOSH
FUOOOOSH
¿¡HAY CINCO LUCES NEGRAS!?
¿EL MISMO NÚMERO QUE RAVES?
PERO ESTÁN TODAS DESPERDIGADAS.

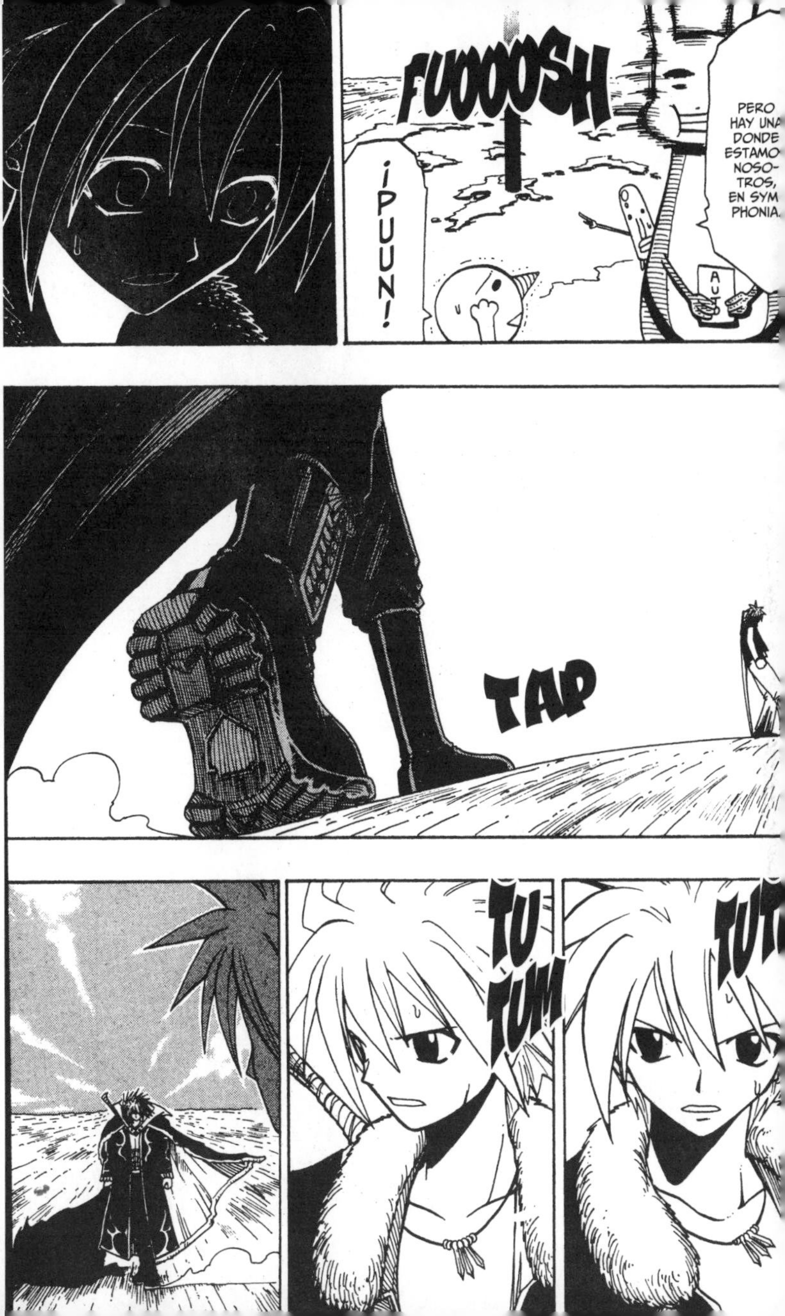
PERO HAY UNA DONDE ESTAMO NOSO-TROS, EN SYM PHONIA.
FUOOOSH
¡PUUUN!
TAP
TU TUM

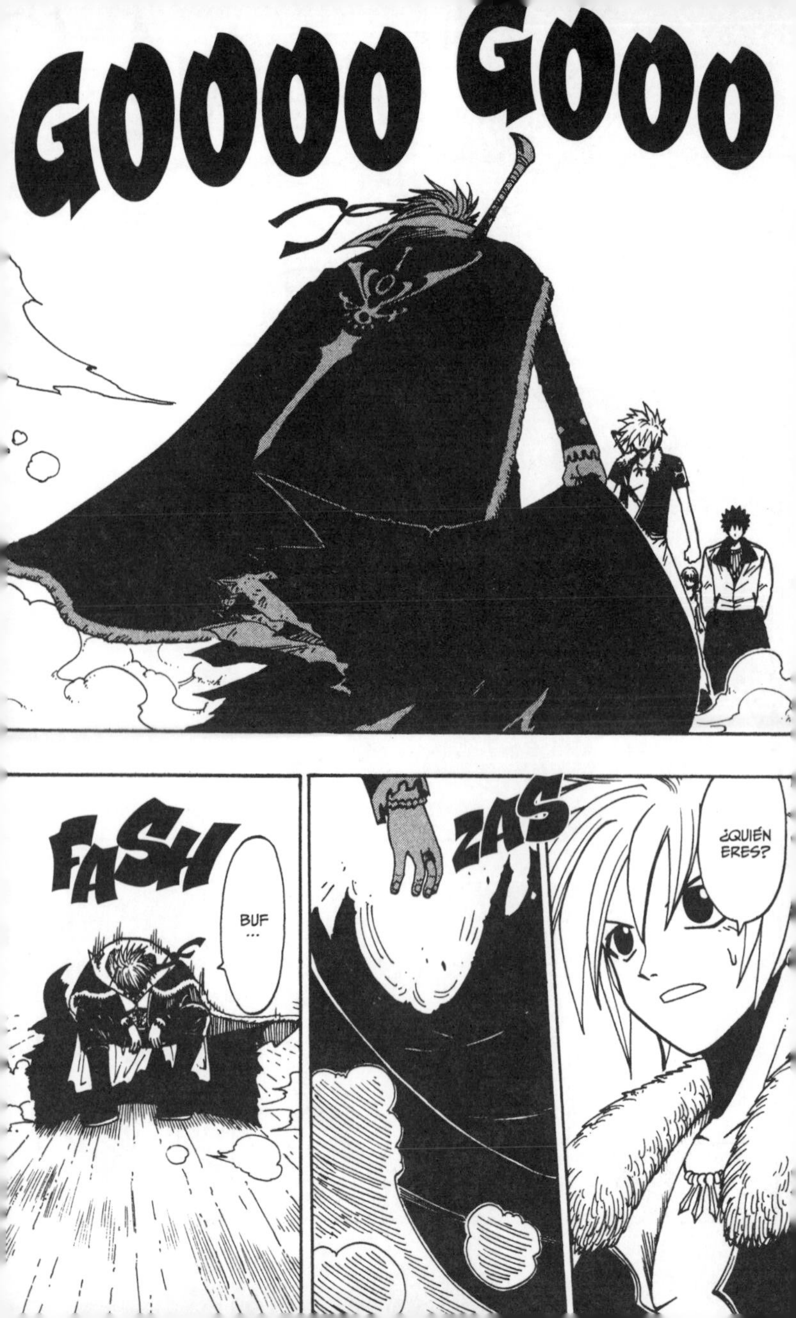
GOOOO GOOO
¿QUIÉN ERES?
ZAS
FASH
BUF
...

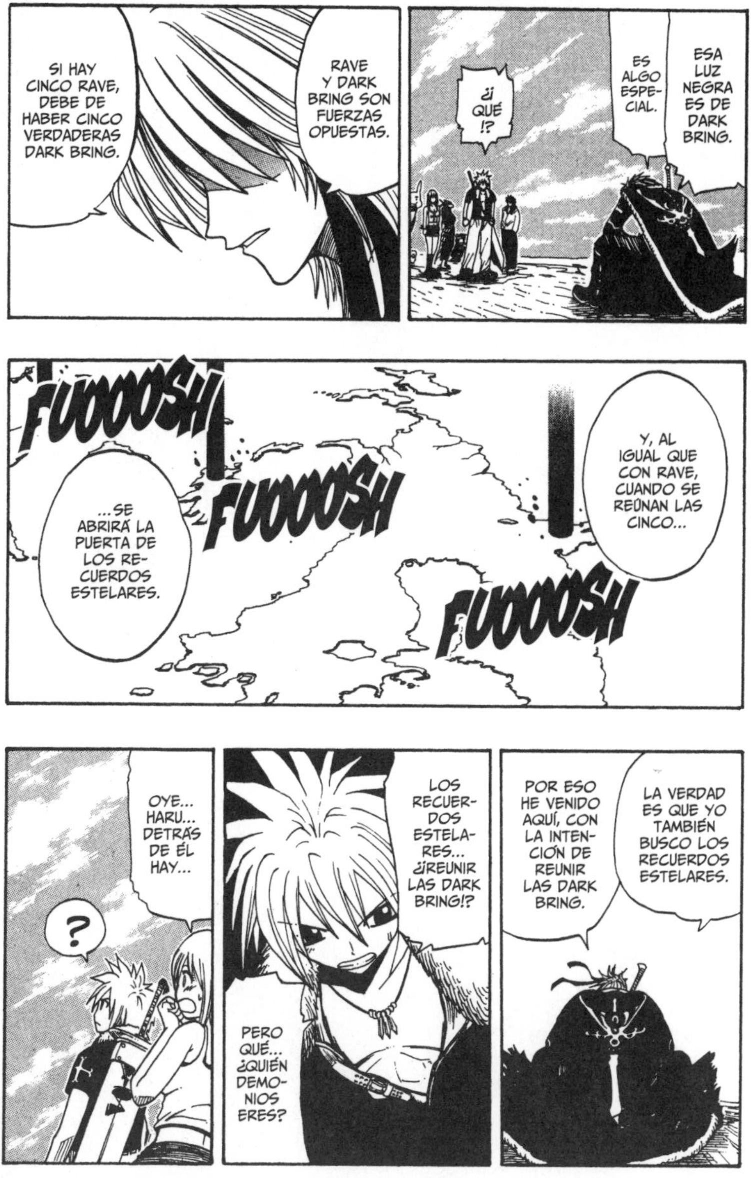
ESA LUZ NEGRA ES DE DARK BRING.
ES ALGO ESPECIAL.
¿¡QUÉ!?
RAVE Y DARK BRING SON FUERZAS OPUESTAS.
SI HAY CINCO RAVE, DEBE DE HABER CINCO VERDADERAS DARK BRING.
Y, AL IGUAL QUE CON RAVE, CUANDO SE REÚNAN LAS CINCO...
FUOOOSH
FUOOOSH
FUOOOSH
...SE ABRIRÁ LA PUERTA DE LOS RECUERDOS ESTELARES.
LA VERDAD ES QUE YO TAMBIÉN BUSCO LOS RECUERDOS ESTELARES.
POR ESO HE VENIDO AQUÍ, CON LA INTENCIÓN DE REUNIR LAS DARK BRING.
LOS RECUERDOS ESTELARES... ¿¡REUNIR LAS DARK BRING!?
PERO QUÉ... ¿QUIÉN DEMONIOS ERES?
OYE... HARU... DETRÁS DE ÉL HAY...
?

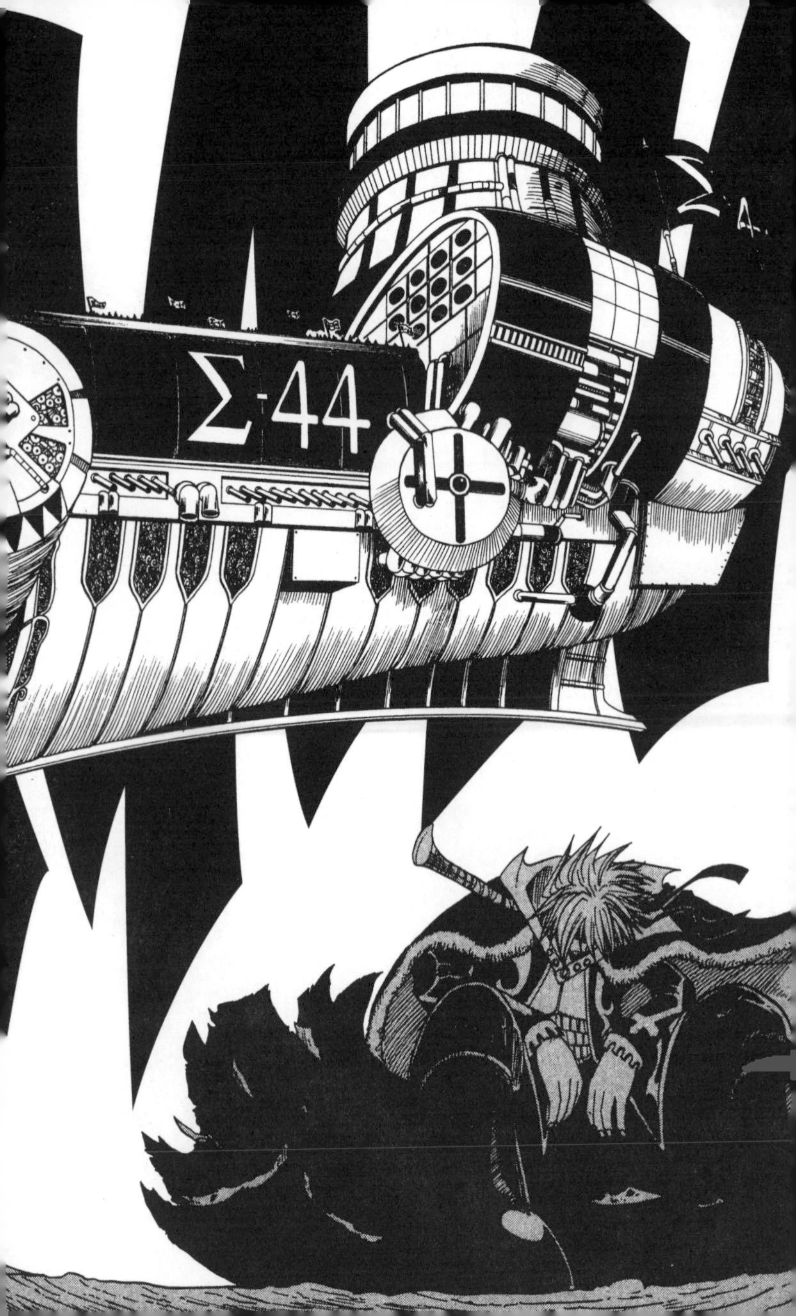
Σ-44

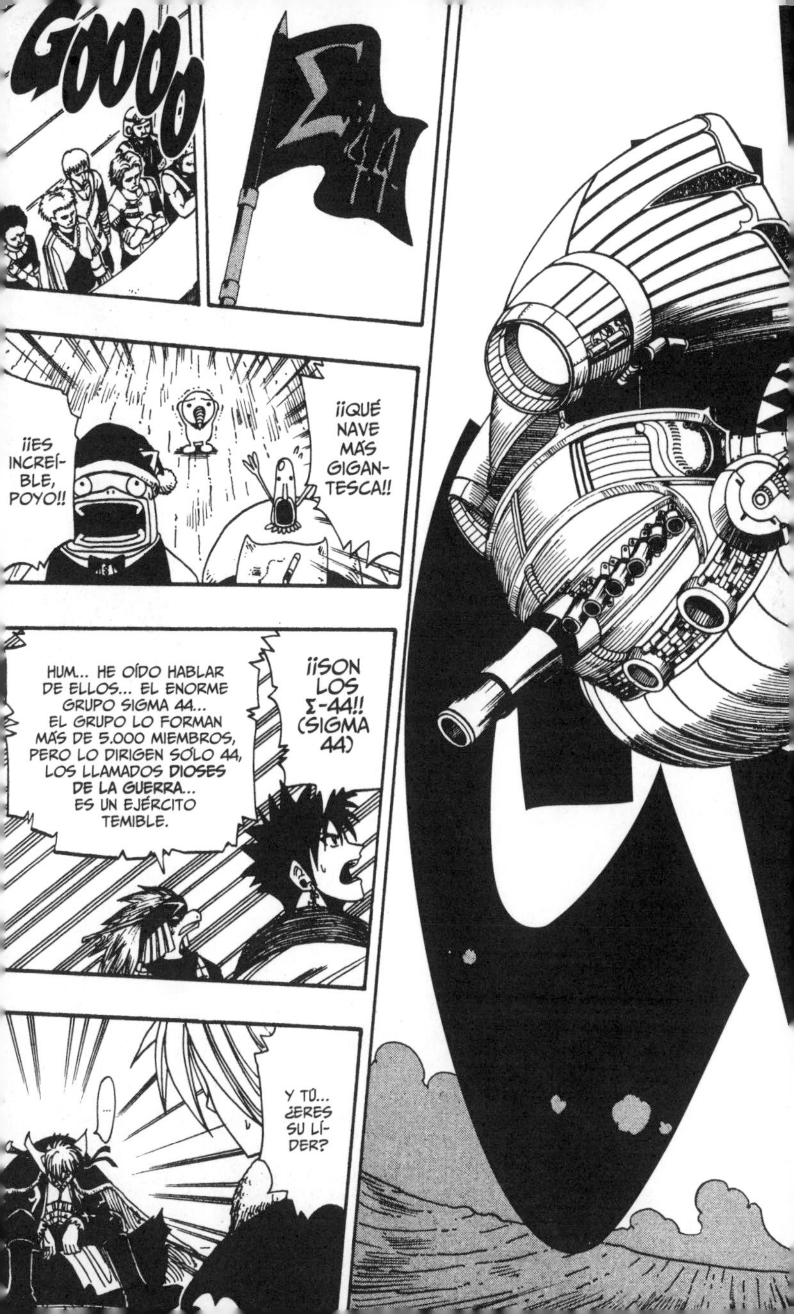
GOOOO
¡¡QUÉ NAVE MÁS GIGANTESCA!!
¡¡ES INCREÍBLE, POYO!!
¡¡SON LOS Σ-44!! (SIGMA 44)
HUM... HE OÍDO HABLAR DE ELLOS... EL ENORME GRUPO SIGMA 44... EL GRUPO LO FORMAN MÁS DE 5.000 MIEMBROS, PERO LO DIRIGEN SÓLO 44, LOS LLAMADOS DIOSES DE LA GUERRA... ES UN EJÉRCITO TEMIBLE.
Y TÚ... ¿ERES SU LÍDER?
...

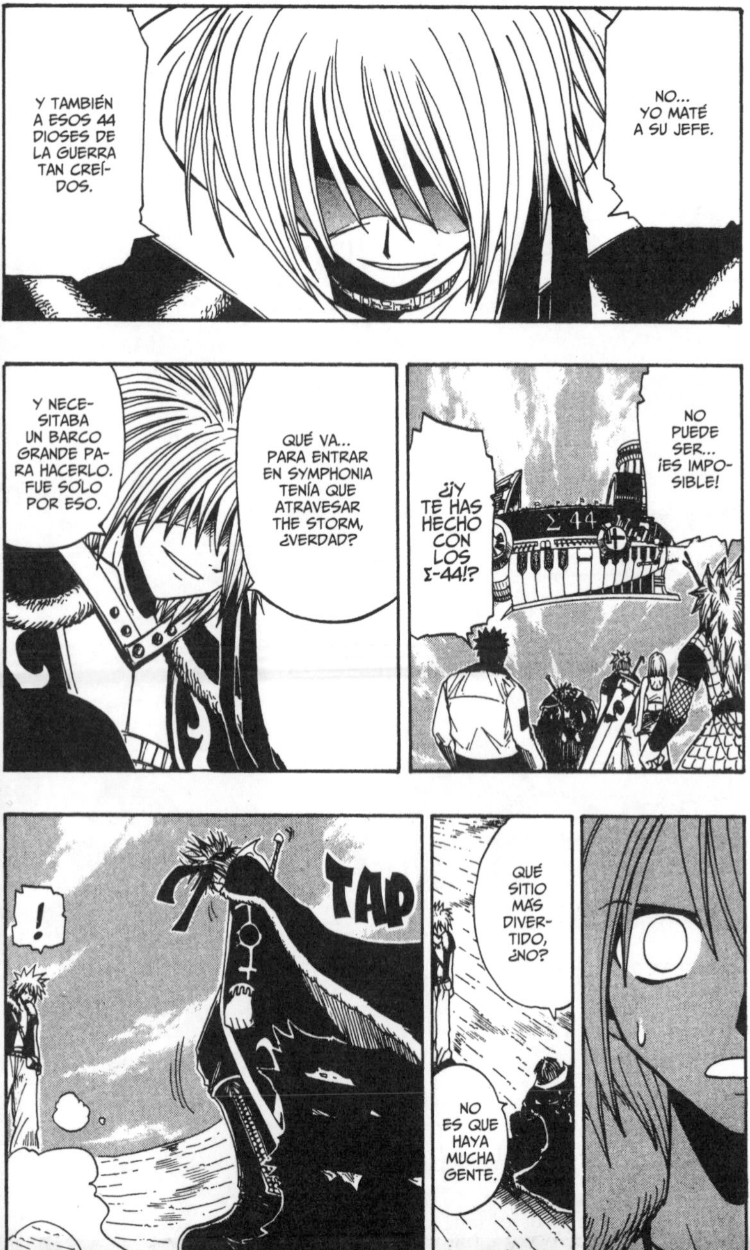
NO... YO MATÉ A SU JEFE.
Y TAMBIÉN A ESOS 44 DIOSES DE LA GUERRA TAN CREÍ-DOS.
NO PUEDE SER... ¡ES IMPO-SIBLE!
¿¡Y TE HAS HECHO CON LOS Σ-44!?
QUÉ VA... PARA ENTRAR EN SYMPHONIA TENÍA QUE ATRAVESAR THE STORM, ¿VERDAD?
Y NECE-SITABA UN BARCO GRANDE PA-RA HACERLO. FUE SÓLO POR ESO.
QUÉ SITIO MÁS DIVER-TIDO, ¿NO?
NO ES QUE HAYA MUCHA GENTE.
TAP
!

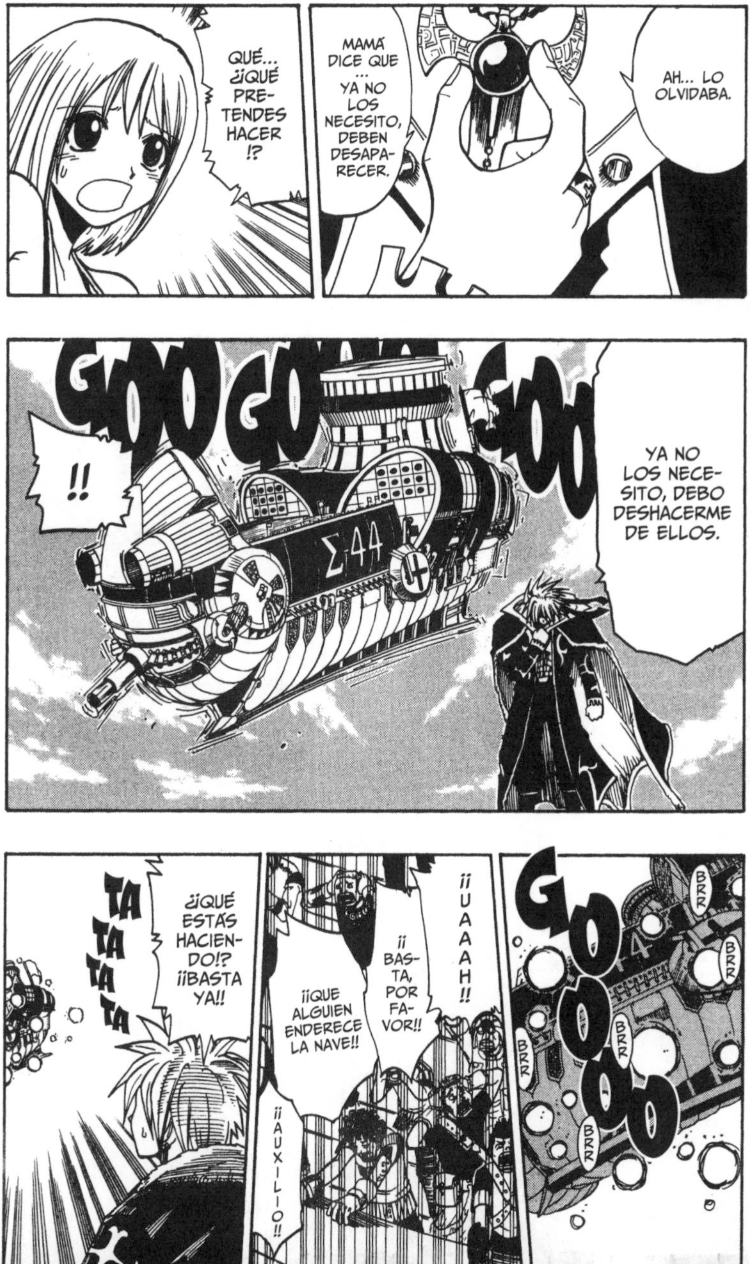
AH... LO OLVIDABA.
MAMÁ DICE QUE ... YA NO LOS NECESITO, DEBEN DESAPARECER.
QUÉ... ¿¡QUÉ PRETENDES HACER!?
YA NO LOS NECESITO, DEBO DESHACERME DE ELLOS.
!!
GOO GO GOO
GOOOOO
BRR
BRR
BRR
BRR
BRR
¡¡UAAAAH!!
¡¡BASTA, POR FAVOR!!
¡¡QUE ALGUIEN ENDERECE LA NAVE!!
¡¡AUXILIO!!
¿¡QUÉ ESTÁS HACIENDO!? ¡¡BASTA YA!!
TA TA TA TA

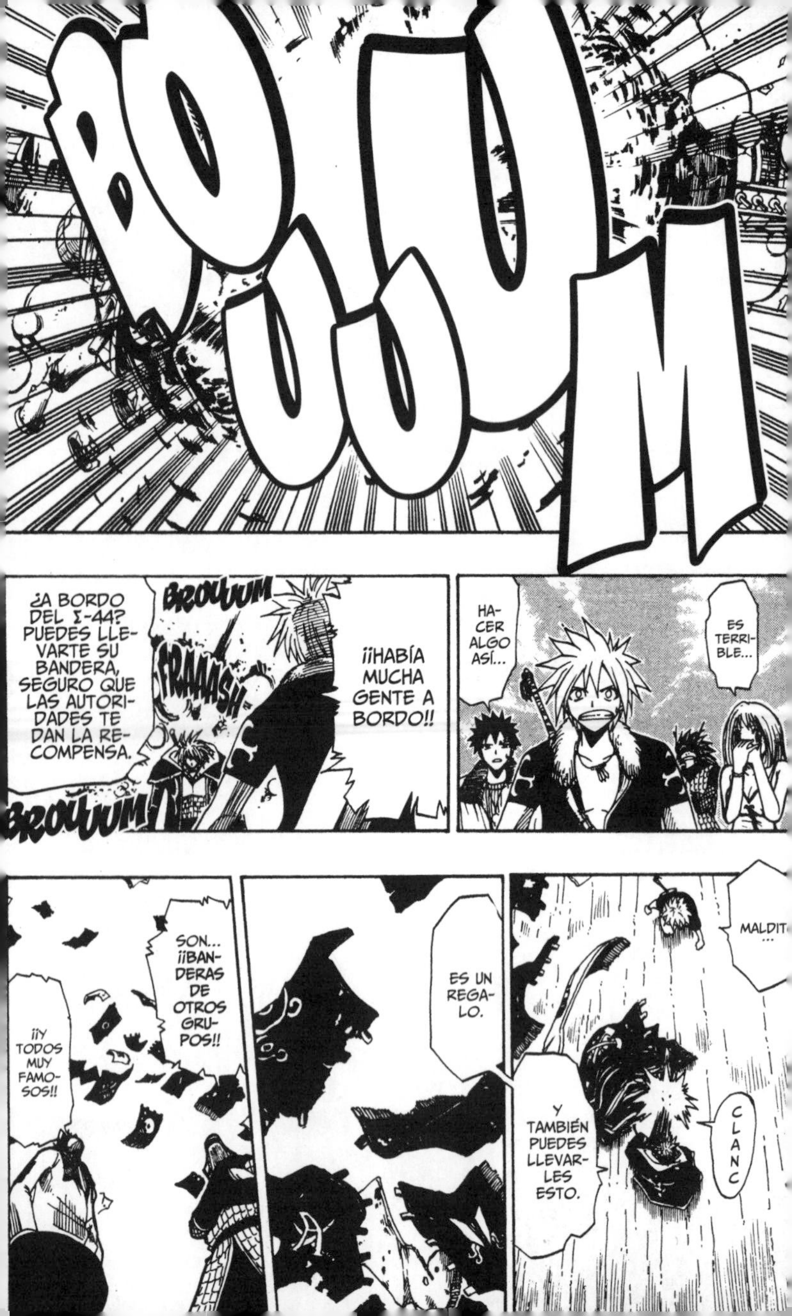
BOOOOOM
ES TERRIBLE...
HACER ALGO ASÍ...
¡¡HABÍA MUCHA GENTE A BORDO!!
BROUUUM
FRAAAASH
¿A BORDO DEL Σ-44? PUEDES LLEVARTE SU BANDERA, SEGURO QUE LAS AUTORIDADES TE DAN LA RECOMPENSA.
BROUUUM
MALDIT...
CLANC
Y TAMBIÉN PUEDES LLEVARLES ESTO.
ES UN REGALO.
SON... ¡¡BANDERAS DE OTROS GRUPOS!!
¡¡Y TODOS MUY FAMOSOS!!

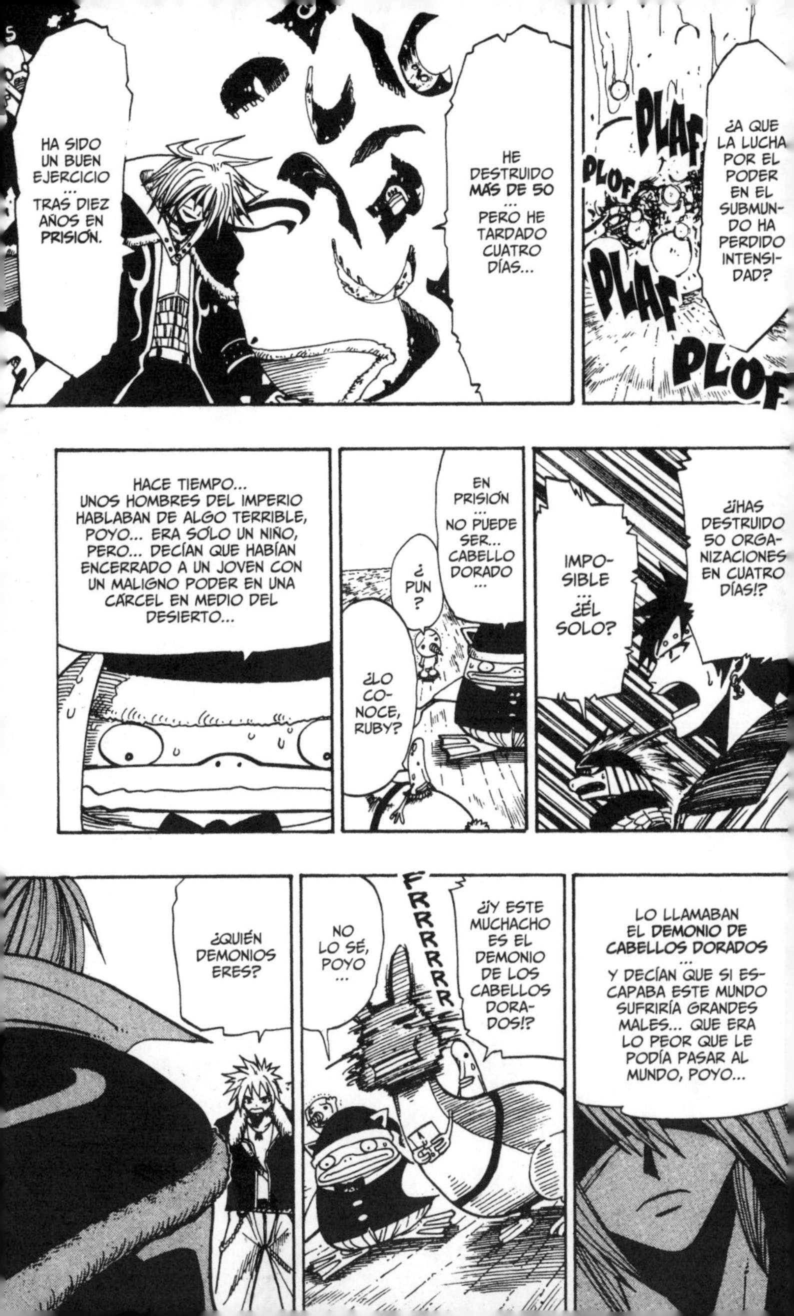
PLAF
PLOF
PLAF
PLOF
¿A QUE LA LUCHA POR EL PODER EN EL SUBMUNDO HA PERDIDO INTENSIDAD?
HE DESTRUIDO MÁS DE 50 ... PERO HE TARDADO CUATRO DÍAS...
HA SIDO UN BUEN EJERCICIO ... TRAS DIEZ AÑOS EN PRISIÓN.
¿¡HAS DESTRUIDO 50 ORGANIZACIONES EN CUATRO DÍAS!?
IMPOSIBLE ... ¿ÉL SOLO?
EN PRISIÓN ... NO PUEDE SER... CABELLO DORADO ...
¿PUN?
¿LO CONOCE, RUBY?
HACE TIEMPO... UNOS HOMBRES DEL IMPERIO HABLABAN DE ALGO TERRIBLE, POYO... ERA SÓLO UN NIÑO, PERO... DECÍAN QUE HABÍAN ENCERRADO A UN JOVEN CON UN MALIGNO PODER EN UNA CÁRCEL EN MEDIO DEL DESIERTO...
LO LLAMABAN EL DEMONIO DE CABELLOS DORADOS ... Y DECÍAN QUE SI ESCAPABA ESTE MUNDO SUFRIRÍA GRANDES MALES... QUE ERA LO PEOR QUE LE PODÍA PASAR AL MUNDO, POYO...
¿¡Y ESTE MUCHACHO ES EL DEMONIO DE LOS CABELLOS DORADOS!?
FRRRRRR
NO LO SÉ, POYO ...
¿QUIÉN DEMONIOS ERES?

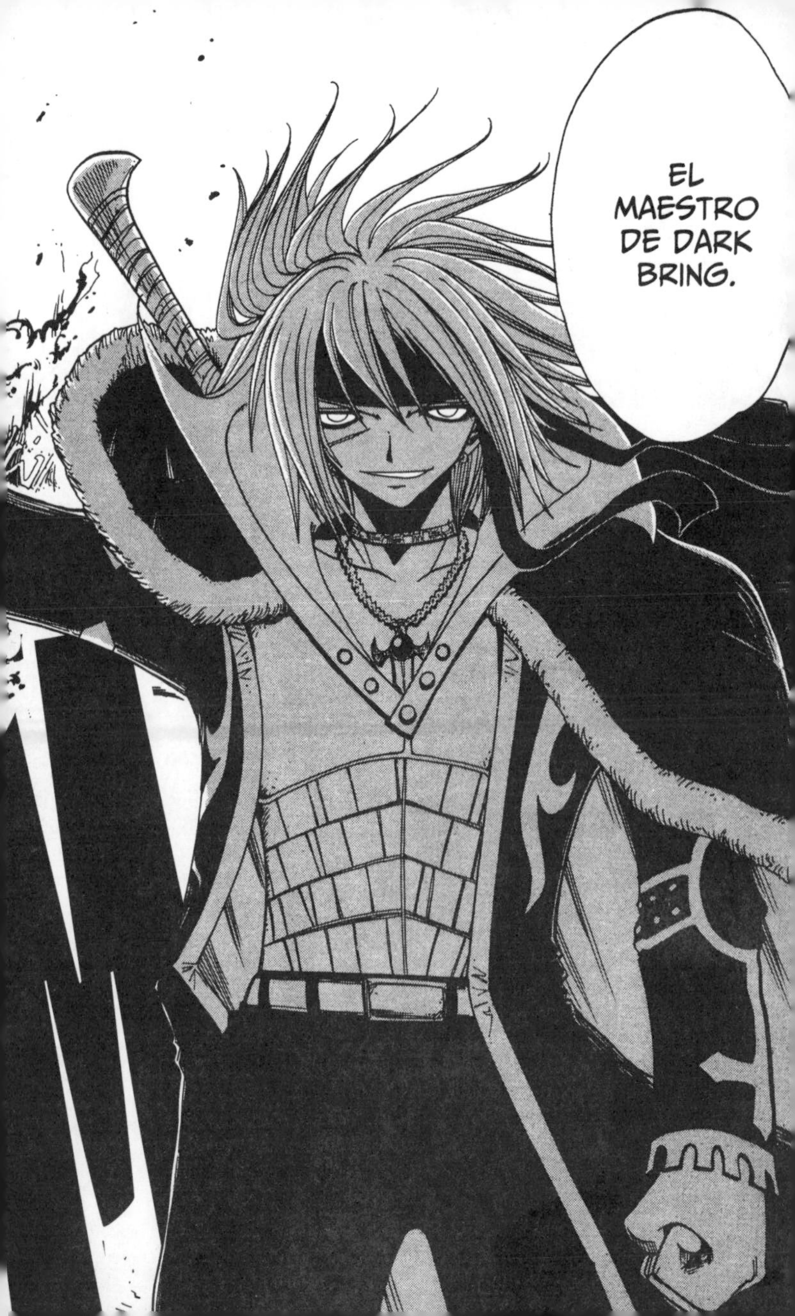
EL MAESTRO DE DARK BRING.

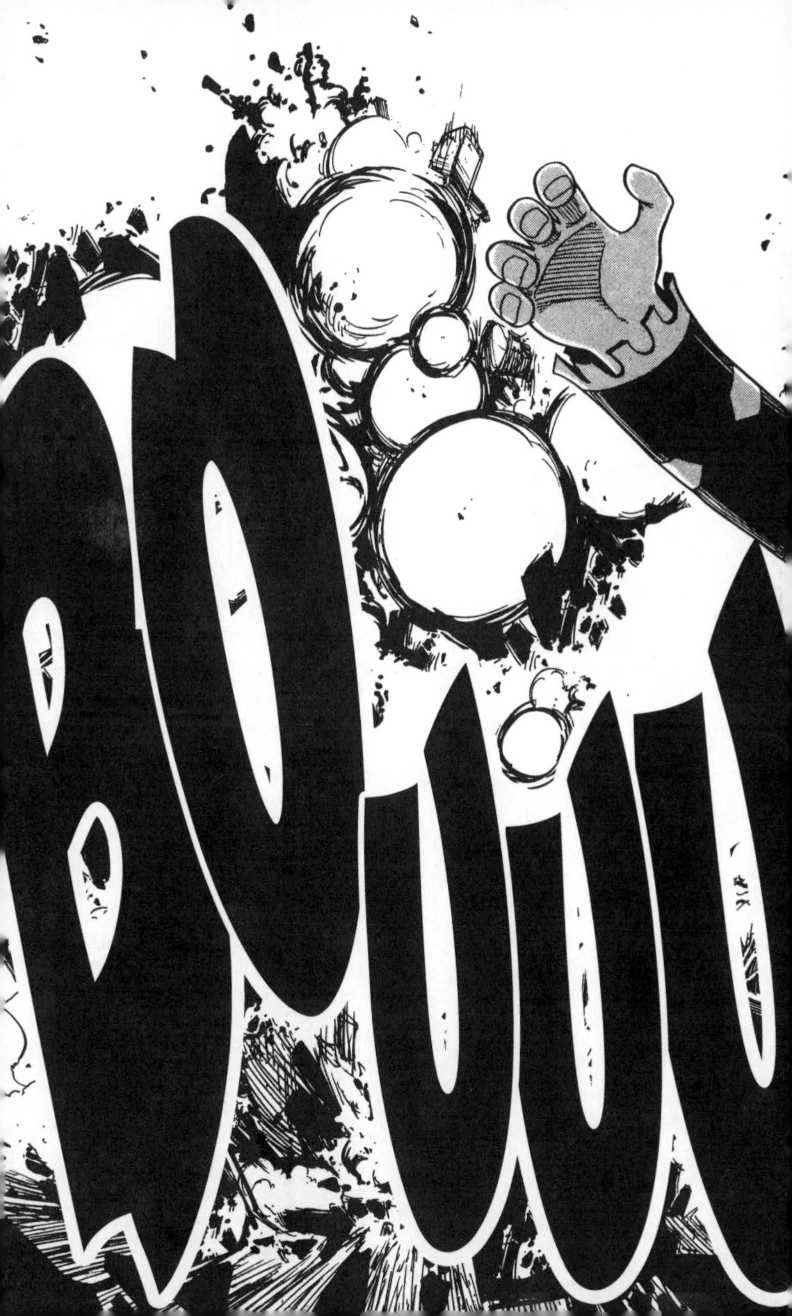

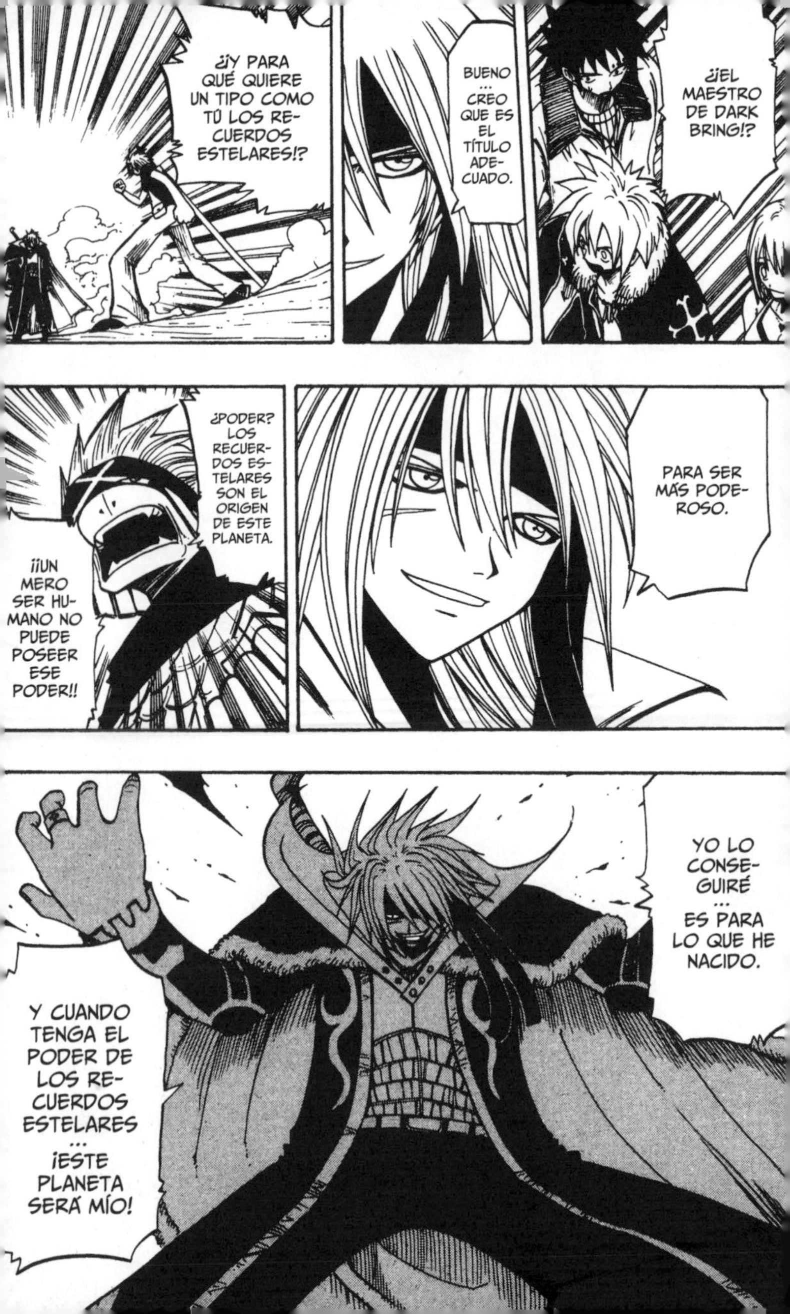

¡¿EL MAESTRO DE DARK BRING!?
BUENO ... CREO QUE ES EL TÍTULO ADECUADO.
¿¡Y PARA QUÉ QUIERE UN TIPO COMO TÚ LOS RECUERDOS ESTELARES!?
PARA SER MÁS PODEROSO.
¿PODER? LOS RECUERDOS ESTELARES SON EL ORIGEN DE ESTE PLANETA.
¡¡UN MERO SER HUMANO NO PUEDE POSEER ESE PODER!!
YO LO CONSEGUIRÉ ... ES PARA LO QUE HE NACIDO.
Y CUANDO TENGA EL PODER DE LOS RECUERDOS ESTELARES ... ¡ESTE PLANETA SERÁ MÍO!

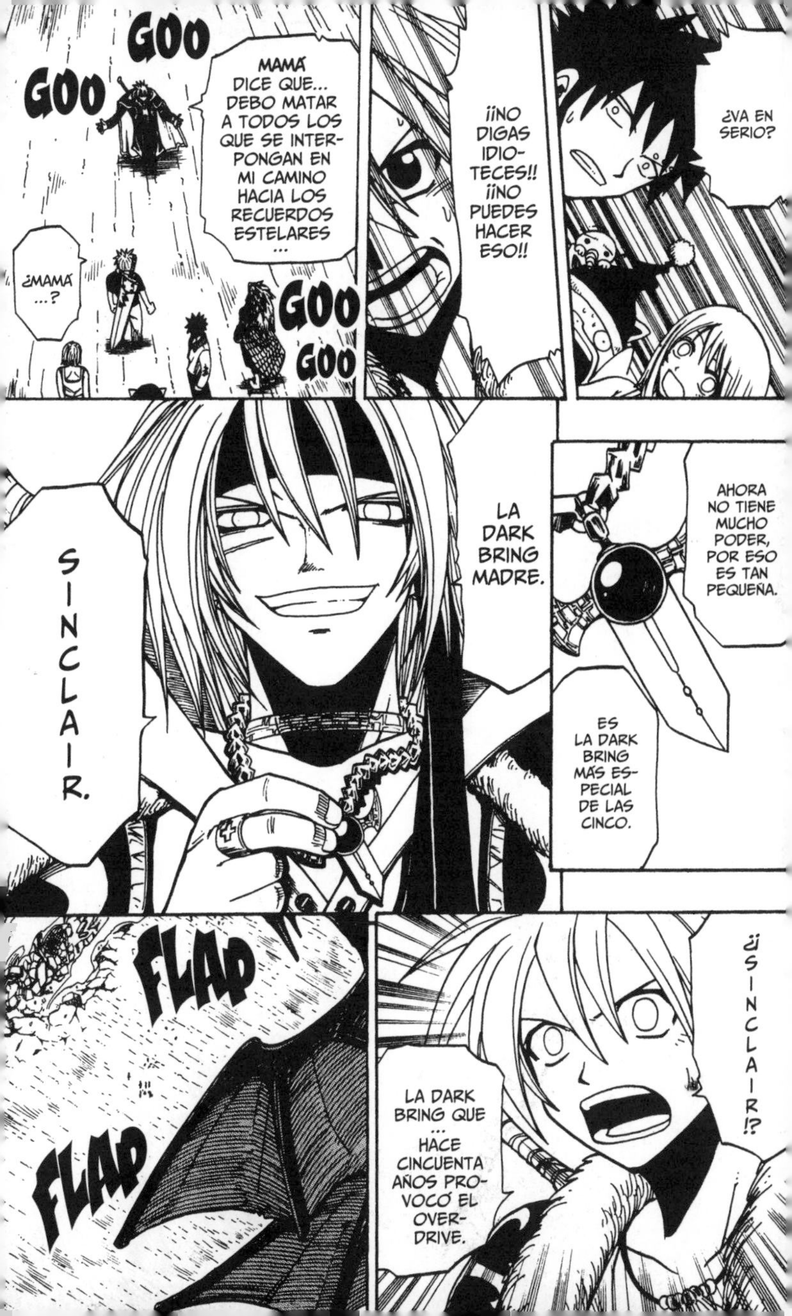

GOO GOO
¿MAMÁ ...?
MAMÁ DICE QUE... DEBO MATAR A TODOS LOS QUE SE INTERPONGAN EN MI CAMINO HACIA LOS RECUERDOS ESTELARES ...
GOO GOO
¡¡NO DIGAS IDIOTECES!! ¡¡NO PUEDES HACER ESO!!
¿VA EN SERIO?
SINCLAIR.
LA DARK BRING MADRE.
AHORA NO TIENE MUCHO PODER, POR ESO ES TAN PEQUEÑA.
ES LA DARK BRING MÁS ESPECIAL DE LAS CINCO.
FLAP
FLAP
¿¡SINCLAIR!?
LA DARK BRING QUE ... HACE CINCUENTA AÑOS PROVOCÓ EL OVERDRIVE.

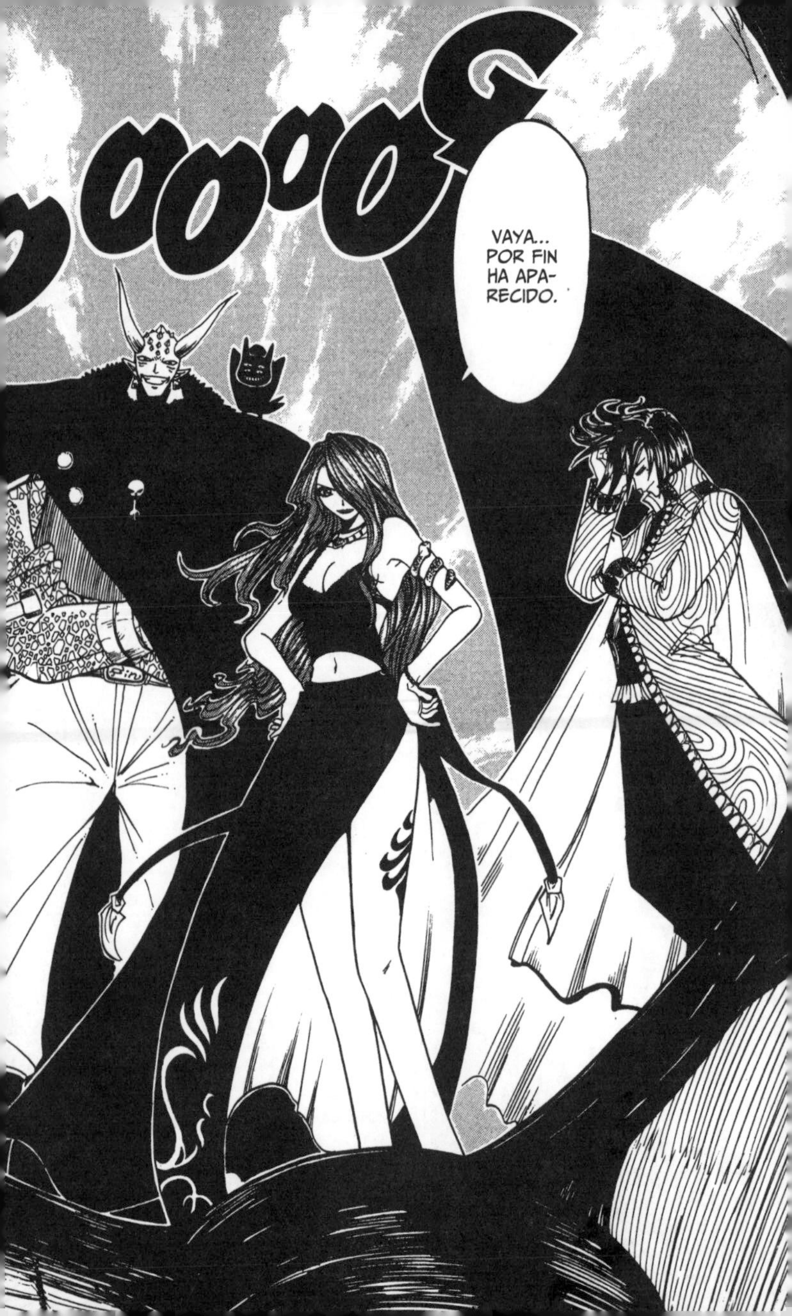
VAYA... POR FIN HA APA-RECIDO.

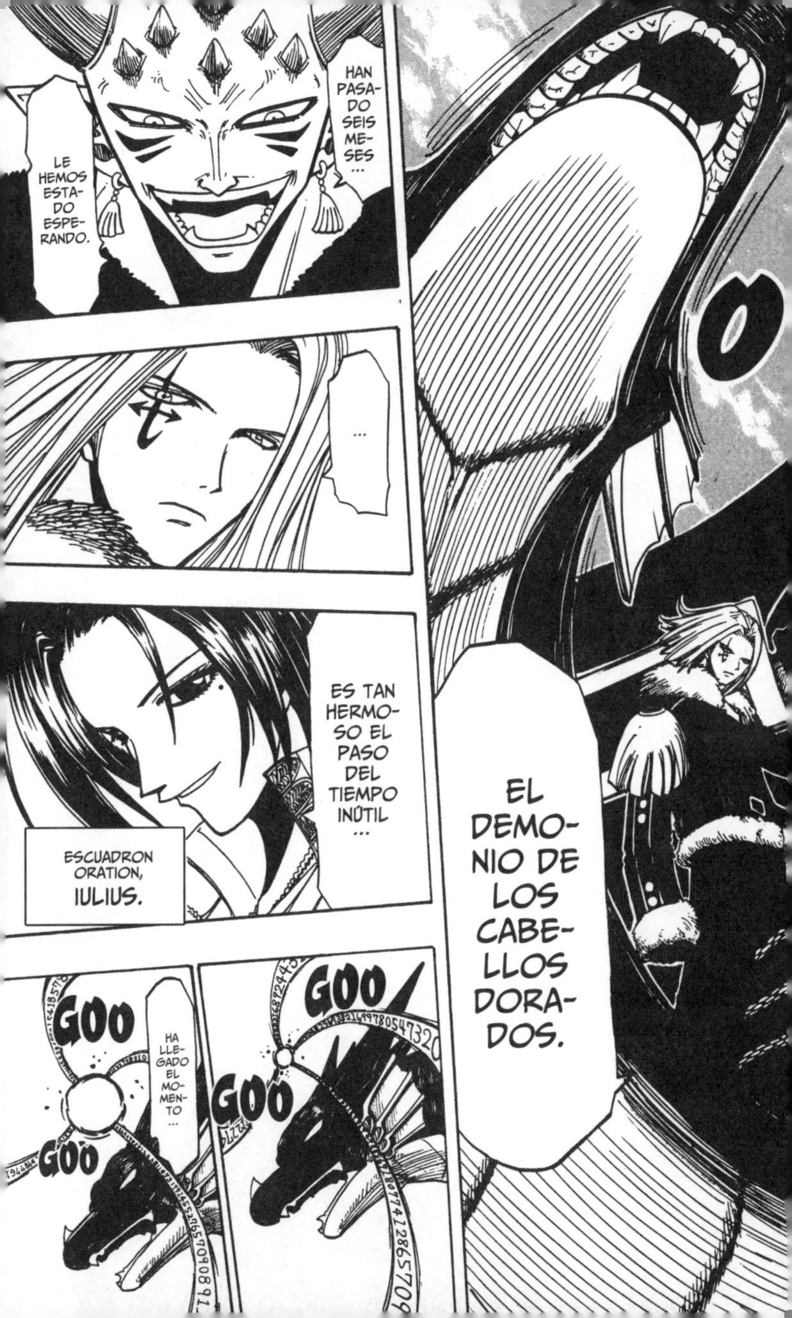
HAN PASADO SEIS MESES...
LE HEMOS ESTADO ESPERANDO.
...
ES TAN HERMOSO EL PASO DEL TIEMPO INÚTIL...
ESCUADRON ORATION, IULIUS.
HA LLEGADO EL MOMENTO...
GOO
GOO
GOO
GOO
EL DEMONIO DE LOS CABELLOS DORADOS.

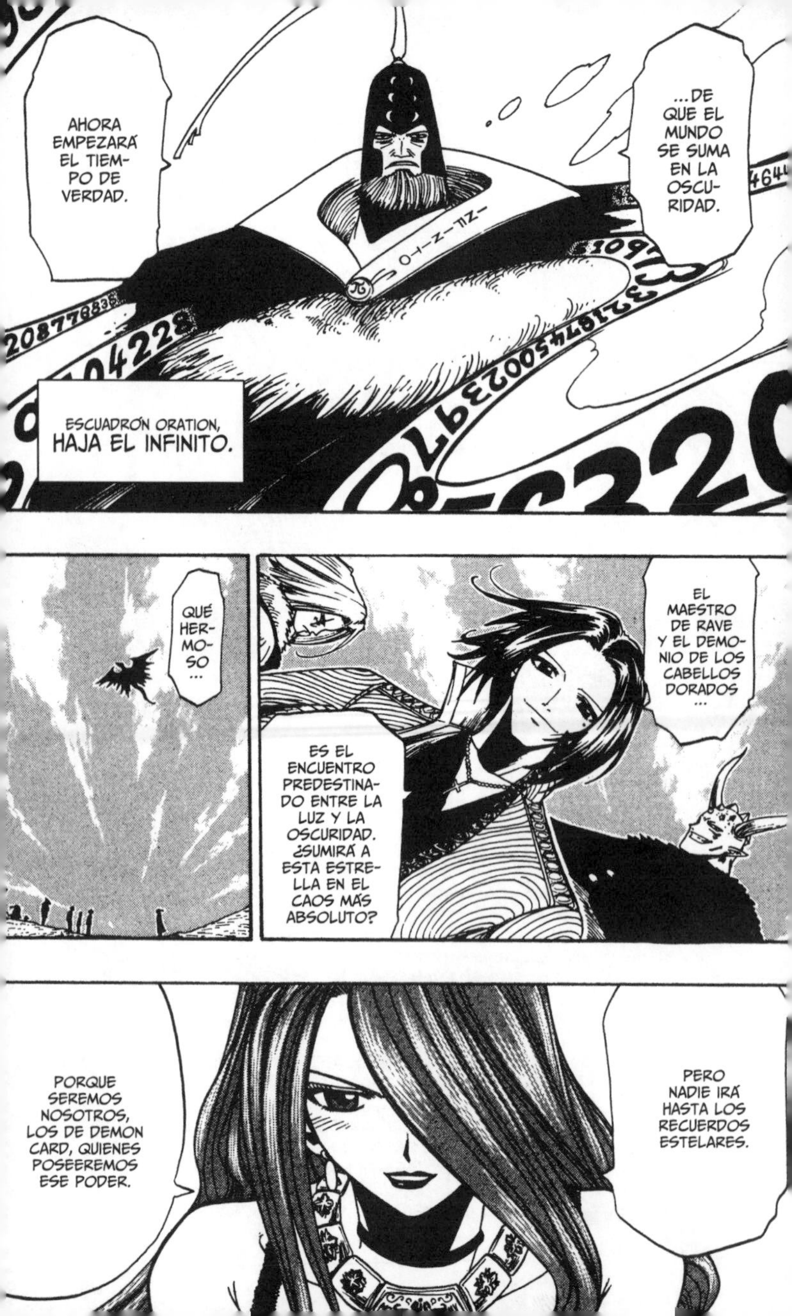
AHORA EMPEZARÁ EL TIEMPO DE VERDAD.
...DE QUE EL MUNDO SE SUMA EN LA OSCURIDAD.
ESCUADRÓN ORATION, HAJA EL INFINITO.
QUÉ HERMOSO...
EL MAESTRO DE RAVE Y EL DEMONIO DE LOS CABELLOS DORADOS...
ES EL ENCUENTRO PREDESTINADO ENTRE LA LUZ Y LA OSCURIDAD. ¿SUMIRÁ A ESTA ESTRELLA EN EL CAOS MÁS ABSOLUTO?
PERO NADIE IRÁ HASTA LOS RECUERDOS ESTELARES.
PORQUE SEREMOS NOSOTROS, LOS DE DEMON CARD, QUIENES POSEEREMOS ESE PODER.

¡EL RINCÓN DE LAS PREGUNTAS Y RESPUESTAS!

Q. PREGUNTA. ¡¡DIME CUALES SON LAS MEDIDAS DE ELIE!!

A. RESPUESTA. ¡¡OOOH!! ES UNA PREGUNTA UN POCO ABSURDA, PERO... ¿POR QUÉ LA HE ESCRITO? BUENO, DA IGUAL, SON 87 DE PECHO, 57 DE CINTURA Y 86 DE CADERAS.

Q. P. ¿RUBY ES UN PINGÜINO?

A. R. LO EXACTO ES DECIR QUE ES DE LA ESPECIE PINGÜINA. PERO CON PINGÜINO YA VALE.

Q. P. ¡¡NO PUEDO ENCONTRAR A LOS NUMBER MAN EN LOS CABALLEROS DEL REINO!!

A. R. BUENO, PUES OS DIRÉ DÓNDE ESTÁN.
1-) PÁGINA 12, SÉPTIMA VIÑETA.
2-) PÁGINA 21, PARTE INFERIOR.
3-) PÁGINA 24, TERCERA VIÑETA, ESQUINA SUPERIOR IZQUIERDA.
4-) PÁGINA 33, PRIMERA VIÑETA.
5-) PÁGINA 23, PRIMERA VIÑETA, AL LADO DE SHIBA.
6-) PÁGINA 35, PRIMERA VIÑETA, A LA IZQUIERDA.
7-) PÁGINA 33, OCTAVA VIÑETA, EN LA ESQUINA SUPERIOR IZQUIERDA.
8-) PÁGINA 15, SEGUNDA VIÑETA, ESQUINA SUPERIOR DERECHA.

Q. P. HIRO, ¿CUÁNTAS CARTAS DE FANS TE LLEGAN A LA SEMANA?

A. R. ¡MUCHAS! PERO LAS LEO TODAS, DE VERDAD. ¡¡MUCHAS GRACIAS POR TODO!! ¡¡ME AYUDAN MUCHO!!

Q. P. HIRO, HAS DICHO QUE TE GUSTA EL CINE, ¿QUÉ TIPO DE PELÍCULAS VES?

A. R. ME GUSTA EL CINE, PERO NO ME CONSIDERO UN MANIÁTICO, AUNQUE SÍ UN POCO FREAK. ANTES VEÍA UNAS DOS O TRES POR SEMANA, CASI TODO EN VÍDEO O DVD, PERO AHORA TENGO TAN POCO TIEMPO QUE VEO UNA POR SEMANA. SOLO UNA TRISTE PELÍCULA POR SEMANA...

P. HIRO, ¿POR QUÉ ODIAS A LAS ORUGAS? A MÍ NO ME DAN COSA NI NADA...
R. VERÁS, EN LA CASA DONDE VIVÍA ANTES... TAMBIÉN VIVÍAN ORUGAS. EL ÁRBOL QUE HABÍA JUNTO A MI CASA ESTABA LLENO DE ELLAS, Y SE COLABAN EN LA CASA TODO EL DÍA (ME DABAN MIEDO). EN PRIMARIA, CUANDO VOLVÍA DE CLASE, TENÍA QUE ENTRAR CON MI PROPIA LLAVE PORQUE NO HABÍA NADIE EN CASA, ¡Y LAS ORUGAS ME ESPERABAN EN LA PUERTA! ¡COMO SI ME DIERAN LA BIENVENIDA! ¡¡QUÉ MIEDO!! ¡¡ENTRABA CORRIENDO EN CASA Y ME PONÍA A LLORAR!!

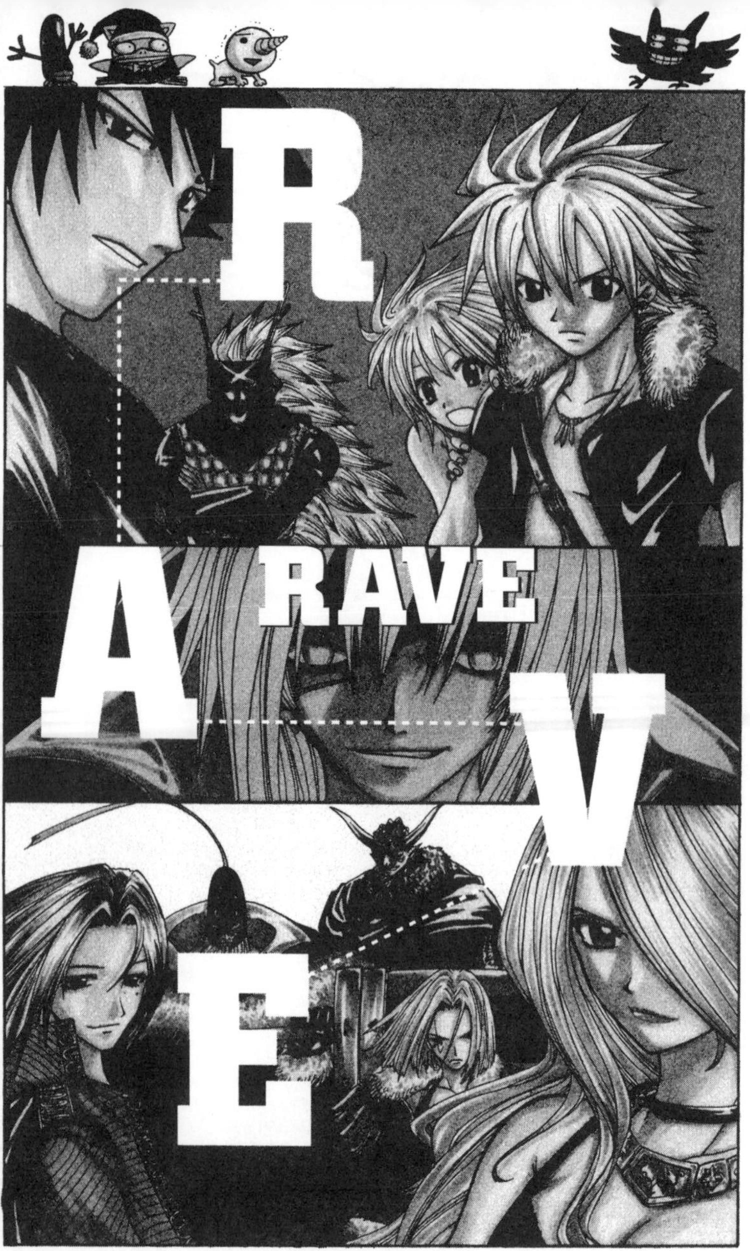
R
A
RAVE
V
E

RAVE 83 ✚ DESTINO FORTUITO

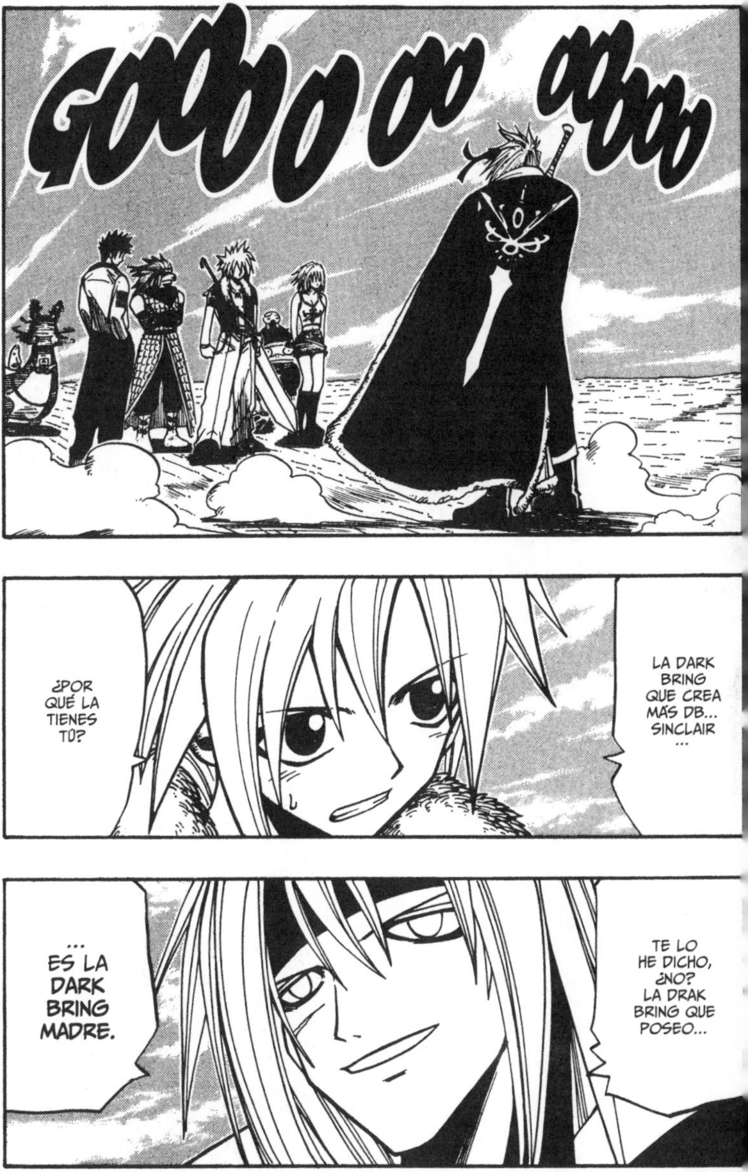
GOOOOOOOOOOOO
LA DARK BRING QUE CREA MÁS DB... SINCLAIR ...
¿POR QUÉ LA TIENES TÚ?
TE LO HE DICHO, ¿NO? LA DRAK BRING QUE POSEO...
... ES LA DARK BRING MADRE.

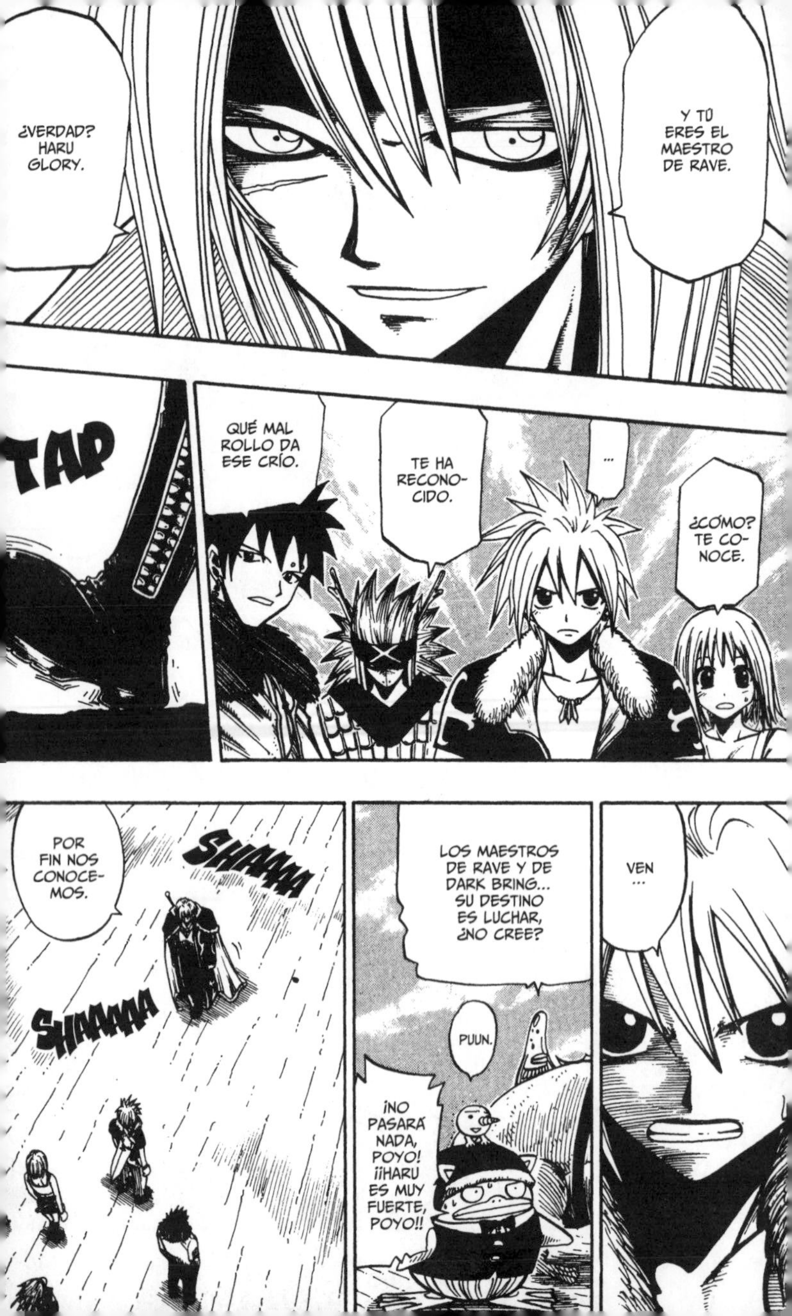
Y TÚ ERES EL MAESTRO DE RAVE.
¿VERDAD? HARU GLORY.
¿CÓMO? TE CONOCE.
...
TE HA RECONOCIDO.
QUÉ MAL ROLLO DA ESE CRÍO.
TAP
VEN ...
LOS MAESTROS DE RAVE Y DE DARK BRING... SU DESTINO ES LUCHAR, ¿NO CREE?
PUUN.
¡NO PASARÁ NADA, POYO! ¡¡HARU ES MUY FUERTE, POYO!!
SHAAAA
POR FIN NOS CONOCEMOS.
SHAAAAA

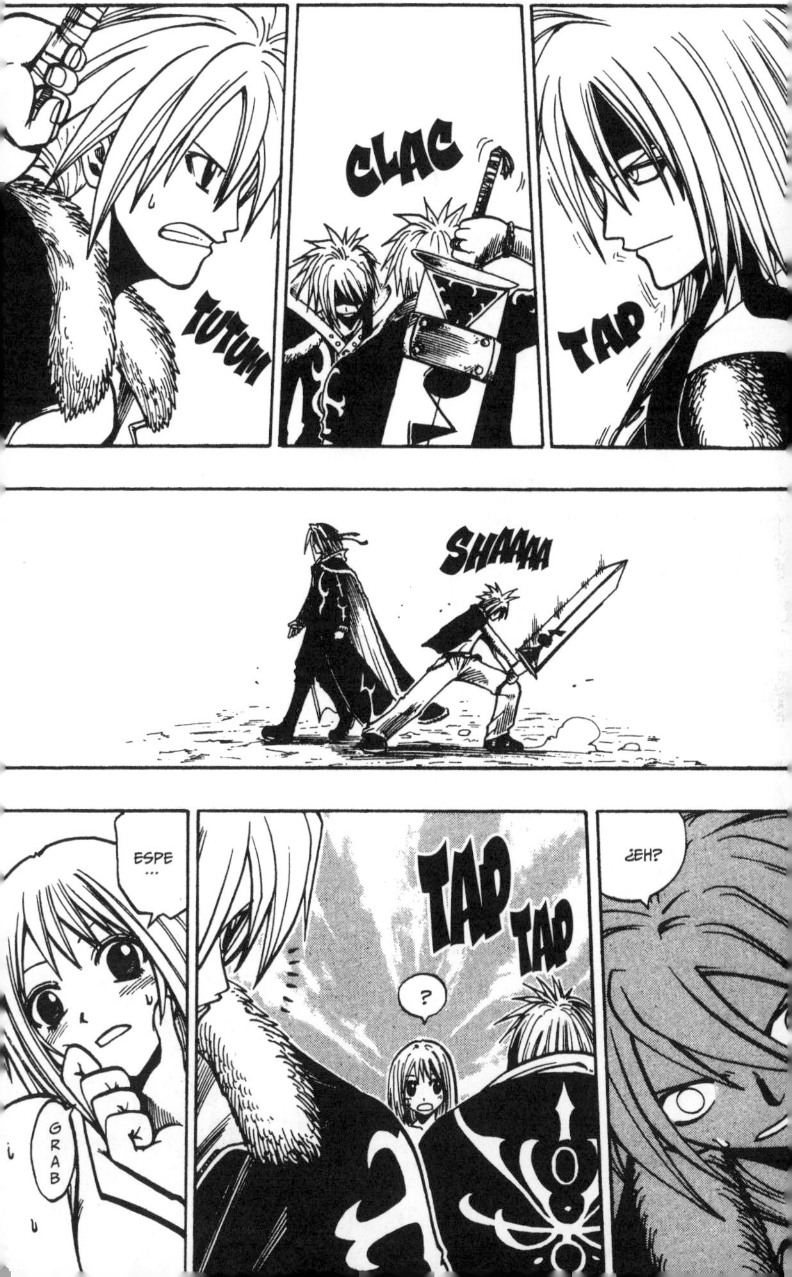

TAP
CLAC
TUTUM
SHAAAA
¿EH?
TAP
TAP
?
ESPE
...
GRAB

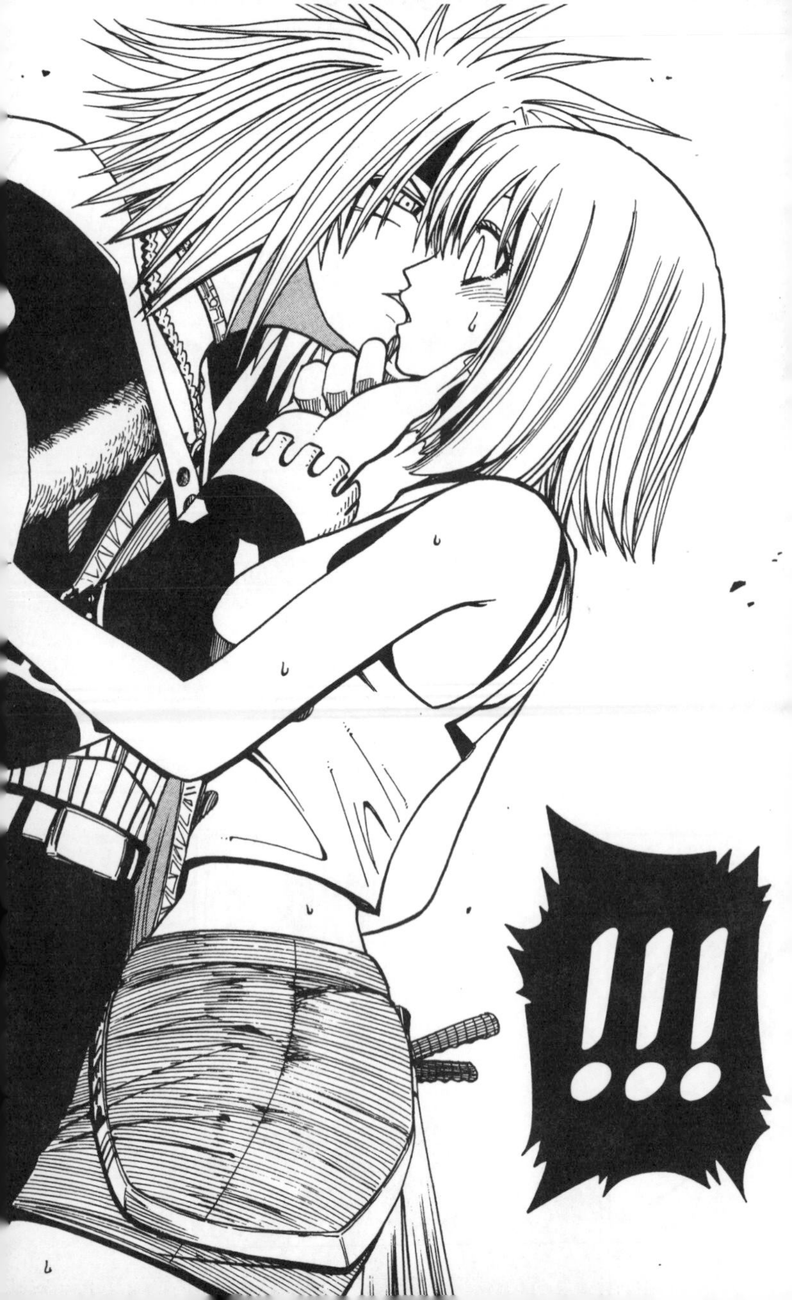
!!!

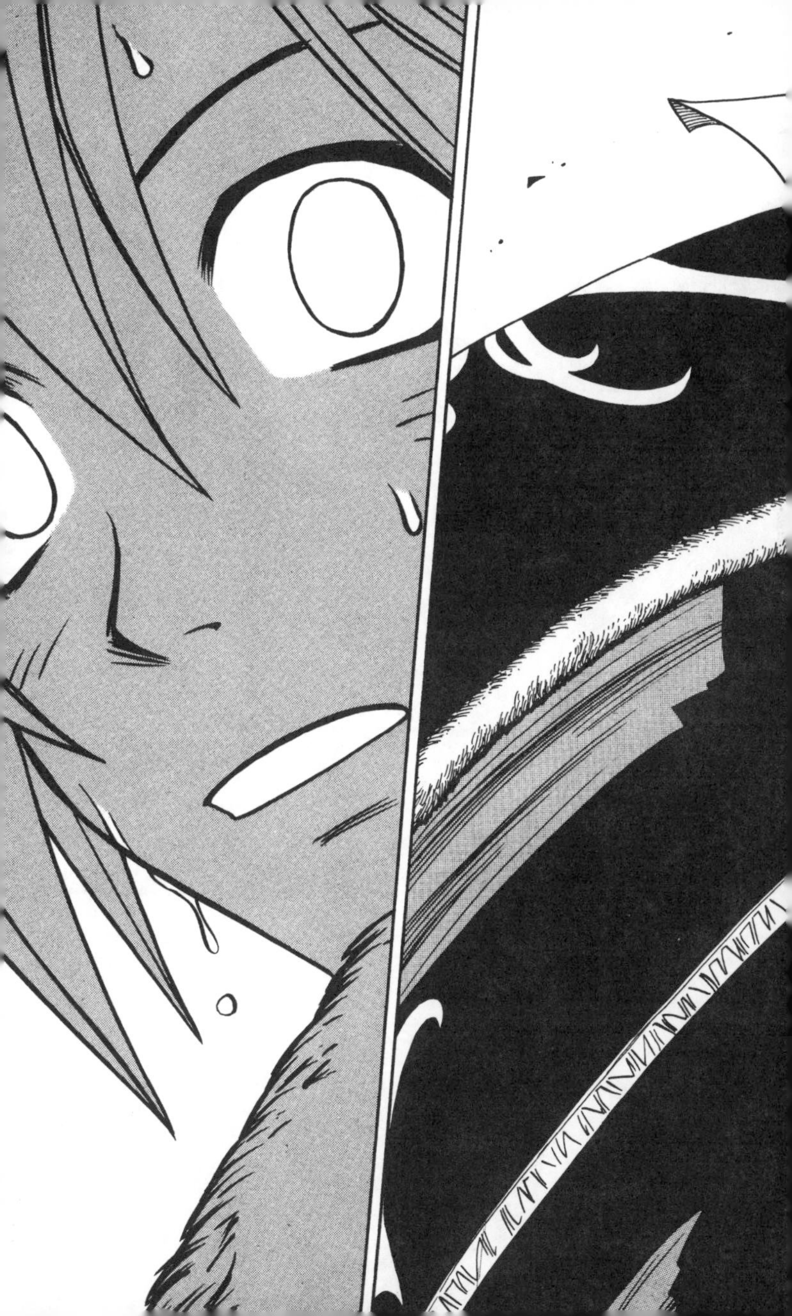

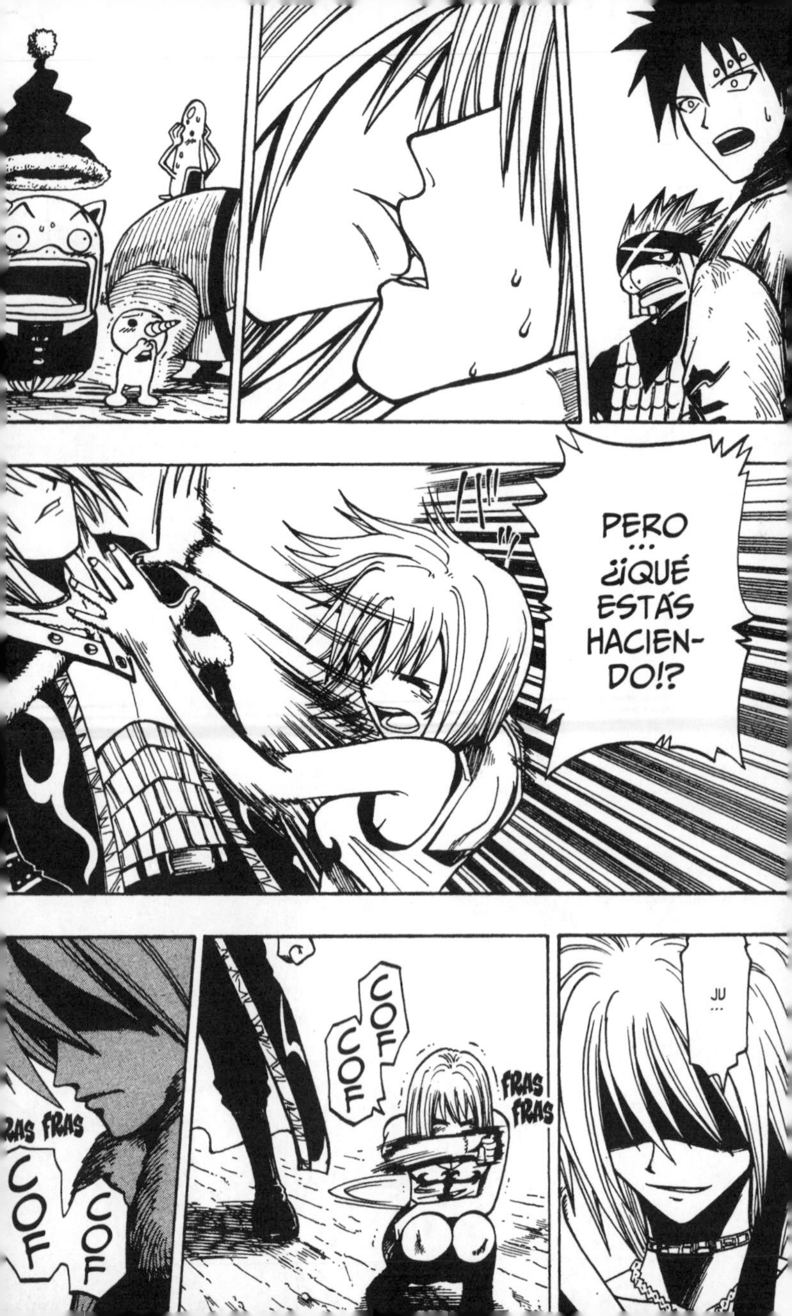
PERO ... ¿¡QUÉ ESTÁS HACIEN-DO!?
JU ...
COF COF
FRAS FRAS
FRAS FRAS
COF COF

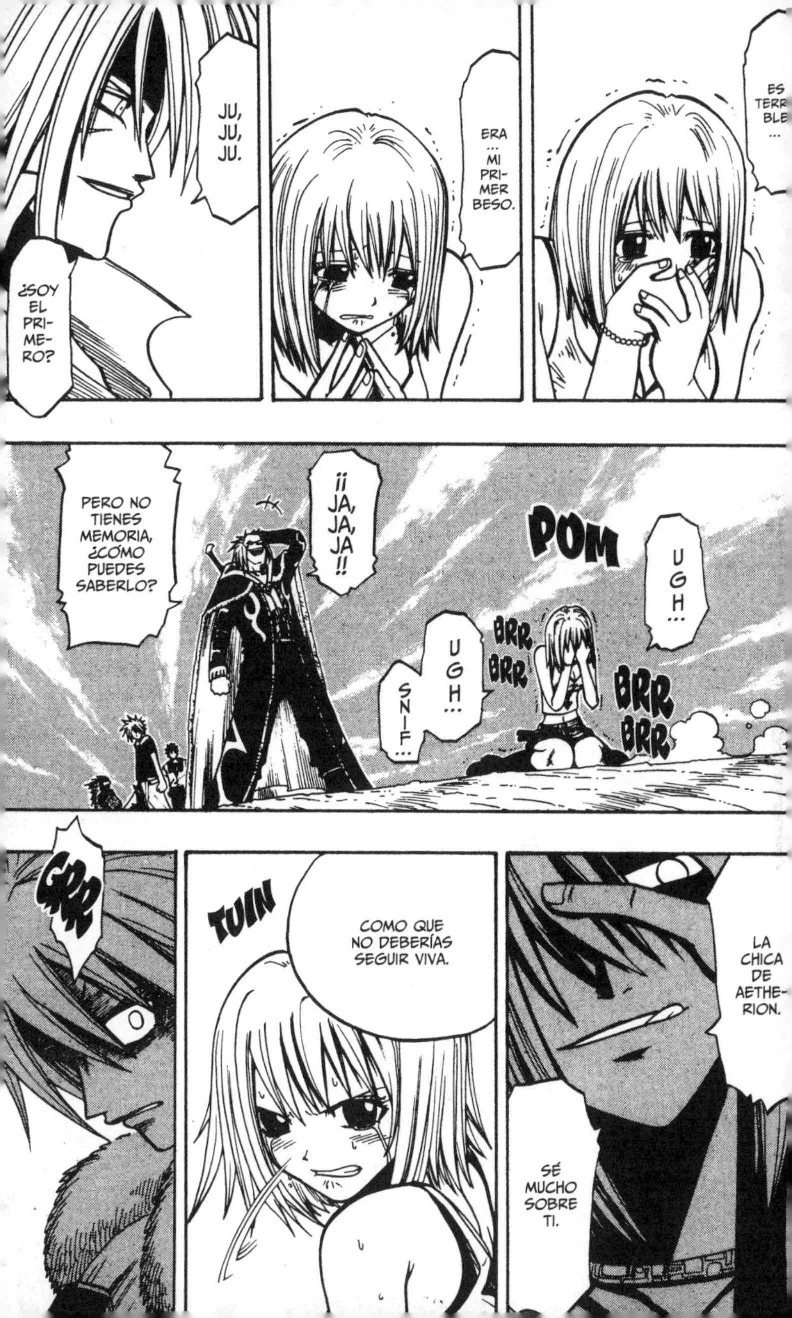

ES TERRIBLE...
ERA... MI PRIMER BESO.
JU, JU, JU.
¿SOY EL PRIMERO?
UGH...
POM
BRR BRR
BRR BRR
UGH... SNIF...
¡¡JA, JA, JA!!
PERO NO TIENES MEMORIA, ¿CÓMO PUEDES SABERLO?
LA CHICA DE AETHERION.
SÉ MUCHO SOBRE TI.
COMO QUE NO DEBERÍAS SEGUIR VIVA.
TUIN
GRR

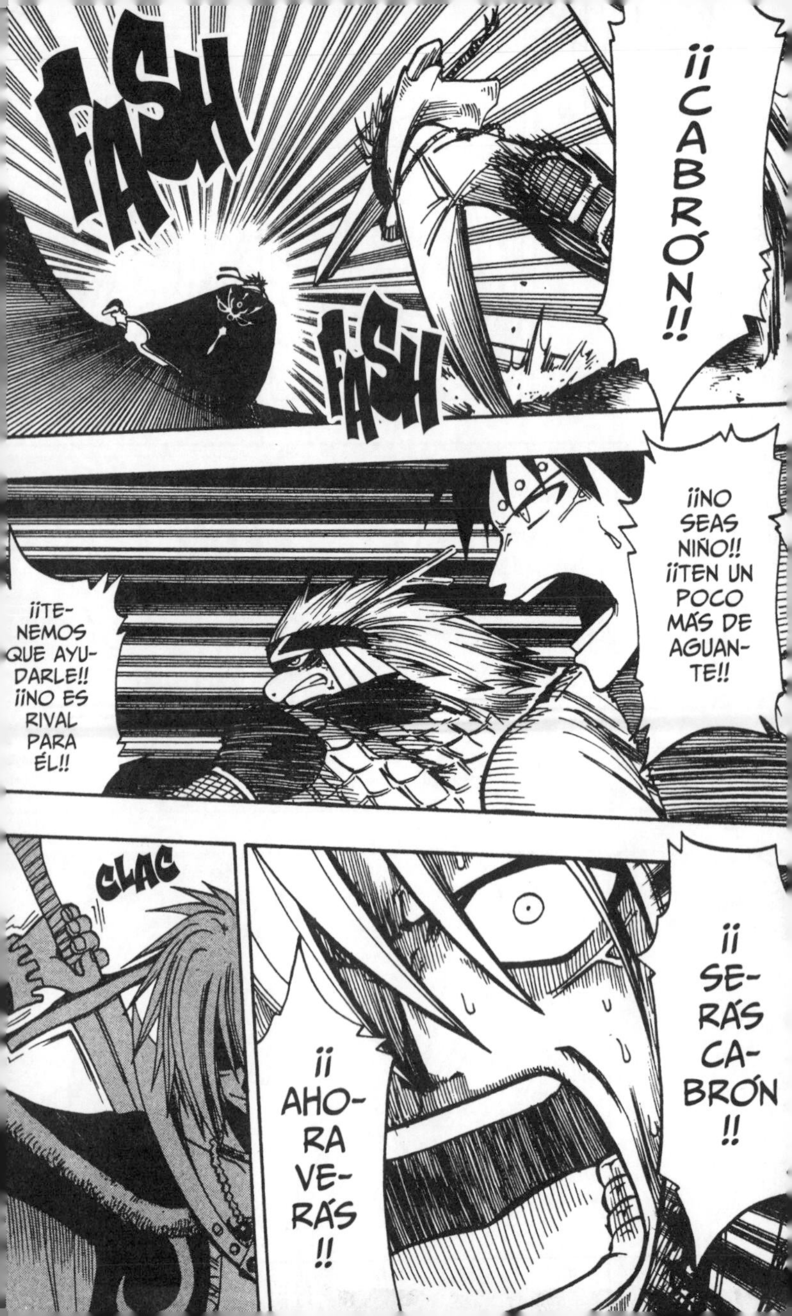

¡¡CABRÓN!!
FASH
FASH
¡¡NO SEAS NIÑO!! ¡¡TEN UN POCO MÁS DE AGUANTE!!
¡¡TENEMOS QUE AYUDARLE!! ¡¡NO ES RIVAL PARA ÉL!!
¡¡SERÁS CABRÓN!!
¡¡AHORA VERÁS!!
CLAC

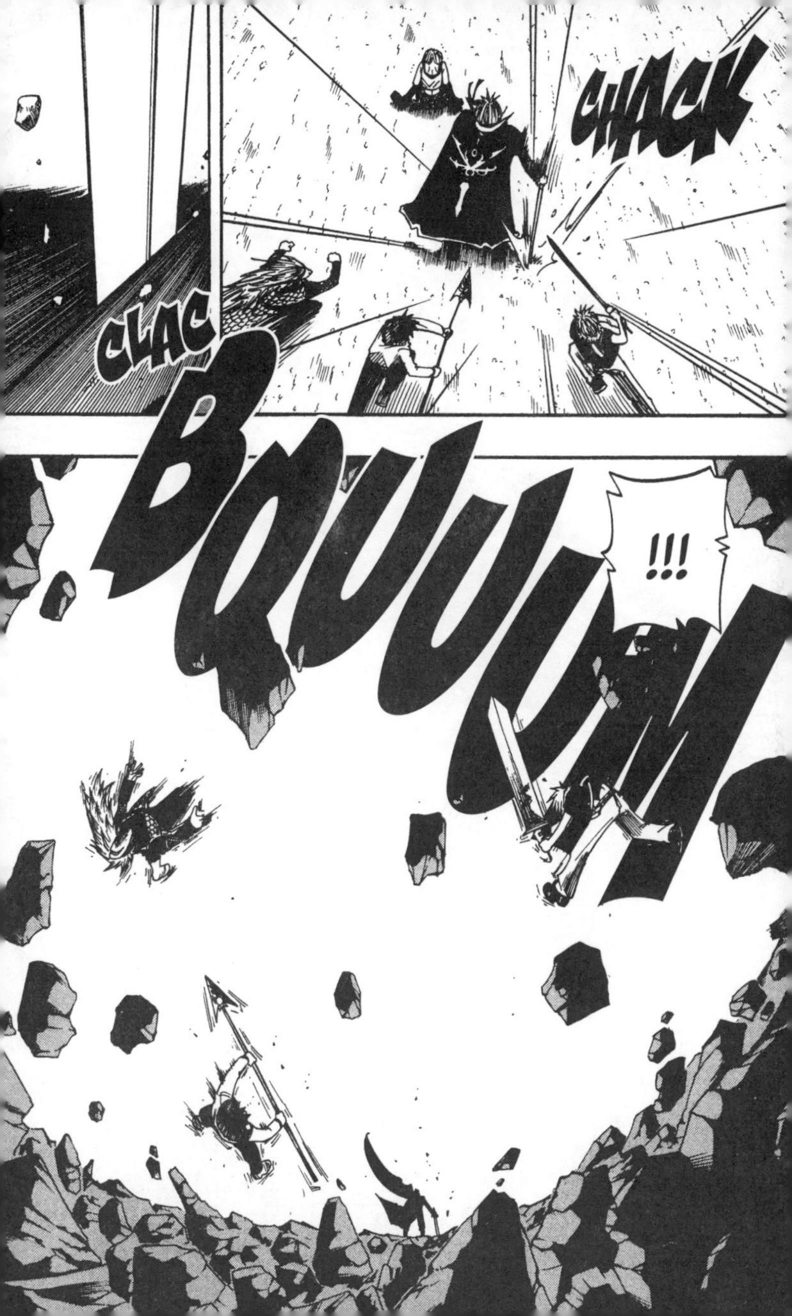
CHACK
CLAC
BOUUUUM
!!!

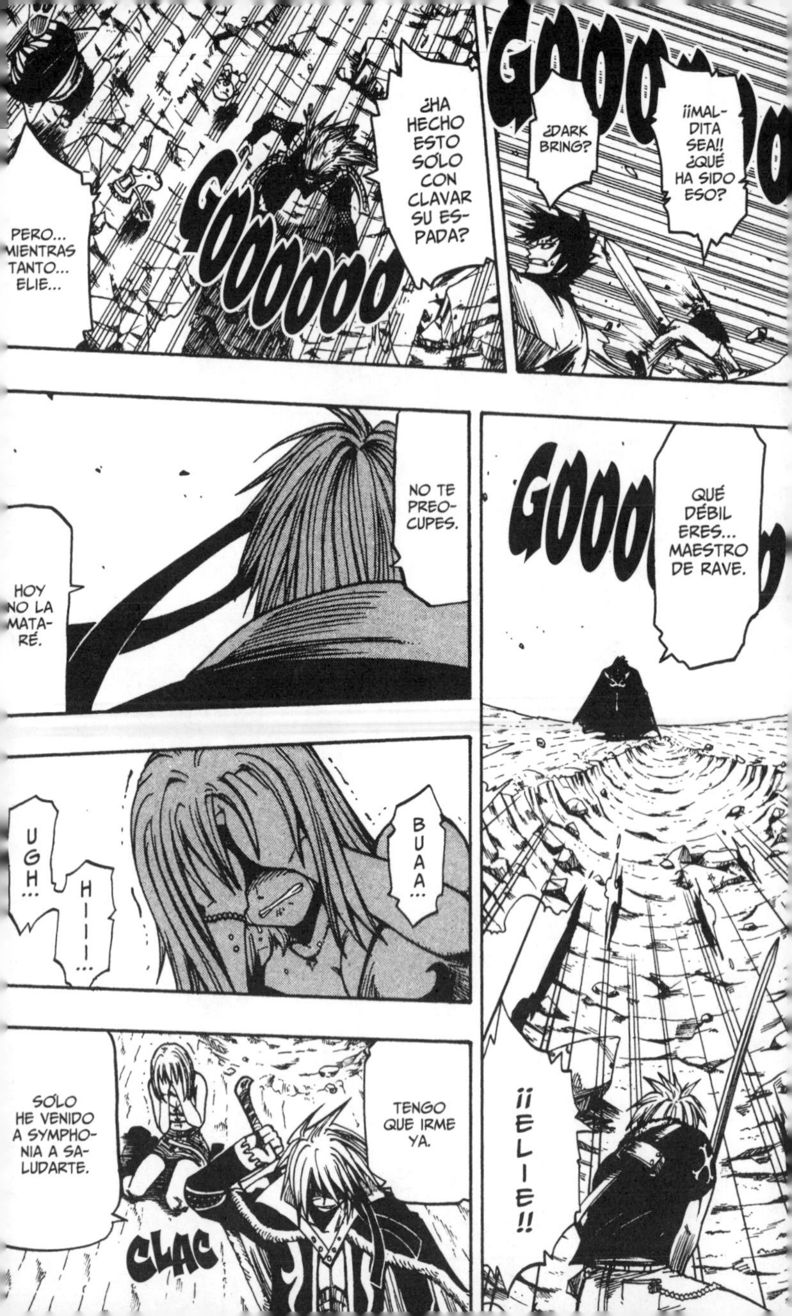
¡¡MALDITA SEA!! ¿QUÉ HA SIDO ESO?
¿DARK BRING?
GOOOOOO
¿HA HECHO ESTO SÓLO CON CLAVAR SU ESPADA?
GOOOOOOO
PERO... MIENTRAS TANTO... ELIE...
QUÉ DÉBIL ERES... MAESTRO DE RAVE.
GOOOO
¡¡ELIE!!
NO TE PREOCUPES.
HOY NO LA MATARÉ.
BUAA...
HI---...
UGH...
TENGO QUE IRME YA.
SÓLO HE VENIDO A SYMPHONIA A SALUDARTE.
CLAC

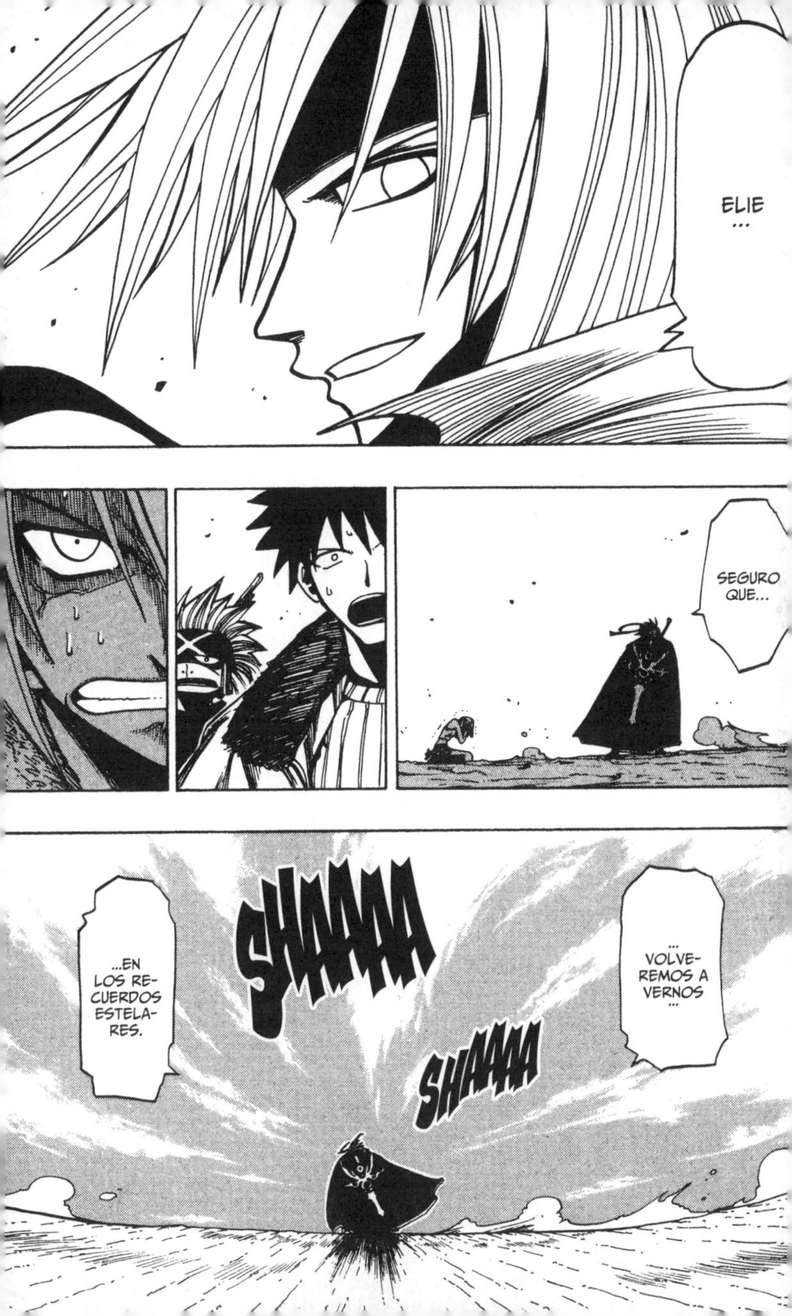
ELIE ...
SEGURO QUE...
... VOLVEREMOS A VERNOS ...
...EN LOS RECUERDOS ESTELARES.
SHAAAA
SHAAAAA

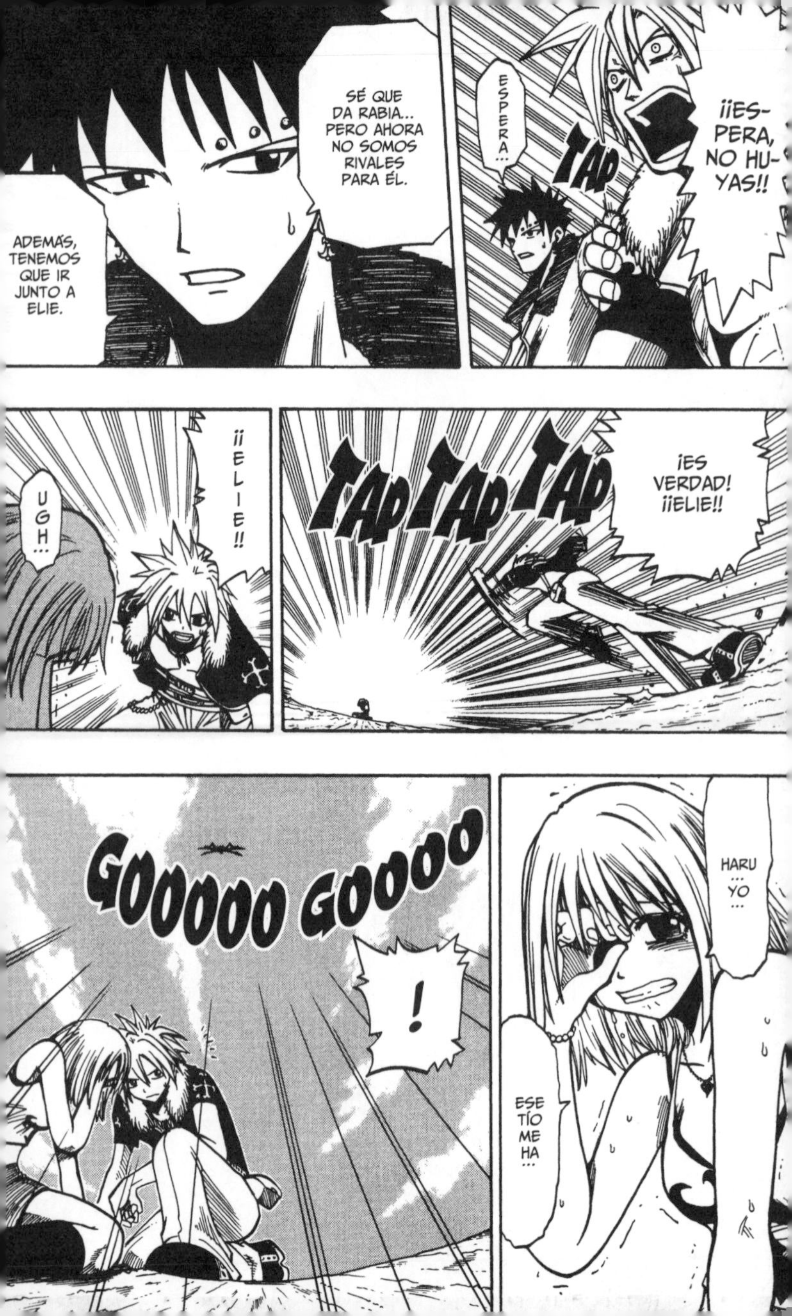
ESPERA...
¡¡ES-PERA, NO HU-YAS!!
TAP
SÉ QUE DA RABIA... PERO AHORA NO SOMOS RIVALES PARA ÉL.
ADEMÁS, TENEMOS QUE IR JUNTO A ELIE.
TAP TAP TAP
¡ES VERDAD! ¡¡ELIE!!
¡¡ELIE!!
UGH...
HARU... YO...
ESE TÍO ME HA...
GOOOOO GOOOO
!

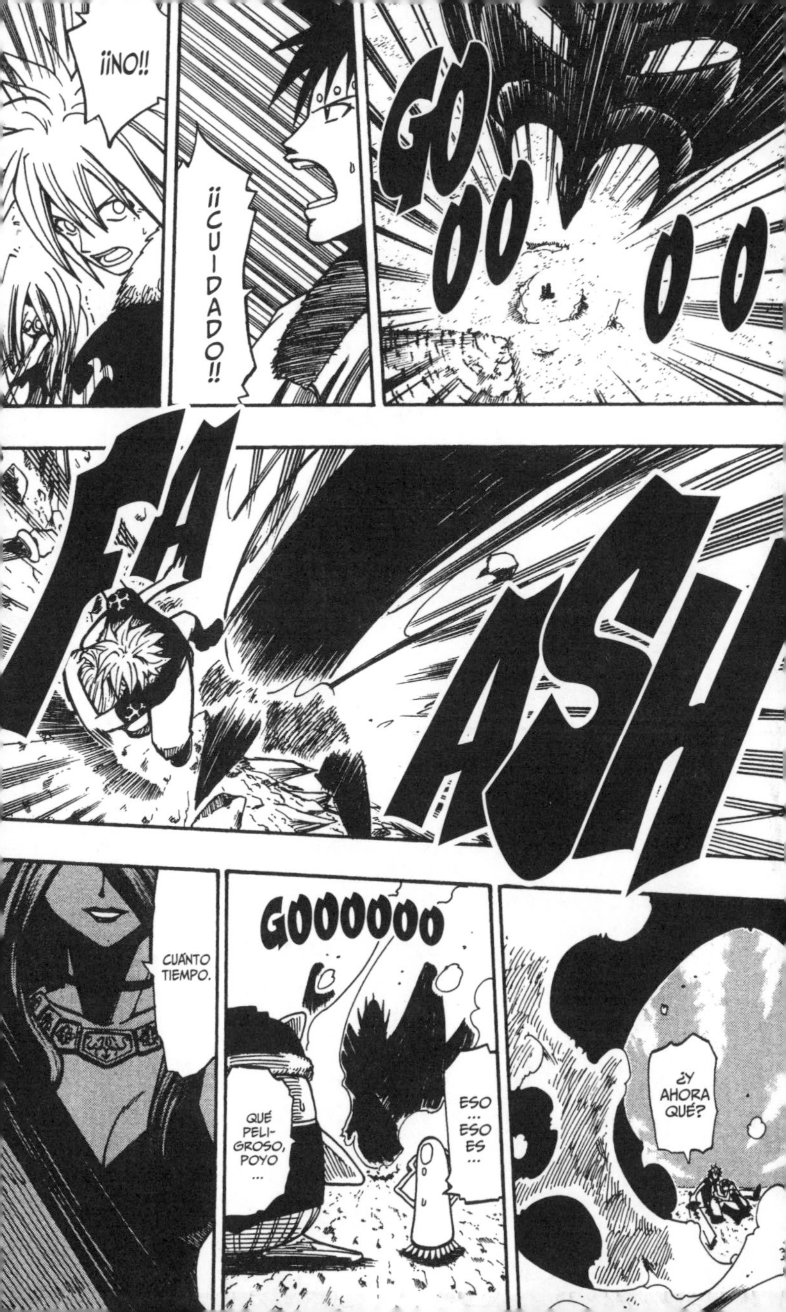
GOOOOOOOO
¡¡CUIDADO!!
¡¡NO!!
FAASH
¿Y AHORA QUÉ?
GOOOOOO
ESO... ESO ES...
QUÉ PELIGROSO, POYO...
CUÁNTO TIEMPO.

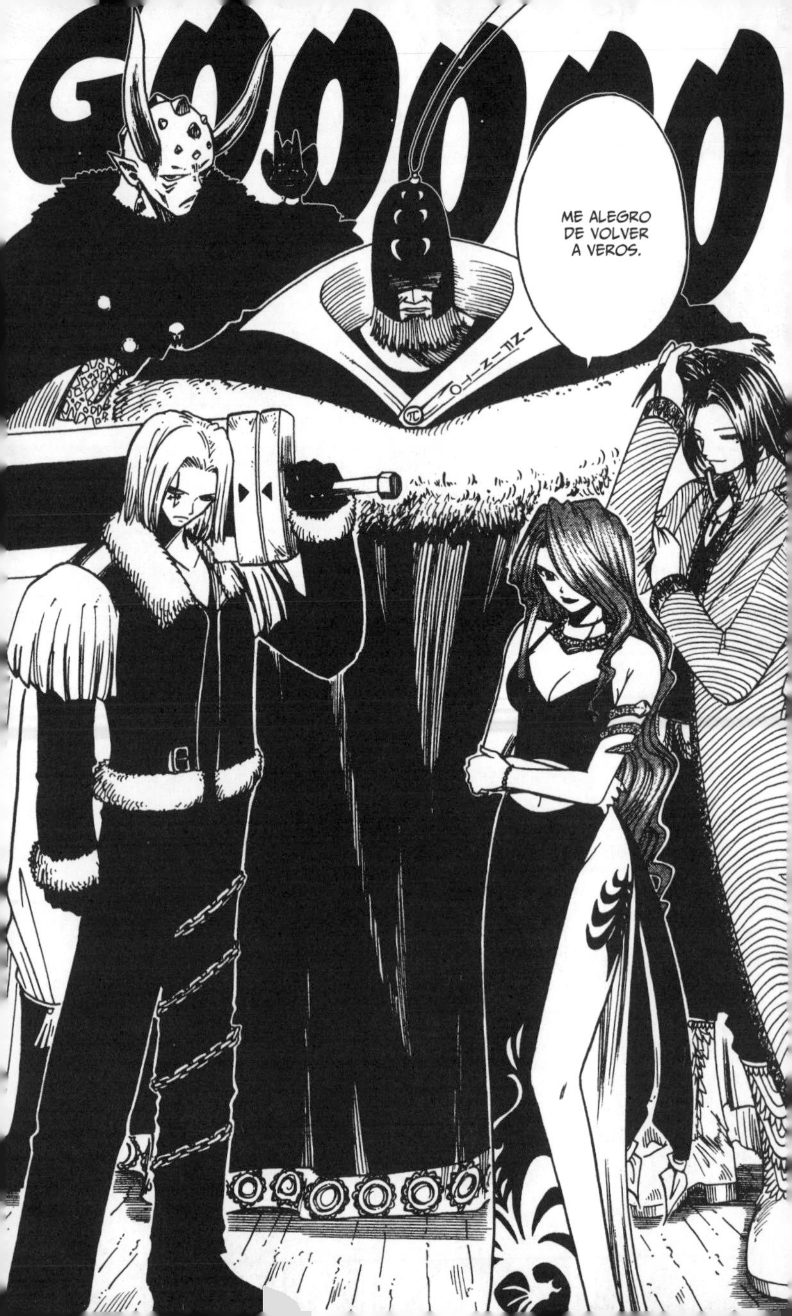
GOOOOOO
ME ALEGRO DE VOLVER A VEROS.

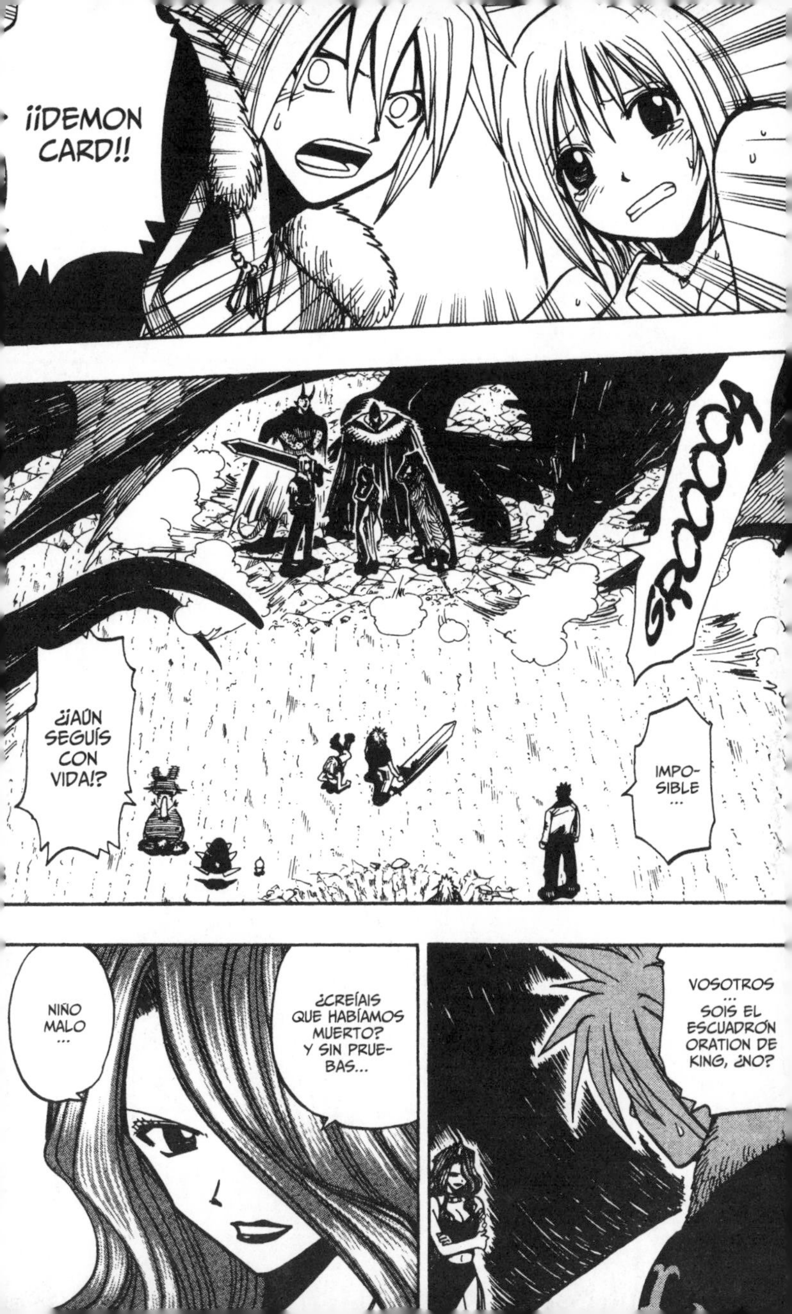
¡¡DEMON CARD!!
GROOOOA
IMPO-SIBLE ...
¿¡AÚN SEGUÍS CON VIDA!?
VOSOTROS ... SOIS EL ESCUADRÓN ORATION DE KING, ¿NO?
¿CREÍAIS QUE HABÍAMOS MUERTO? Y SIN PRUE-BAS...
NIÑO MALO ...

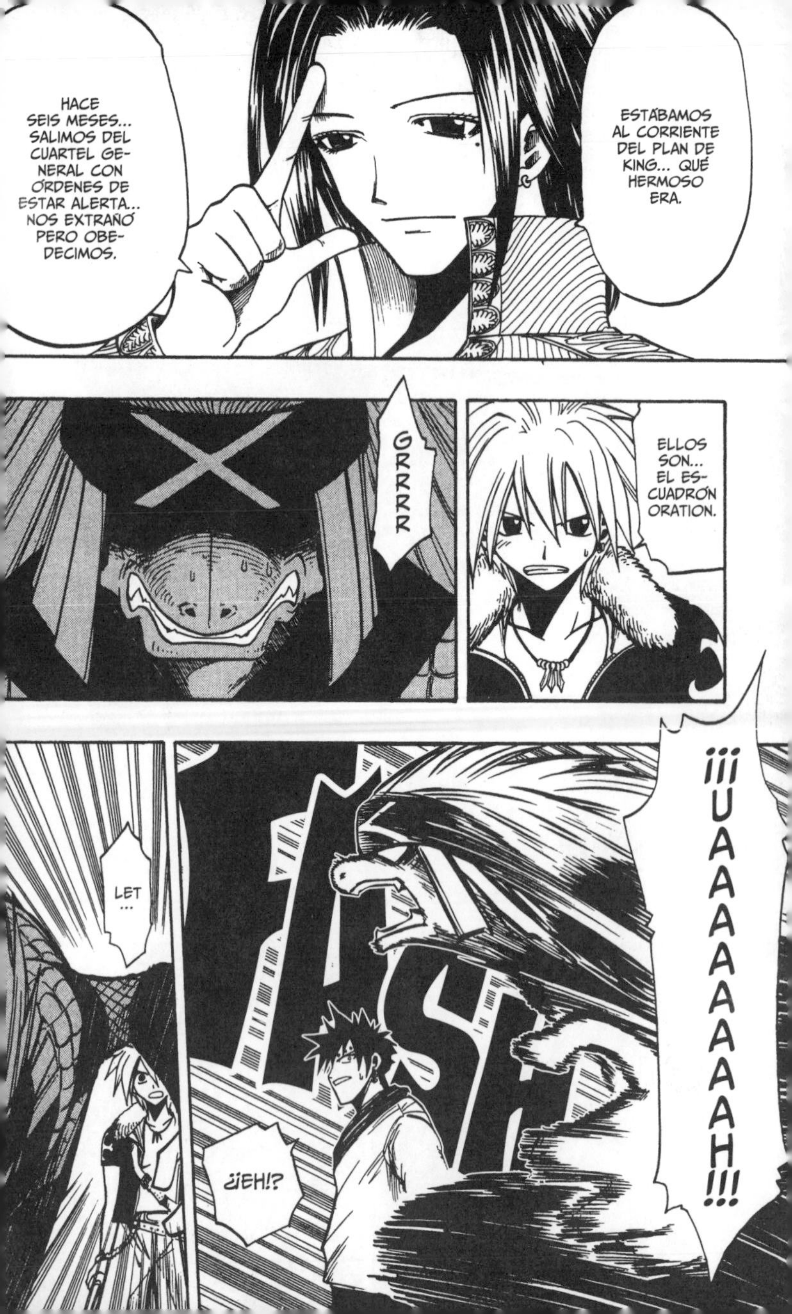
ESTÁBAMOS AL CORRIENTE DEL PLAN DE KING... QUÉ HERMOSO ERA.
HACE SEIS MESES... SALIMOS DEL CUARTEL GENERAL CON ÓRDENES DE ESTAR ALERTA... NOS EXTRAÑÓ PERO OBEDECIMOS.
ELLOS SON... EL ESCUADRÓN ORATION.
GRRRR
¡¡¡UAAAAAAAAAAAAH!!!
¿EH!?
LET ...

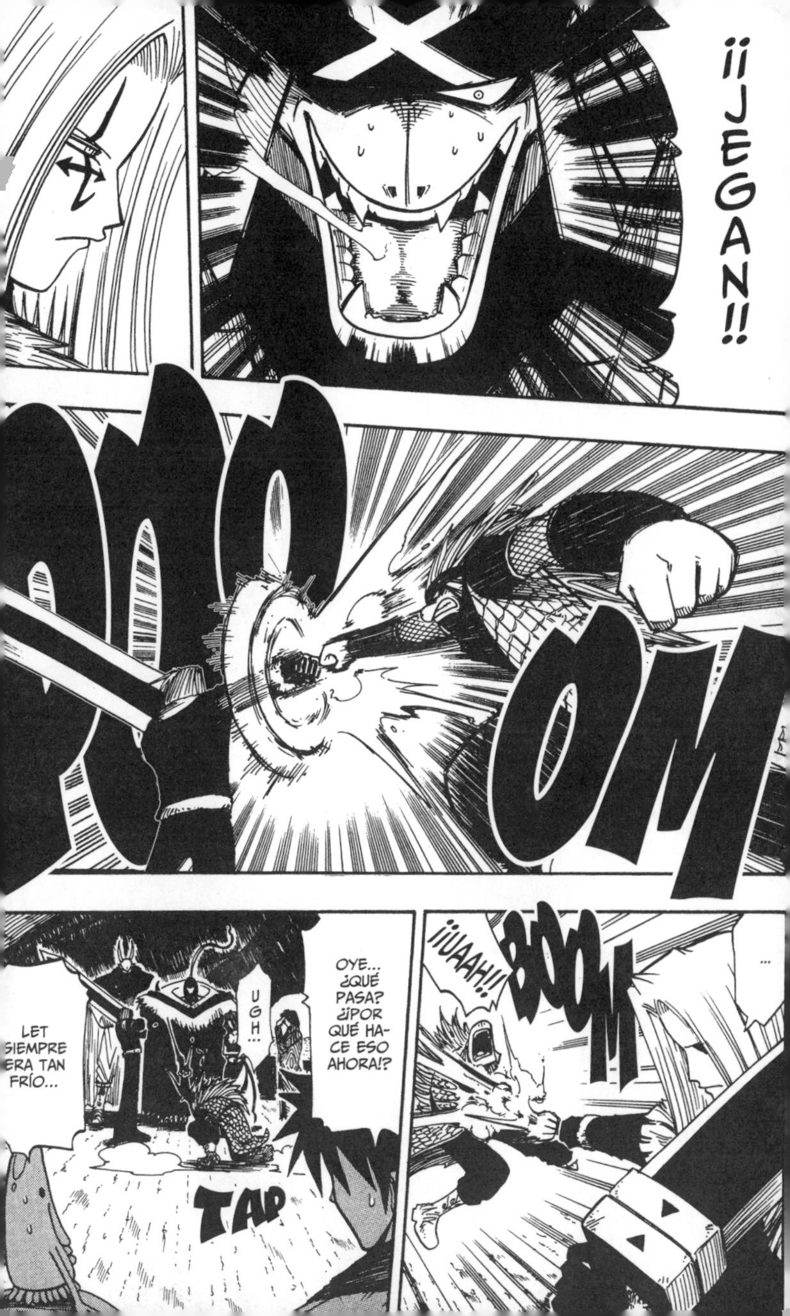
¡¡JEGAN!!
...
BOOM
¡¡UAAH!!
OYE... ¿QUÉ PASA? ¿POR QUÉ HACE ESO AHORA!?
UGH...
LET SIEMPRE ERA TAN FRÍO...
TAP

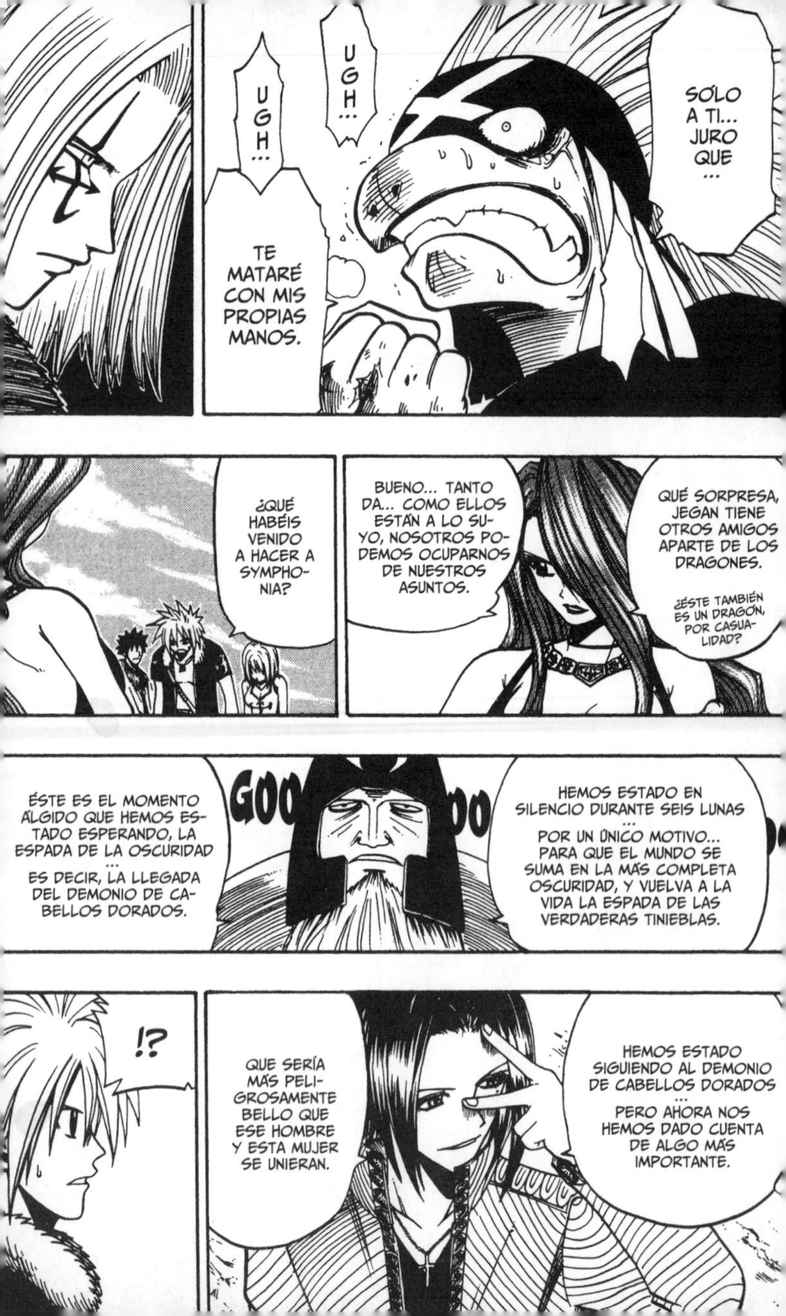

SÓLO A TI... JURO QUE ...
UGH...
UGH...
TE MATARÉ CON MIS PROPIAS MANOS.
QUÉ SORPRESA, JEGAN TIENE OTROS AMIGOS APARTE DE LOS DRAGONES.
¿ÉSTE TAMBIÉN ES UN DRAGÓN, POR CASUALIDAD?
BUENO... TANTO DA... COMO ELLOS ESTÁN A LO SUYO, NOSOTROS PODEMOS OCUPARNOS DE NUESTROS ASUNTOS.
¿QUÉ HABÉIS VENIDO A HACER A SYMPHONIA?
HEMOS ESTADO EN SILENCIO DURANTE SEIS LUNAS ... POR UN ÚNICO MOTIVO... PARA QUE EL MUNDO SE SUMA EN LA MÁS COMPLETA OSCURIDAD, Y VUELVA A LA VIDA LA ESPADA DE LAS VERDADERAS TINIEBLAS.
GOO
OO
ÉSTE ES EL MOMENTO ÁLGIDO QUE HEMOS ESTADO ESPERANDO, LA ESPADA DE LA OSCURIDAD ... ES DECIR, LA LLEGADA DEL DEMONIO DE CABELLOS DORADOS.
HEMOS ESTADO SIGUIENDO AL DEMONIO DE CABELLOS DORADOS ... PERO AHORA NOS HEMOS DADO CUENTA DE ALGO MÁS IMPORTANTE.
QUE SERÍA MÁS PELIGROSAMENTE BELLO QUE ESE HOMBRE Y ESTA MUJER SE UNIERAN.
!?

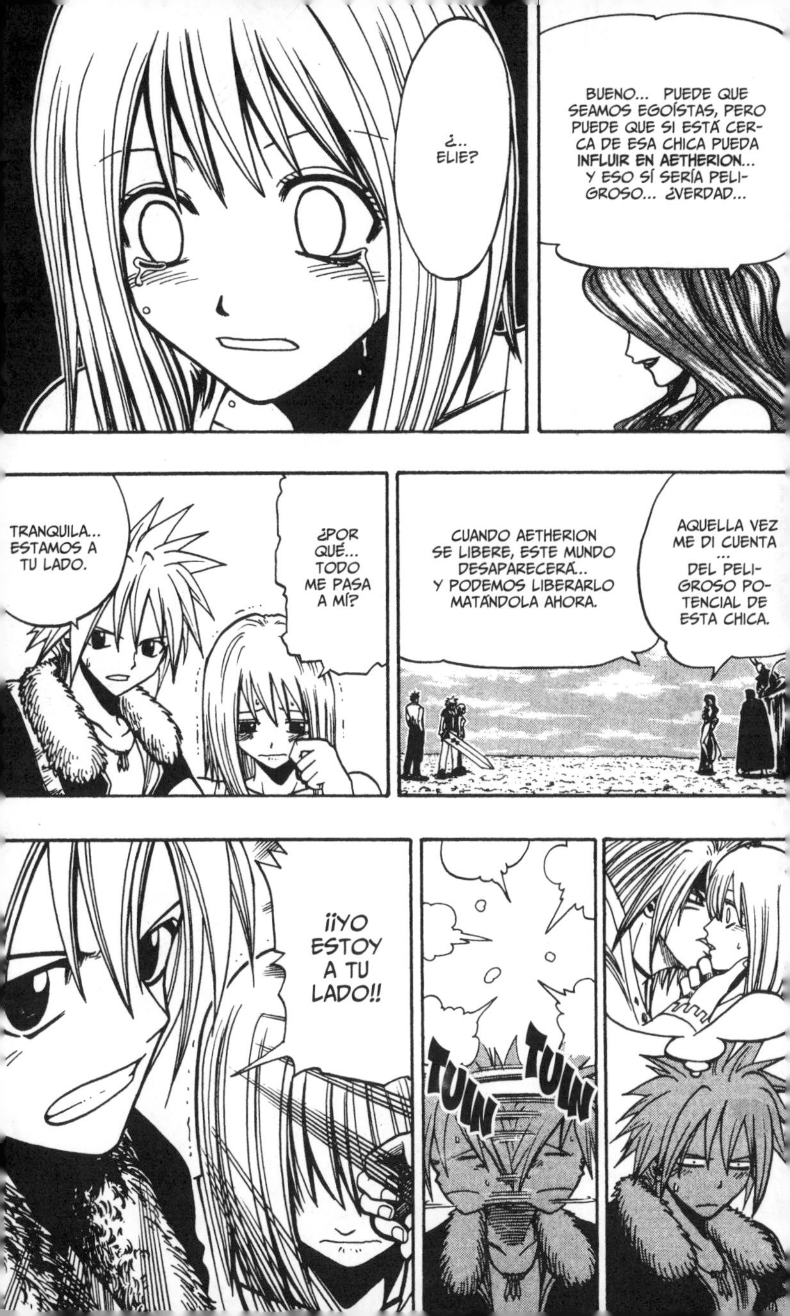
BUENO... PUEDE QUE SEAMOS EGOÍSTAS, PERO PUEDE QUE SI ESTÁ CERCA DE ESA CHICA PUEDA INFLUIR EN AETHERION... Y ESO SÍ SERÍA PELIGROSO... ¿VERDAD...
¿... ELIE?
AQUELLA VEZ ME DI CUENTA ... DEL PELIGROSO POTENCIAL DE ESTA CHICA.
CUANDO AETHERION SE LIBERE, ESTE MUNDO DESAPARECERÁ... Y PODEMOS LIBERARLO MATÁNDOLA AHORA.
¿POR QUÉ... TODO ME PASA A MÍ?
TRANQUILA... ESTAMOS A TU LADO.
TUIN
TUIN
¡¡YO ESTOY A TU LADO!!

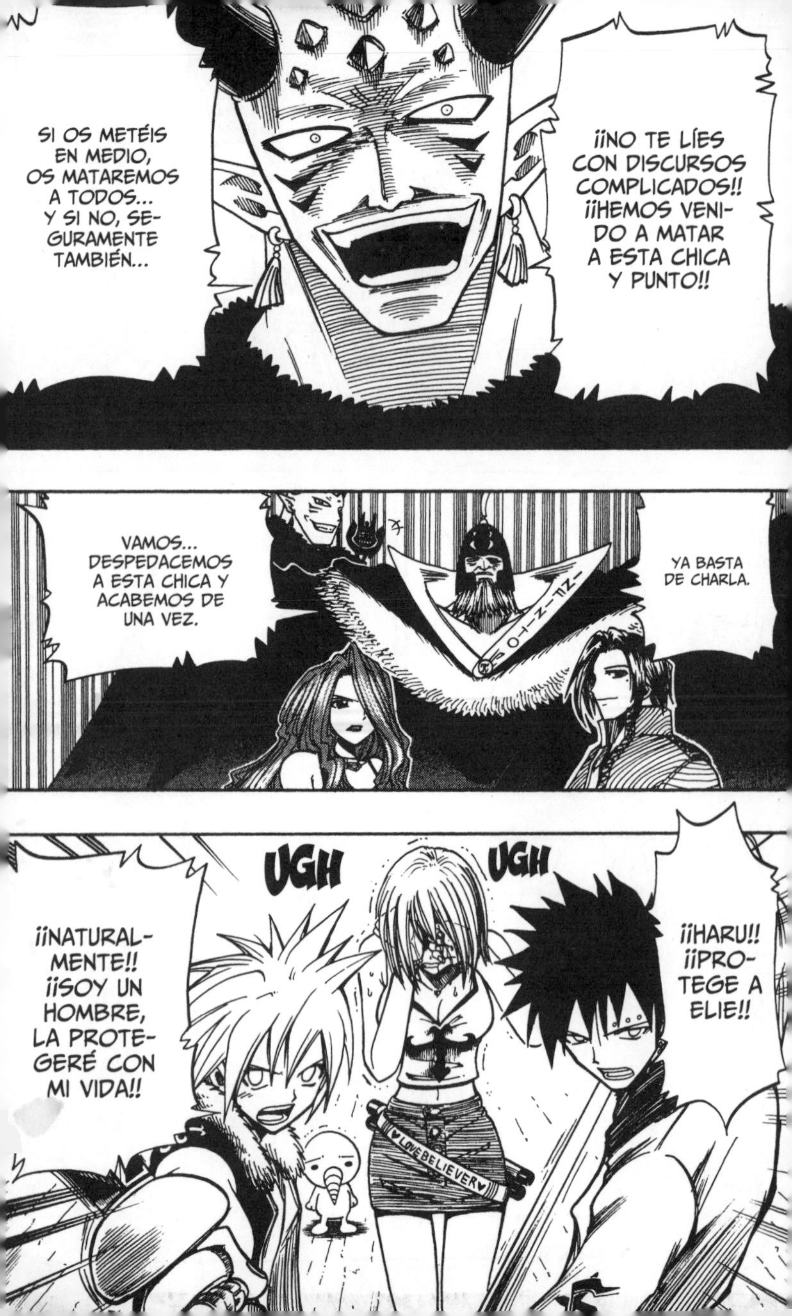
¡¡NO TE LÍES CON DISCURSOS COMPLICADOS!! ¡¡HEMOS VENI- DO A MATAR A ESTA CHICA Y PUNTO!!
SI OS METÉIS EN MEDIO, OS MATAREMOS A TODOS... Y SI NO, SE- GURAMENTE TAMBIÉN...
YA BASTA DE CHARLA.
VAMOS... DESPEDACEMOS A ESTA CHICA Y ACABEMOS DE UNA VEZ.
¡¡HARU!! ¡¡PRO- TEGE A ELIE!!
UGH
UGH
¡¡NATURAL- MENTE!! ¡¡SOY UN HOMBRE, LA PROTE- GERÉ CON MI VIDA!!
LOVE BELIEVER

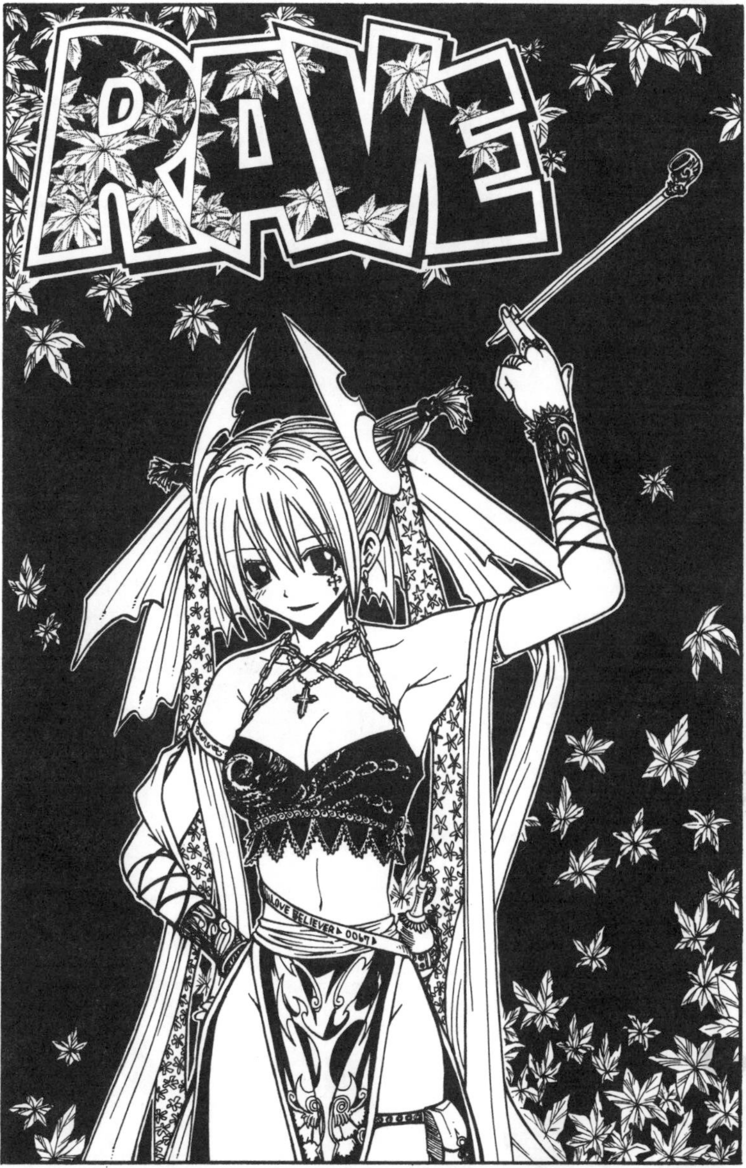
RAVE

RAVE 84 ✚ PORQUE SOMOS COMPAÑEROS

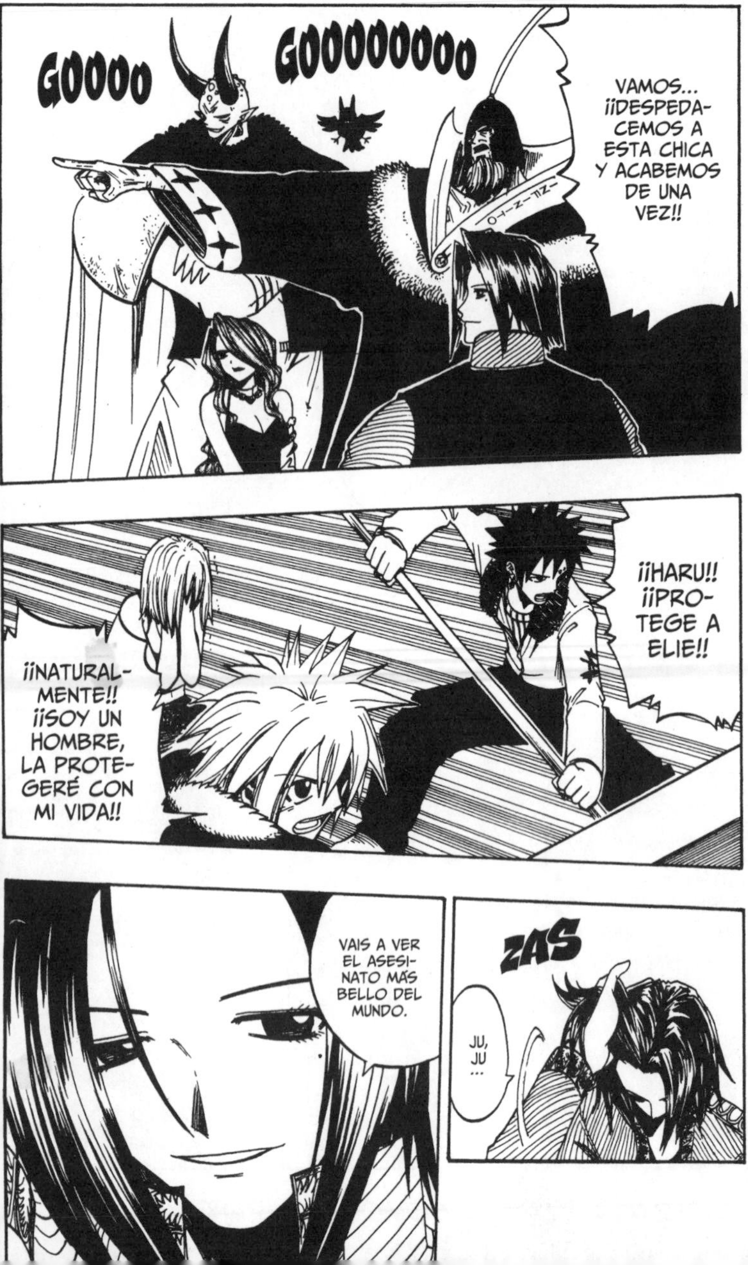
GOOOO
GOOOOOOOO
VAMOS... ¡¡DESPEDACEMOS A ESTA CHICA Y ACABEMOS DE UNA VEZ!!
¡¡HARU!! ¡¡PROTEGE A ELIE!!
¡¡NATURALMENTE!! ¡¡SOY UN HOMBRE, LA PROTEGERÉ CON MI VIDA!!
ZAS
JU, JU...
VAIS A VER EL ASESINATO MÁS BELLO DEL MUNDO.

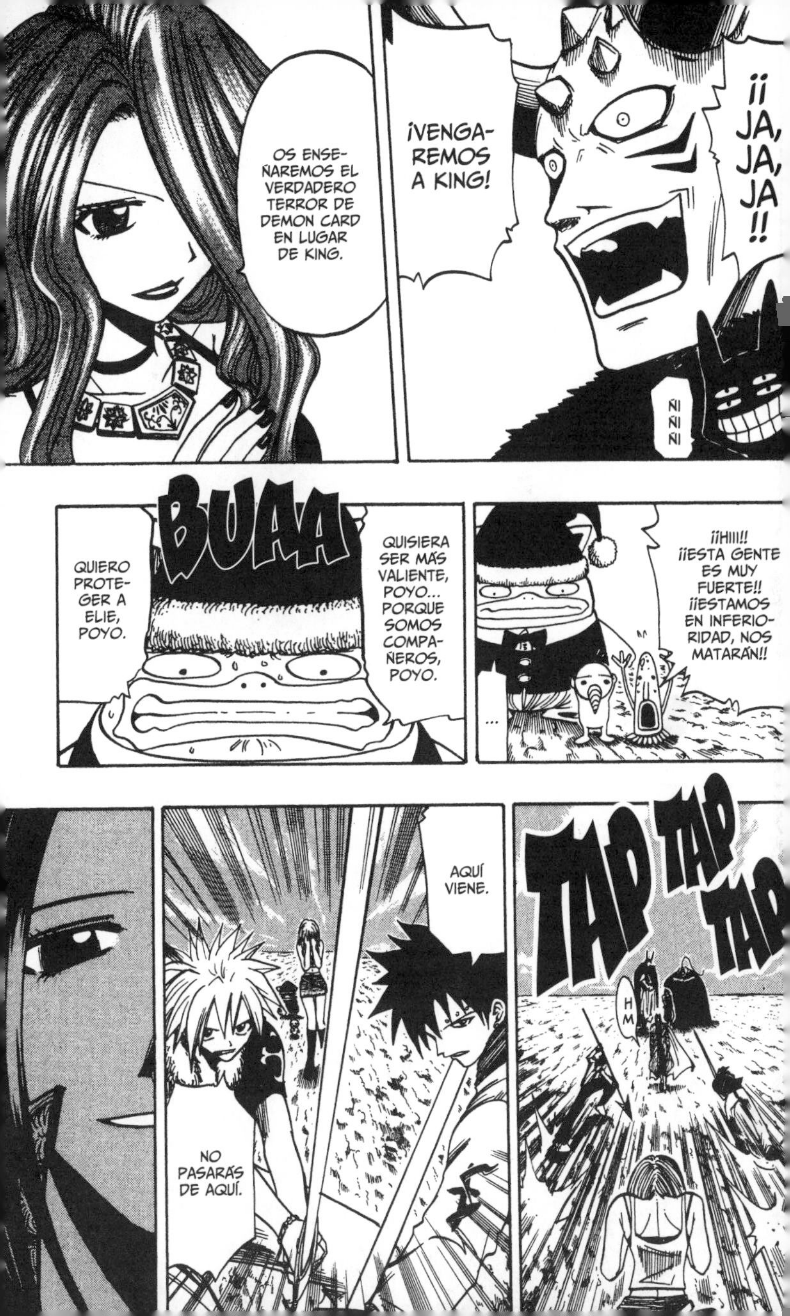
¡¡JA, JA, JA!!
¡VENGAREMOS A KING!
ÑI ÑI ÑI
OS ENSEÑAREMOS EL VERDADERO TERROR DE DEMON CARD EN LUGAR DE KING.
¡¡HIII!! ¡¡ESTA GENTE ES MUY FUERTE!! ¡¡ESTAMOS EN INFERIORIDAD, NOS MATARÁN!!
...
QUISIERA SER MÁS VALIENTE, POYO... PORQUE SOMOS COMPAÑEROS, POYO.
BUAA
QUIERO PROTEGER A ELIE, POYO.
TAP TAP TAP
HM
AQUÍ VIENE.
NO PASARÁS DE AQUÍ.

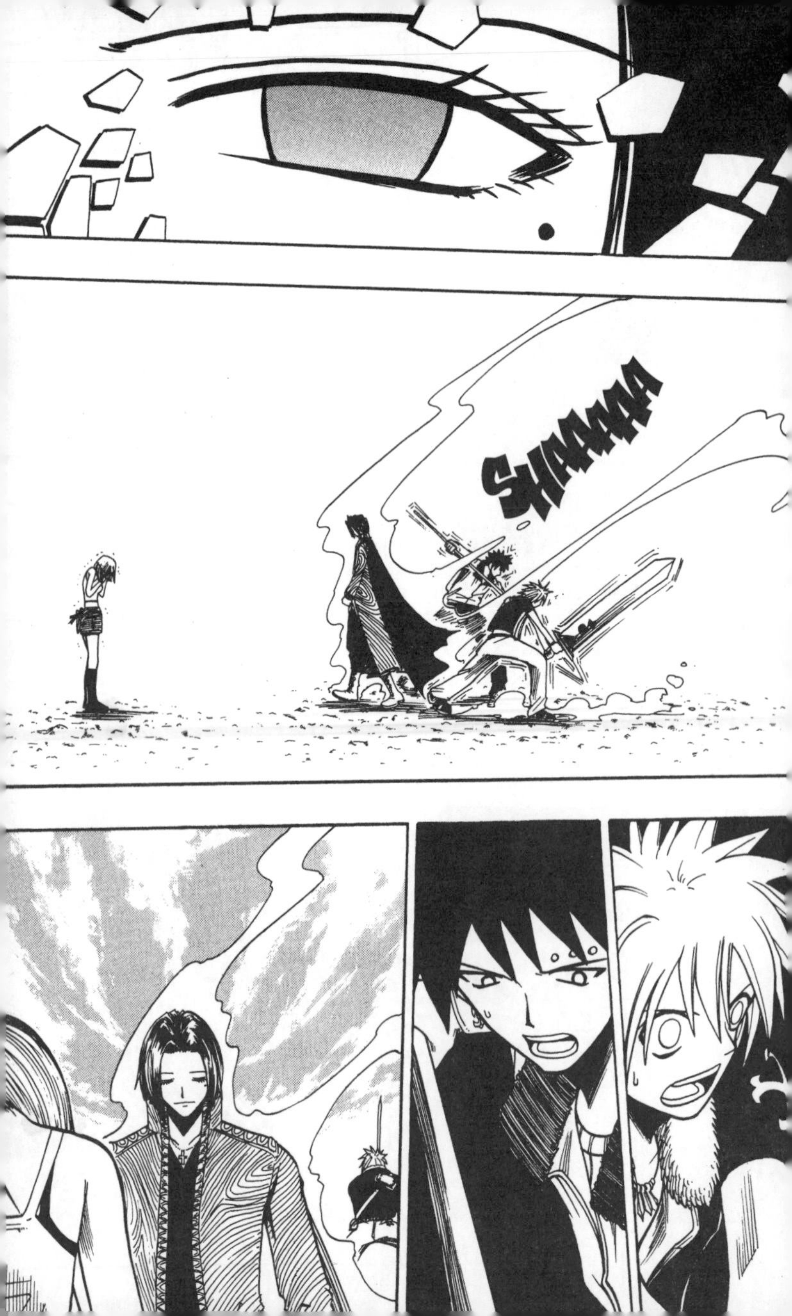
SHAAAAA

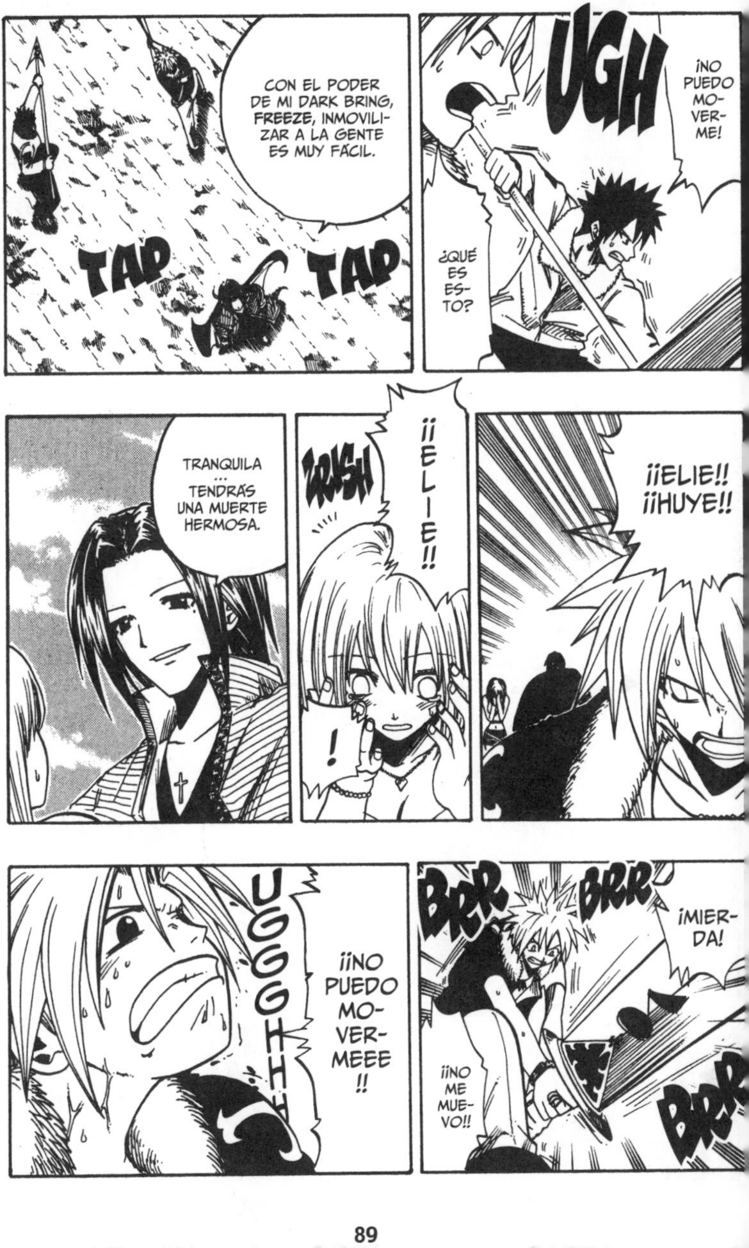
CON EL PODER DE MI DARK BRING, FREEZE, INMOVILIZAR A LA GENTE ES MUY FÁCIL.
TAP
TAP
UGH
¡NO PUEDO MOVERME!
¿QUÉ ES ESTO?
TRANQUILA ... TENDRÁS UNA MUERTE HERMOSA.
¡¡ELIE!!
¡¡ELIE!! ¡¡HUYE!!
UGGGHHH
¡¡NO PUEDO MOVERMEEE!!
BRR
BRR
¡MIERDA!
¡¡NO ME MUEVO!!
BRR

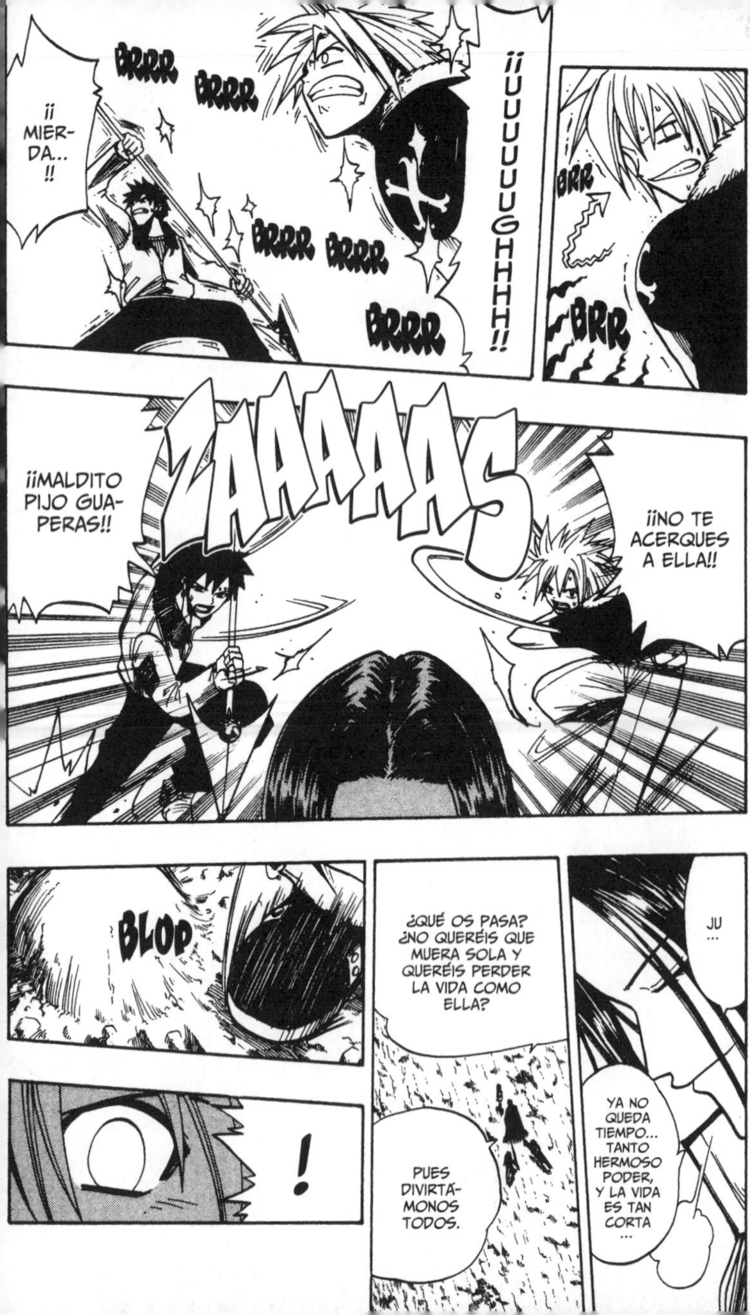
BRR
BRR
¡¡UUUUUUGHHHH!!
BRRR
BRRR
BRRR
BRRR
BRRR
¡¡MIERDA...!!
ZAAAAAS
¡¡NO TE ACERQUES A ELLA!!
¡¡MALDITO PIJO GUAPERAS!!
JU...
YA NO QUEDA TIEMPO... TANTO HERMOSO PODER, Y LA VIDA ES TAN CORTA...
¿QUÉ OS PASA? ¿NO QUERÉIS QUE MUERA SOLA Y QUERÉIS PERDER LA VIDA COMO ELLA?
PUES DIVIRTÁMONOS TODOS.
BLOP
!

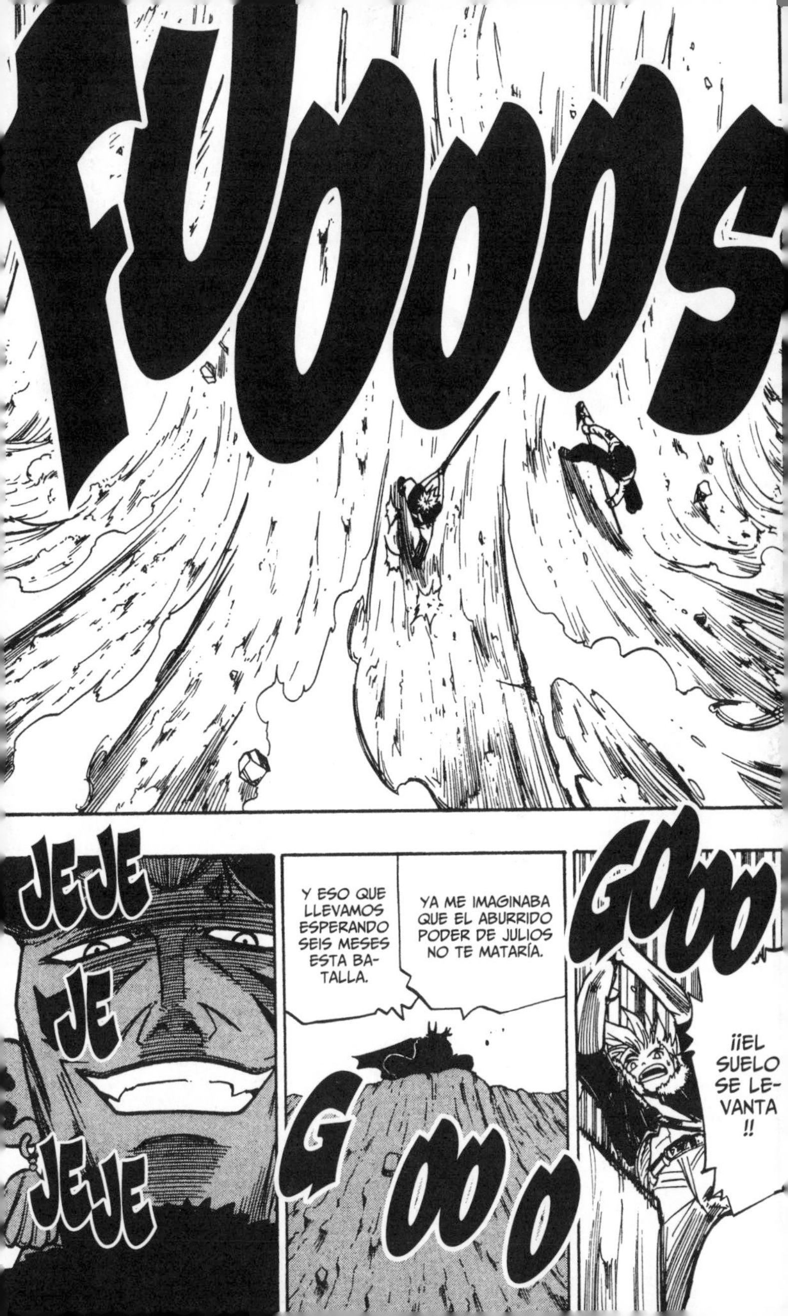
FUOOOS
GOOO
¡¡EL SUELO SE LEVANTA!!
YA ME IMAGINABA QUE EL ABURRIDO PODER DE JULIOS NO TE MATARÍA.
Y ESO QUE LLEVAMOS ESPERANDO SEIS MESES ESTA BATALLA.
GOOOO
JEJE
JE
JEJE

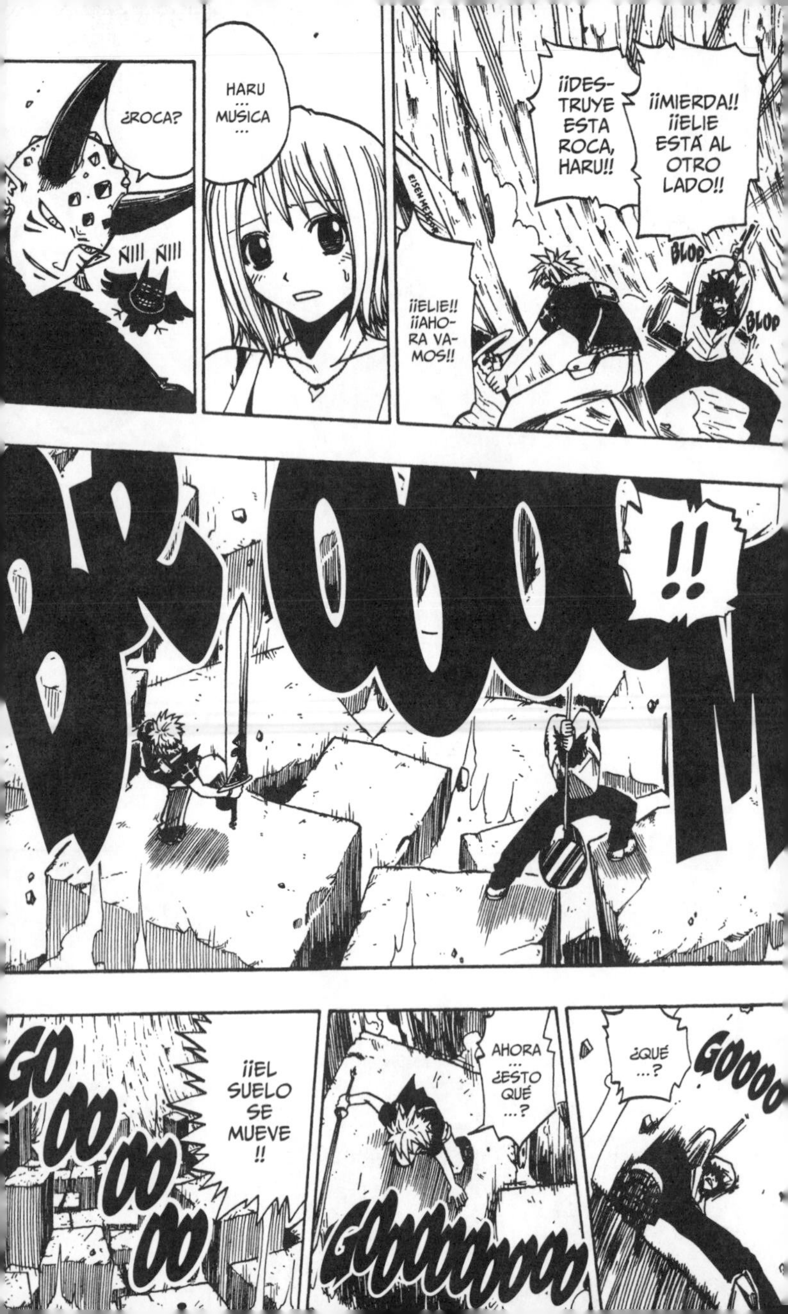
¡¡MIERDA!! ¡¡ELIE ESTÁ AL OTRO LADO!!
¡¡DESTRUYE ESTA ROCA, HARU!!
BLOP
BLOP
¡¡ELIE!! ¡¡AHORA VAMOS!!
HARU ... MÚSICA ...
¿ROCA?
ÑIII ÑIII
BROOOOM!!
¿QUÉ ...?
GOOOO
AHORA ... ¿ESTO QUÉ ...?
GOOOOOOOOO
¡¡EL SUELO SE MUEVE!!
GOOOOOOO

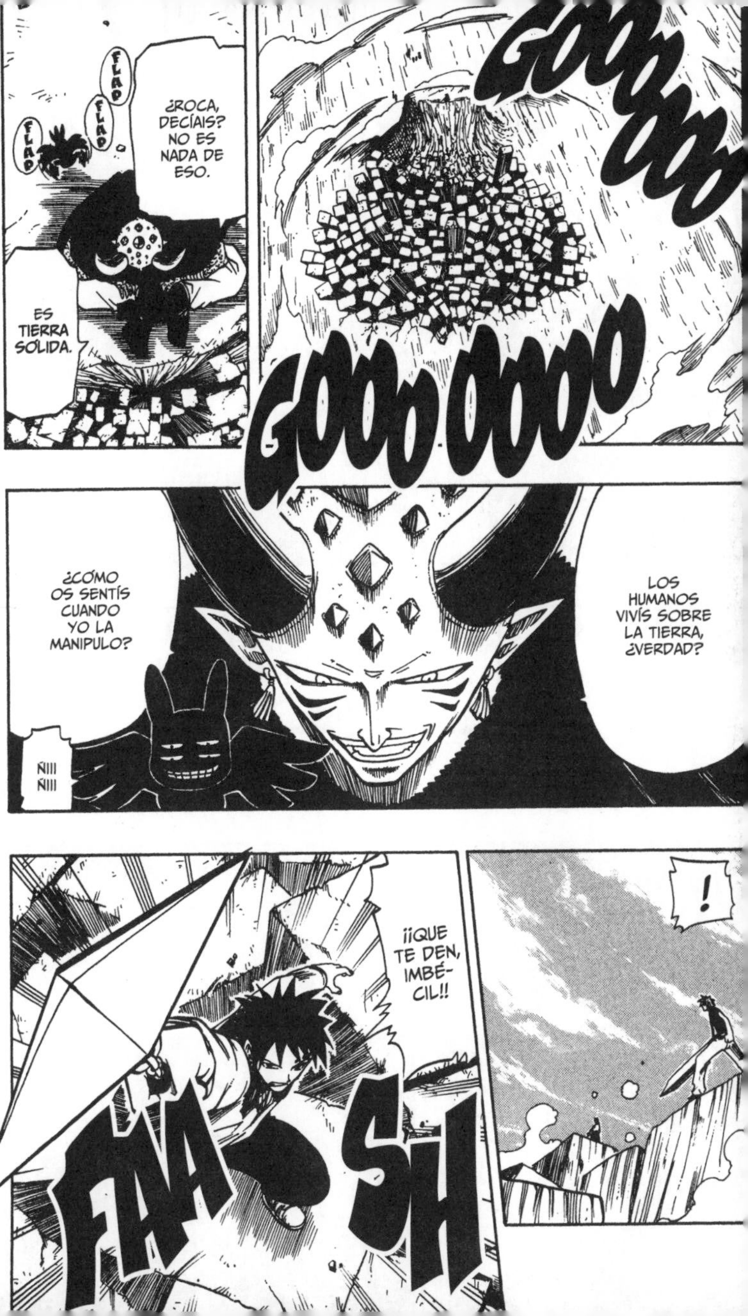
GOOOOOOO
GOOOOOOOO
FLAP
FLAP
FLAP
¿ROCA, DECÍAIS? NO ES NADA DE ESO.
ES TIERRA SÓLIDA.
LOS HUMANOS VIVÍS SOBRE LA TIERRA, ¿VERDAD?
¿CÓMO OS SENTÍS CUANDO YO LA MANIPULO?
ÑIII ÑIII
!
¡¡QUE TE DEN, IMBÉCIL!!
FAASH

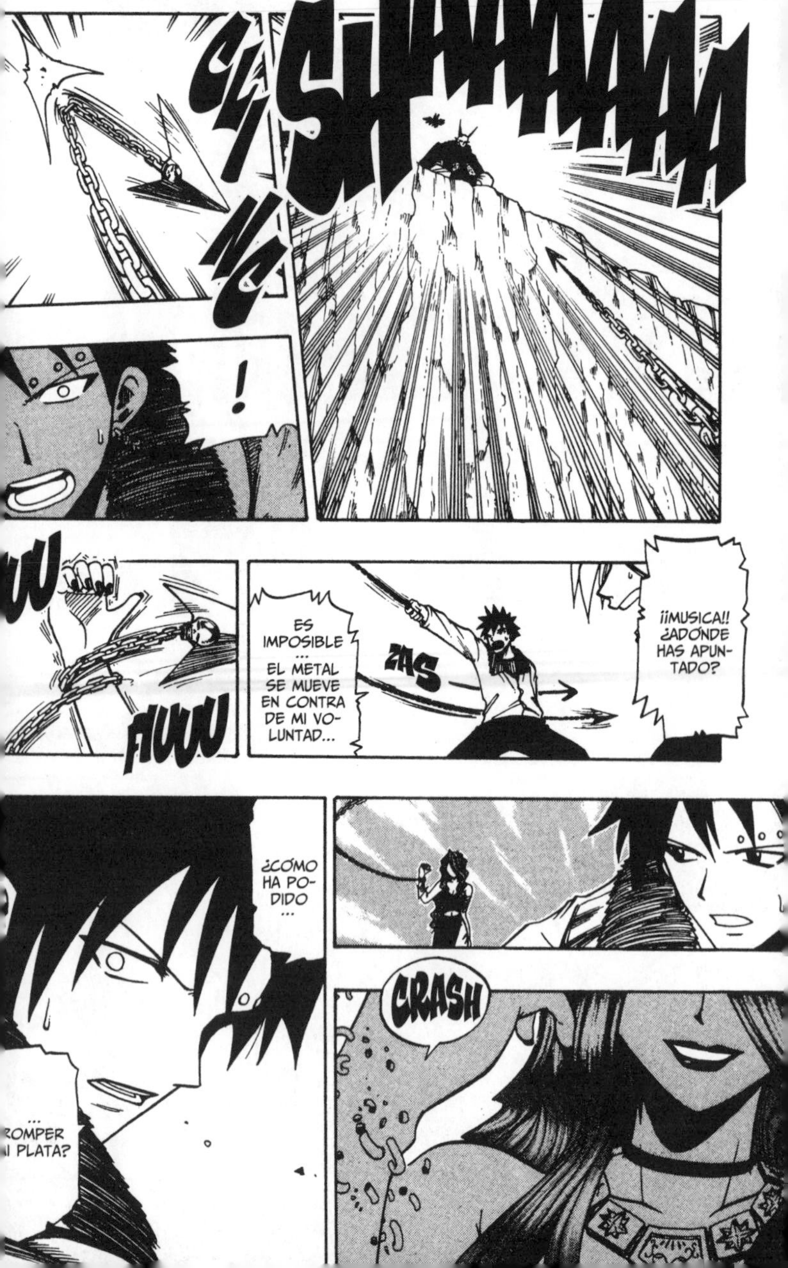

SHAAAAAAA
CLINC
!
¡¡MUSICA!! ¿ADÓNDE HAS APUNTADO?
ZAS
ES IMPOSIBLE ... EL METAL SE MUEVE EN CONTRA DE MI VOLUNTAD...
FIUUU
¿CÓMO HA PODIDO ...
... ROMPER I PLATA?
CRASH

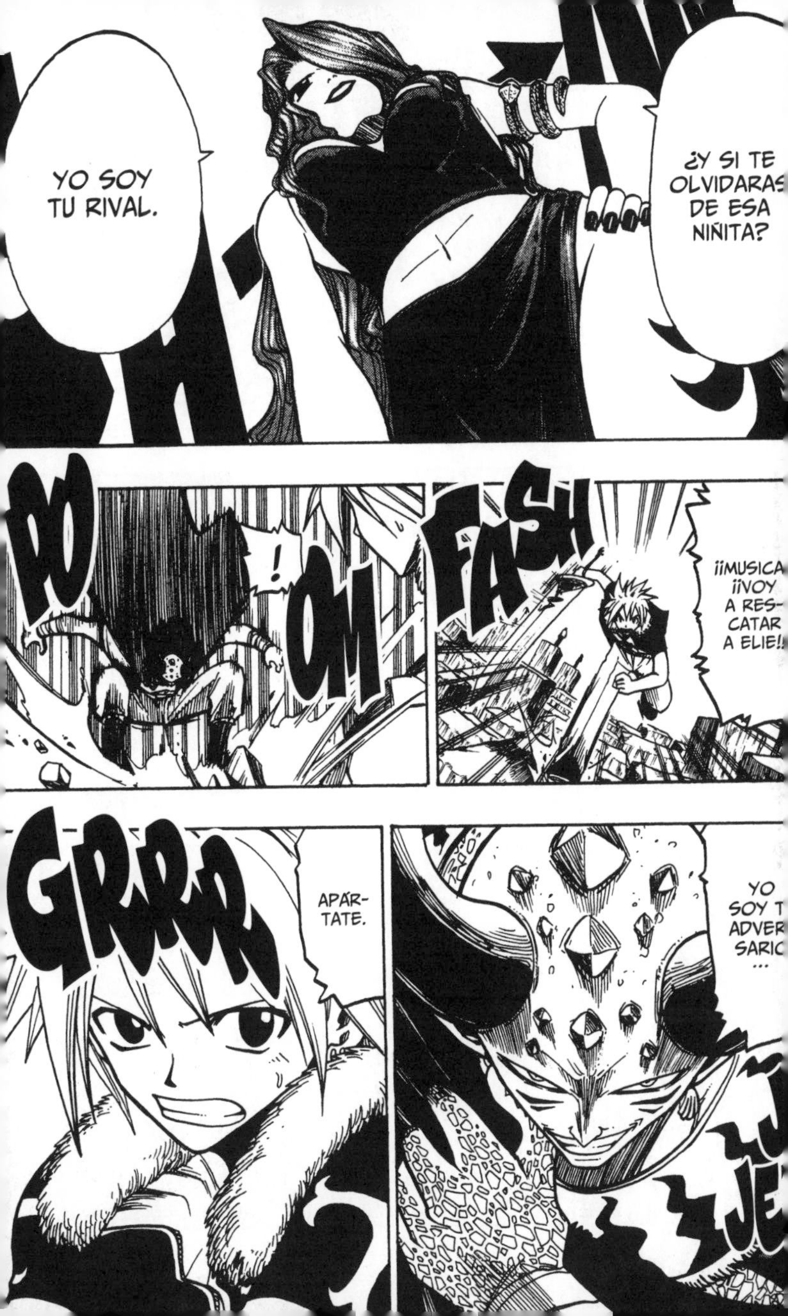

¿Y SI TE OLVIDARAS DE ESA NIÑITA?
YO SOY TU RIVAL.
FASH
¡¡MUSICA ¡¡VOY A RES-CATAR A ELIE!!
!
POOM
YO SOY T ADVER SARIO ...
JE
APÁR-TATE.
GRRR

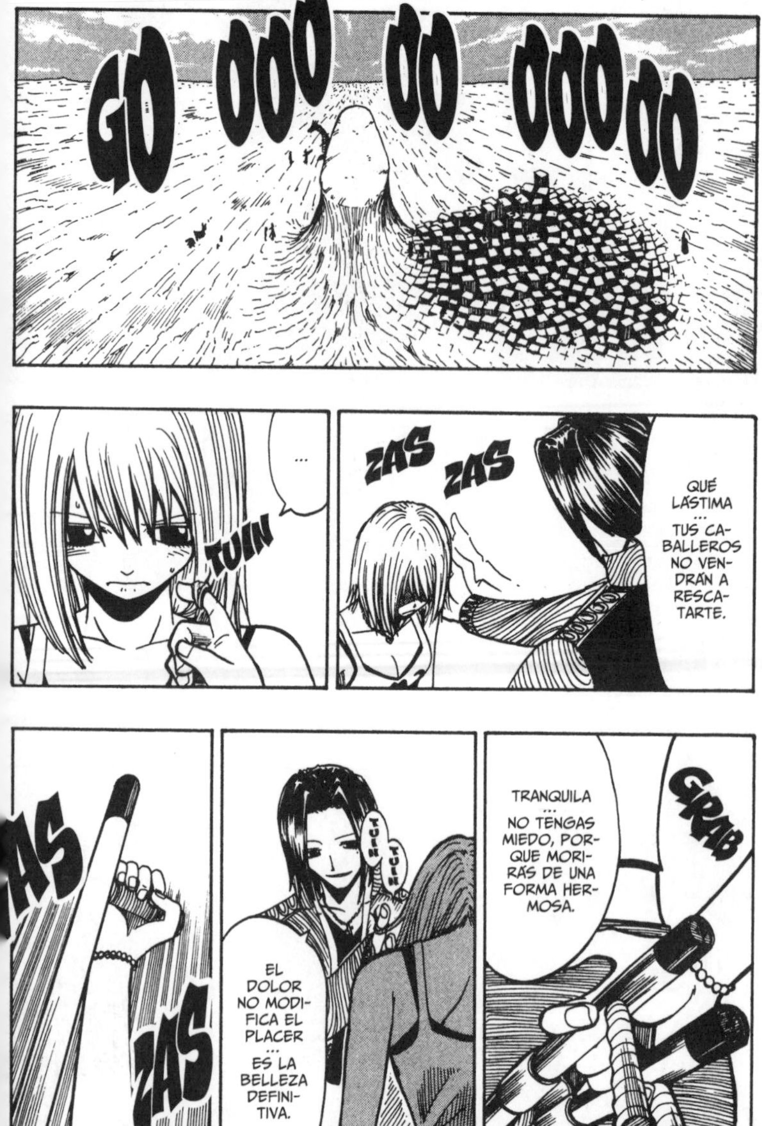
GO OOO OO OOOOO
ZAS ZAS
QUÉ LÁSTIMA ... TUS CABALLEROS NO VENDRÁN A RESCATARTE.
...
TUIN
GRAB
TRANQUILA ... NO TENGAS MIEDO, PORQUE MORIRÁS DE UNA FORMA HERMOSA.
TUIN TUIN
EL DOLOR NO MODIFICA EL PLACER ... ES LA BELLEZA DEFINITIVA.
ZAS
ZAS

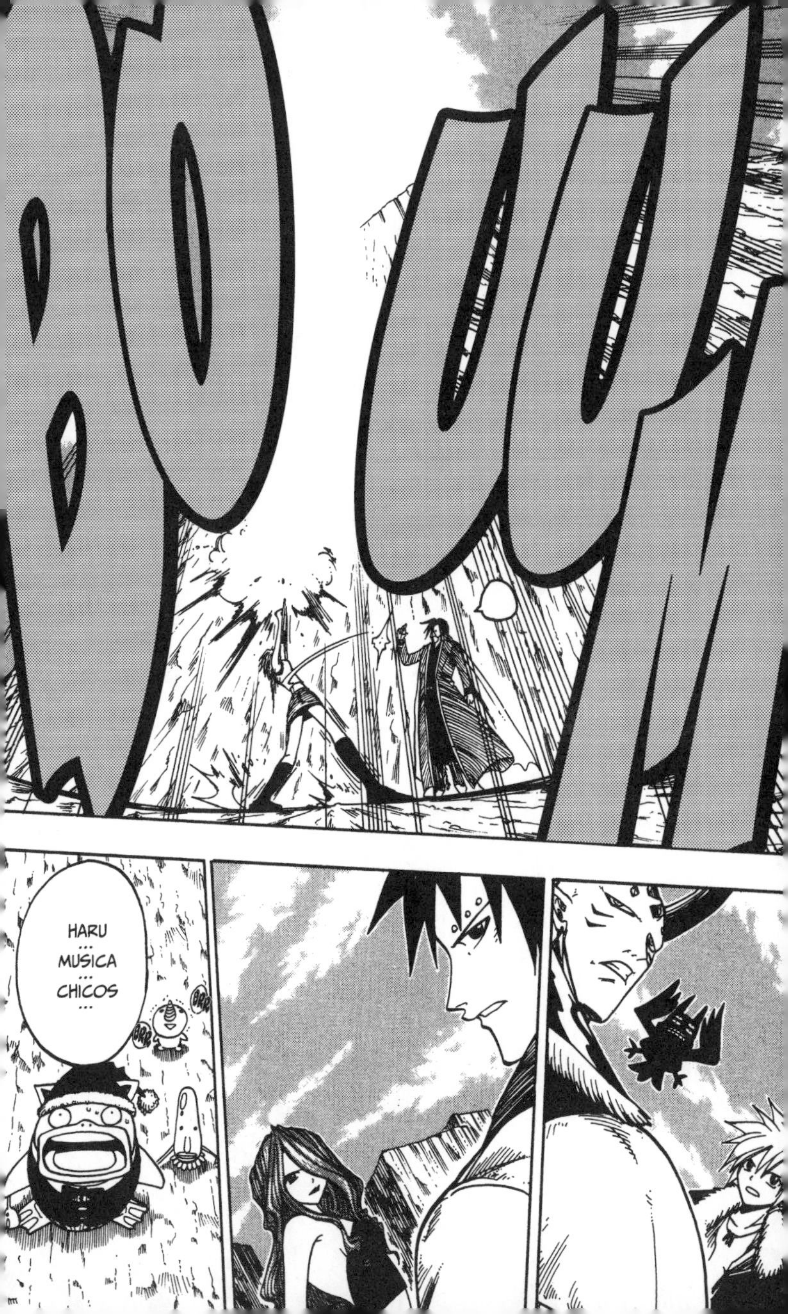
HARU ... MUSICA ... CHICOS ...

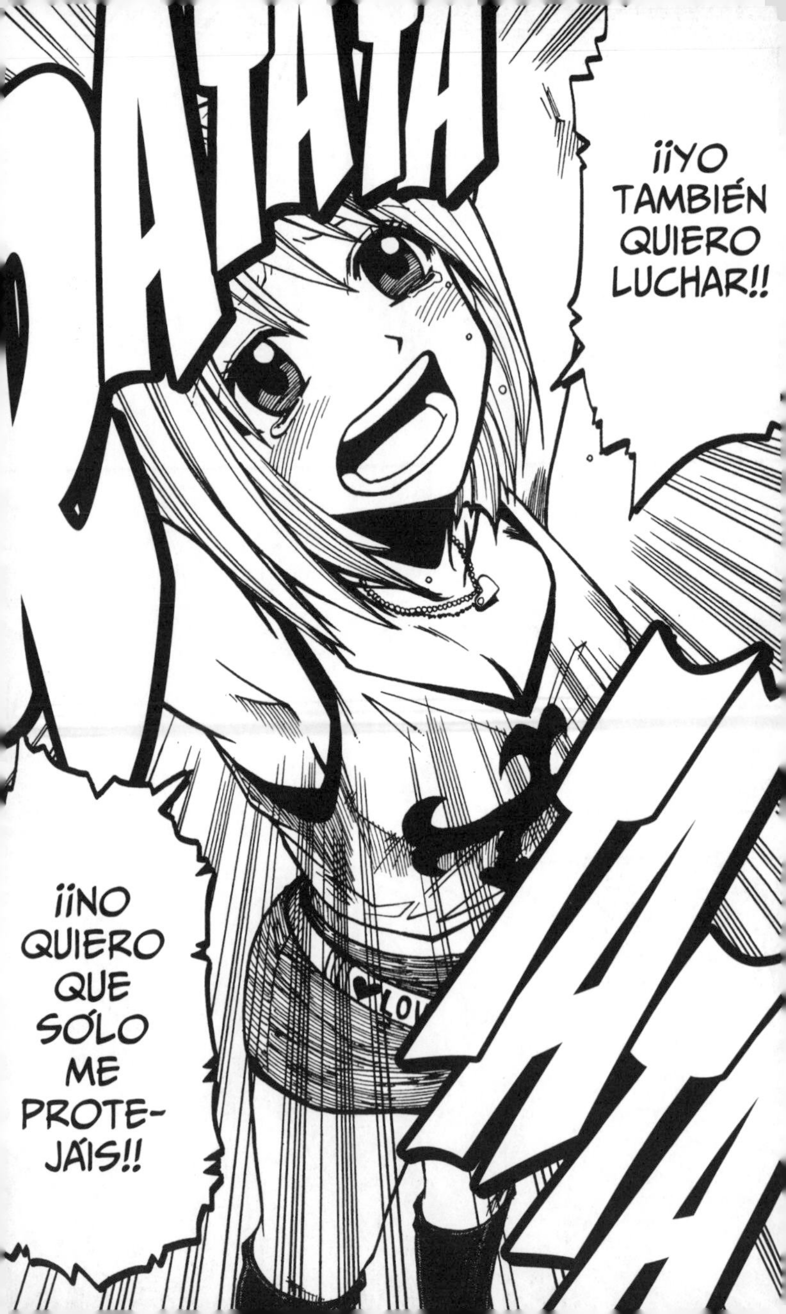
¡¡YO TAMBIÉN QUIERO LUCHAR!!
¡¡NO QUIERO QUE SÓLO ME PROTEJÁIS!!

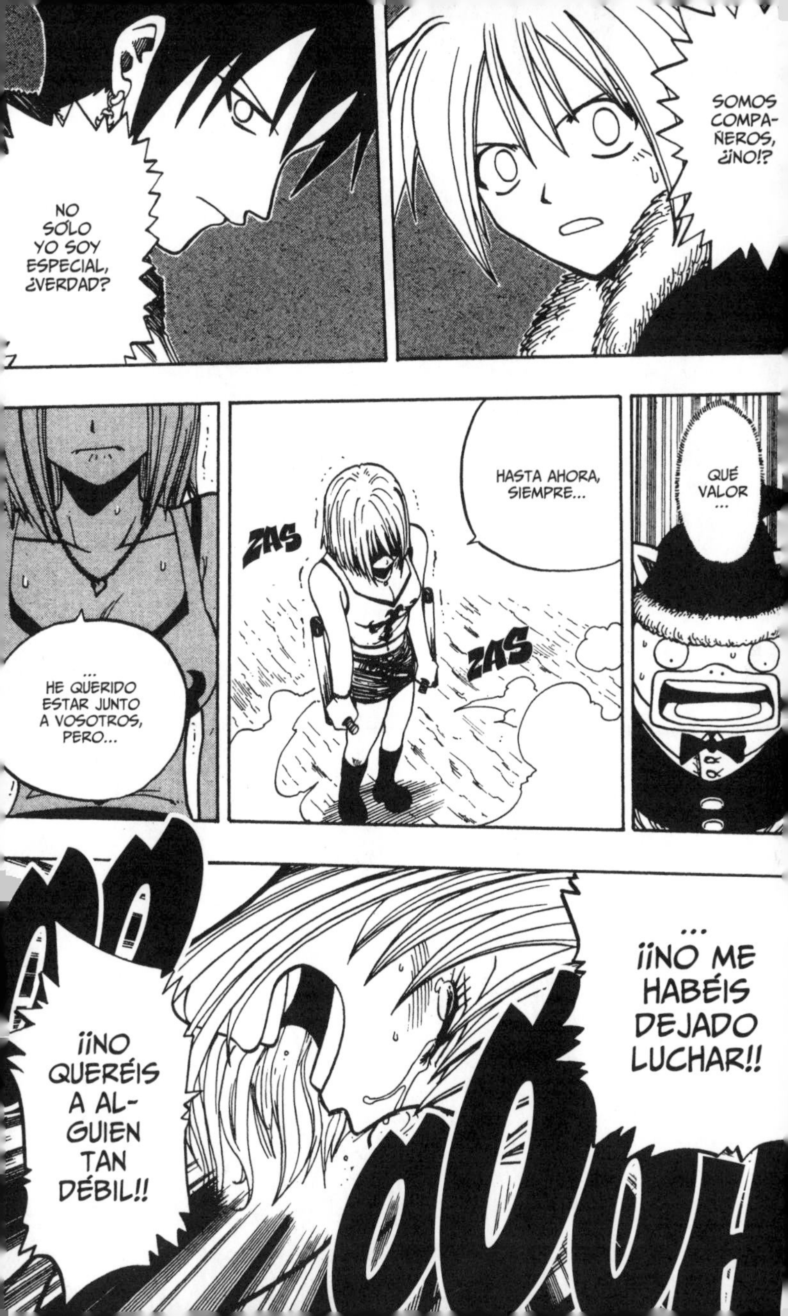
SOMOS COMPAÑEROS, ¿¡NO!?
NO SÓLO YO SOY ESPECIAL, ¿VERDAD?
QUÉ VALOR ...
HASTA AHORA, SIEMPRE...
ZAS
ZAS
... HE QUERIDO ESTAR JUNTO A VOSOTROS, PERO...
... ¡¡NO ME HABÉIS DEJADO LUCHAR!!
¡¡NO QUERÉIS A AL-GUIEN TAN DÉBIL!!

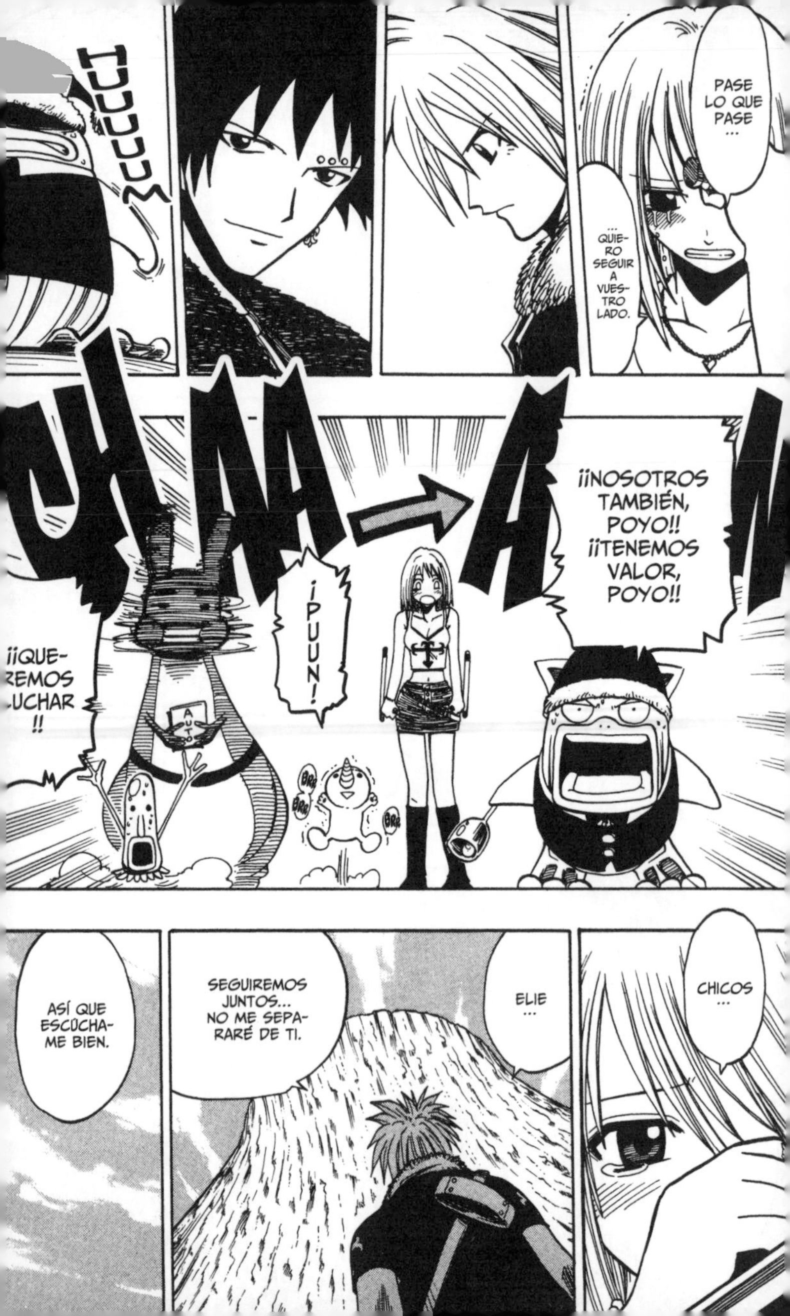
PASE LO QUE PASE ...
... QUIERO SEGUIR A VUESTRO LADO.
HUUUUUM
¡¡NOSOTROS TAMBIÉN, POYO!! ¡¡TENEMOS VALOR, POYO!!
¡PUUN!
¡¡QUEREMOS LUCHAR!!
BRR
CHICOS ...
ELIE ...
SEGUIREMOS JUNTOS... NO ME SEPARARÉ DE TI.
ASÍ QUE ESCÚCHAME BIEN.

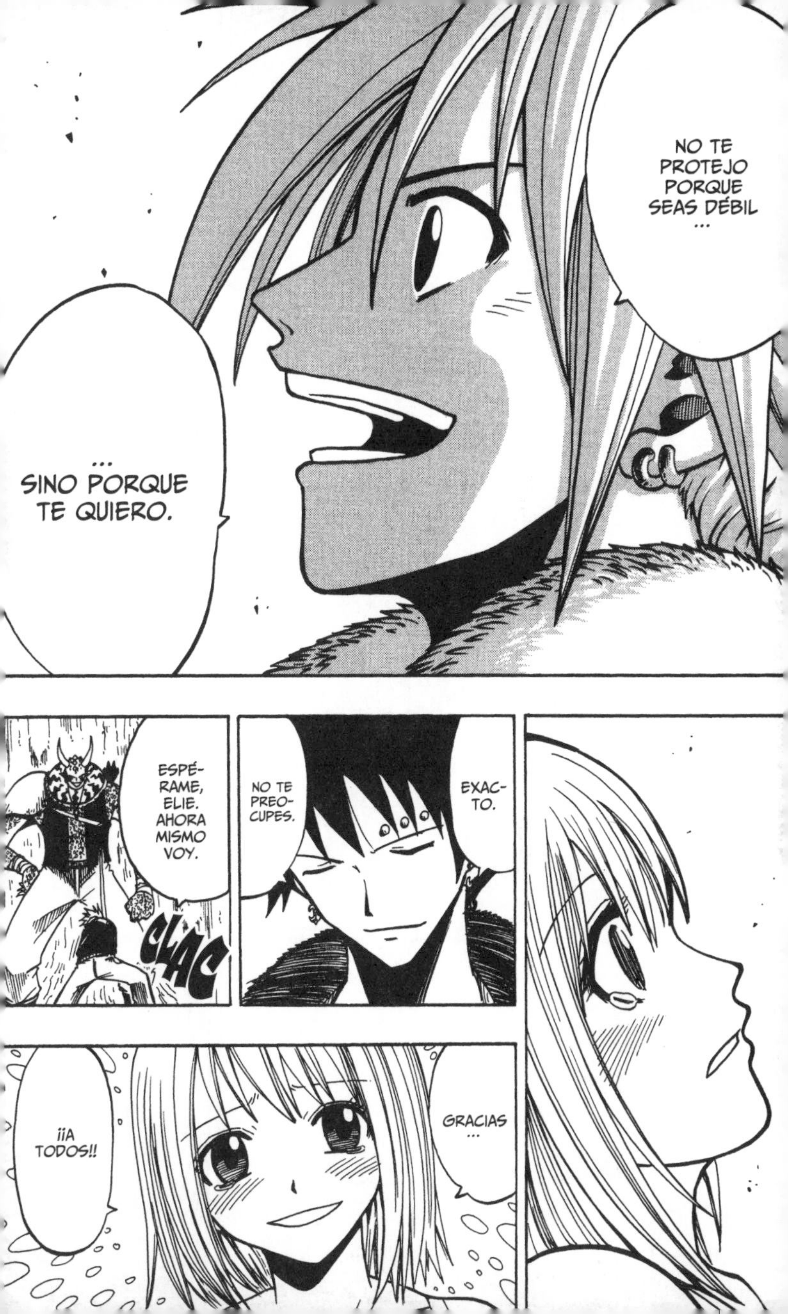
NO TE PROTEJO PORQUE SEAS DÉBIL ...
... SINO PORQUE TE QUIERO.
EXACTO.
NO TE PREOCUPES.
ESPÉRAME, ELIE. AHORA MISMO VOY.
CLAC
GRACIAS ...
¡¡A TODOS!!

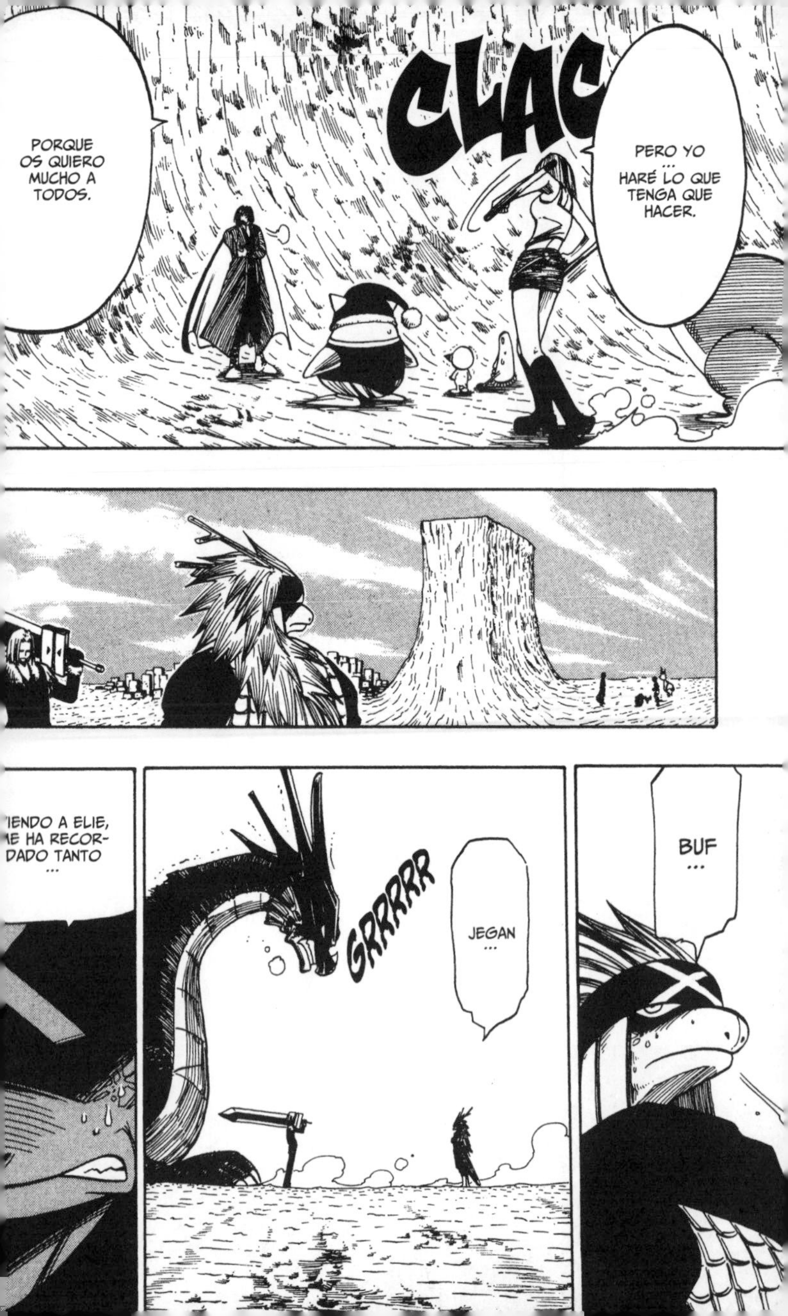
PERO YO ... HARÉ LO QUE TENGA QUE HACER.
CLAC
PORQUE OS QUIERO MUCHO A TODOS.
BUF ...
JEGAN ...
GRRRRR
IENDO A ELIE, IE HA RECOR-DADO TANTO ...

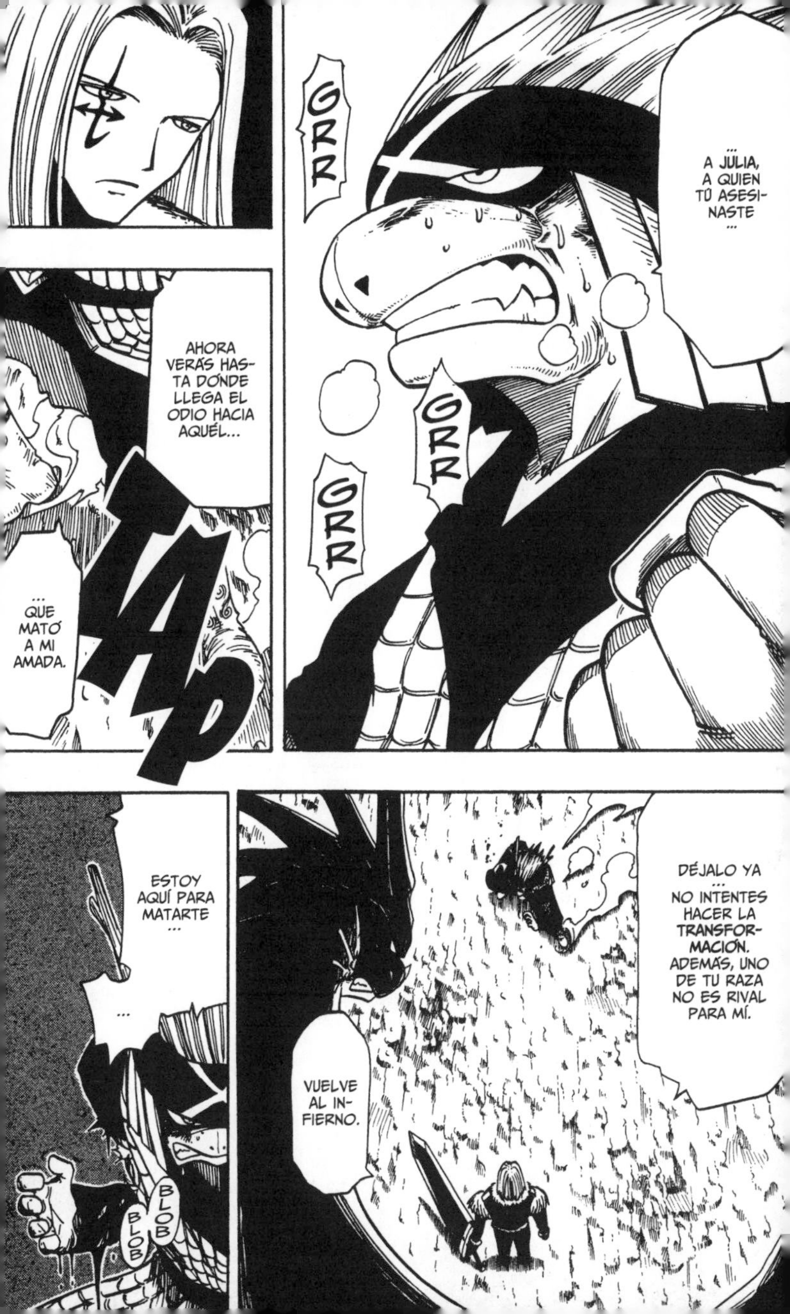
... A JULIA, A QUIEN TÚ ASESINASTE ...
GRR
GRR
GRR
AHORA VERÁS HASTA DÓNDE LLEGA EL ODIO HACIA AQUÉL...
... QUE MATÓ A MI AMADA.
DÉJALO YA ... NO INTENTES HACER LA TRANSFORMACIÓN. ADEMÁS, UNO DE TU RAZA NO ES RIVAL PARA MÍ.
VUELVE AL INFIERNO.
ESTOY AQUÍ PARA MATARTE ...
...
BLOB
BLOB
BLOB

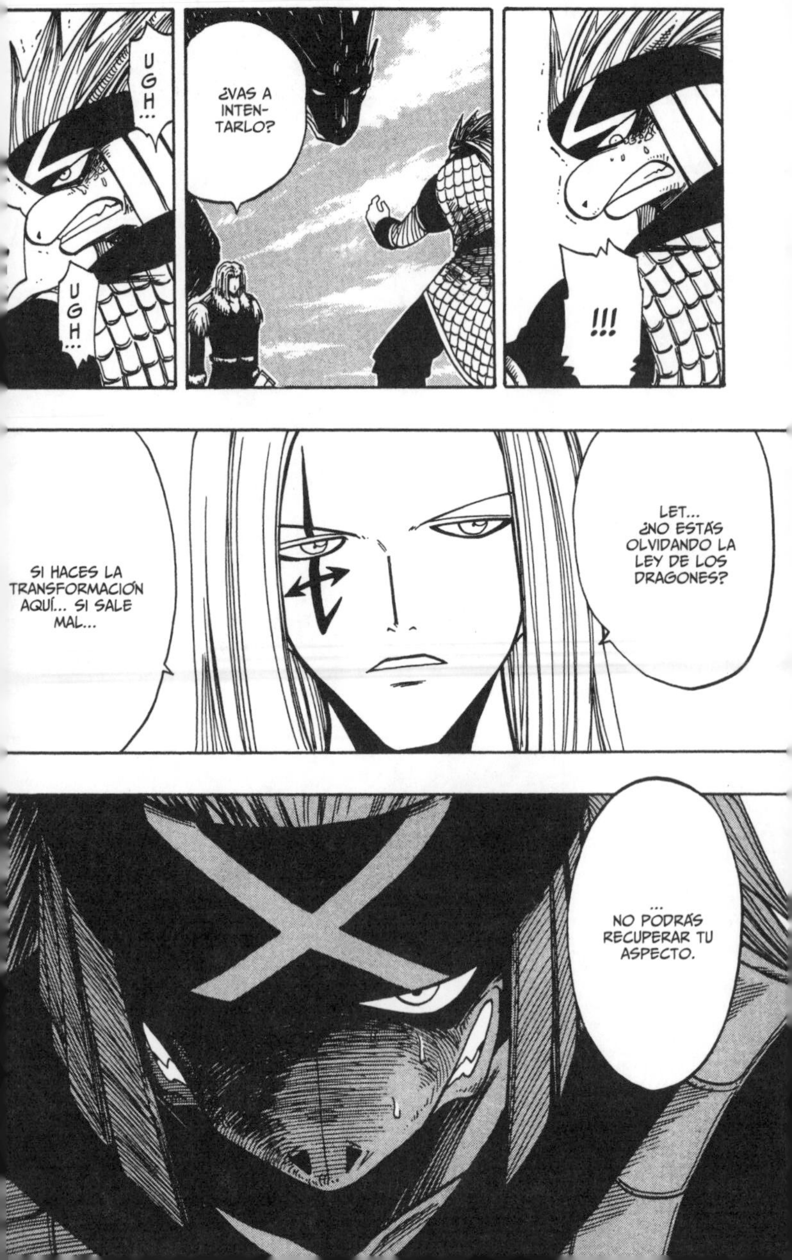
!!!
¿VAS A INTENTARLO?
UGH...
UGH...
LET... ¿NO ESTÁS OLVIDANDO LA LEY DE LOS DRAGONES?
SI HACES LA TRANSFORMACIÓN AQUÍ... SI SALE MAL...
... NO PODRÁS RECUPERAR TU ASPECTO.

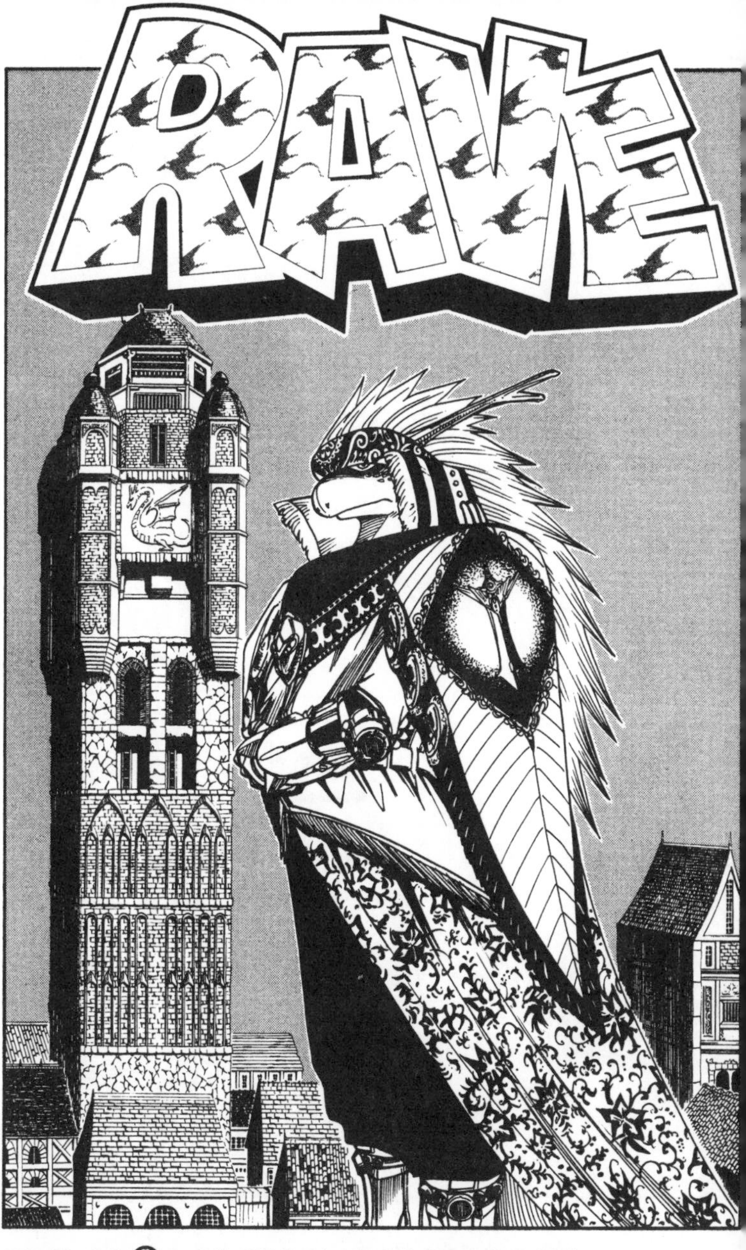
RAVE

RAVE 85 ✚ LOS DESOLADOS DRAGONES

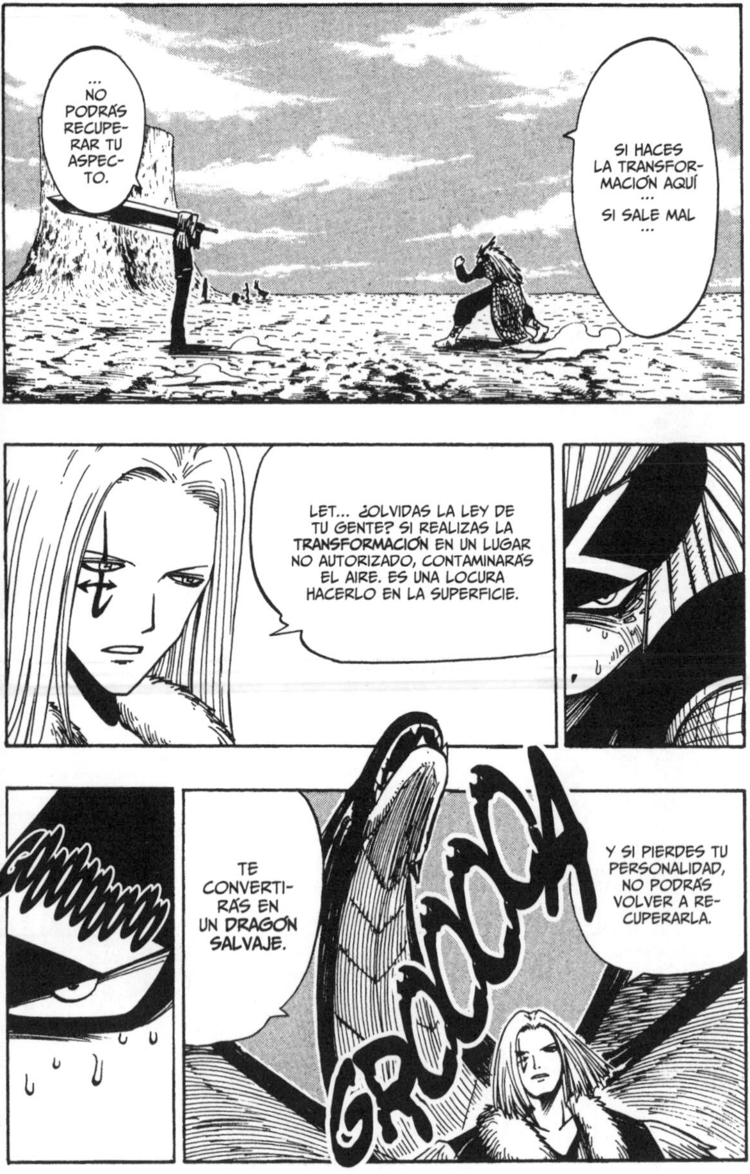
SI HACES LA TRANSFORMACIÓN AQUÍ ... SI SALE MAL ...
... NO PODRÁS RECUPERAR TU ASPECTO.
LET... ¿OLVIDAS LA LEY DE TU GENTE? SI REALIZAS LA TRANSFORMACIÓN EN UN LUGAR NO AUTORIZADO, CONTAMINARÁS EL AIRE. ES UNA LOCURA HACERLO EN LA SUPERFICIE.
Y SI PIERDES TU PERSONALIDAD, NO PODRÁS VOLVER A RECUPERARLA.
GROOOOA
TE CONVERTIRÁS EN UN DRAGÓN SALVAJE.

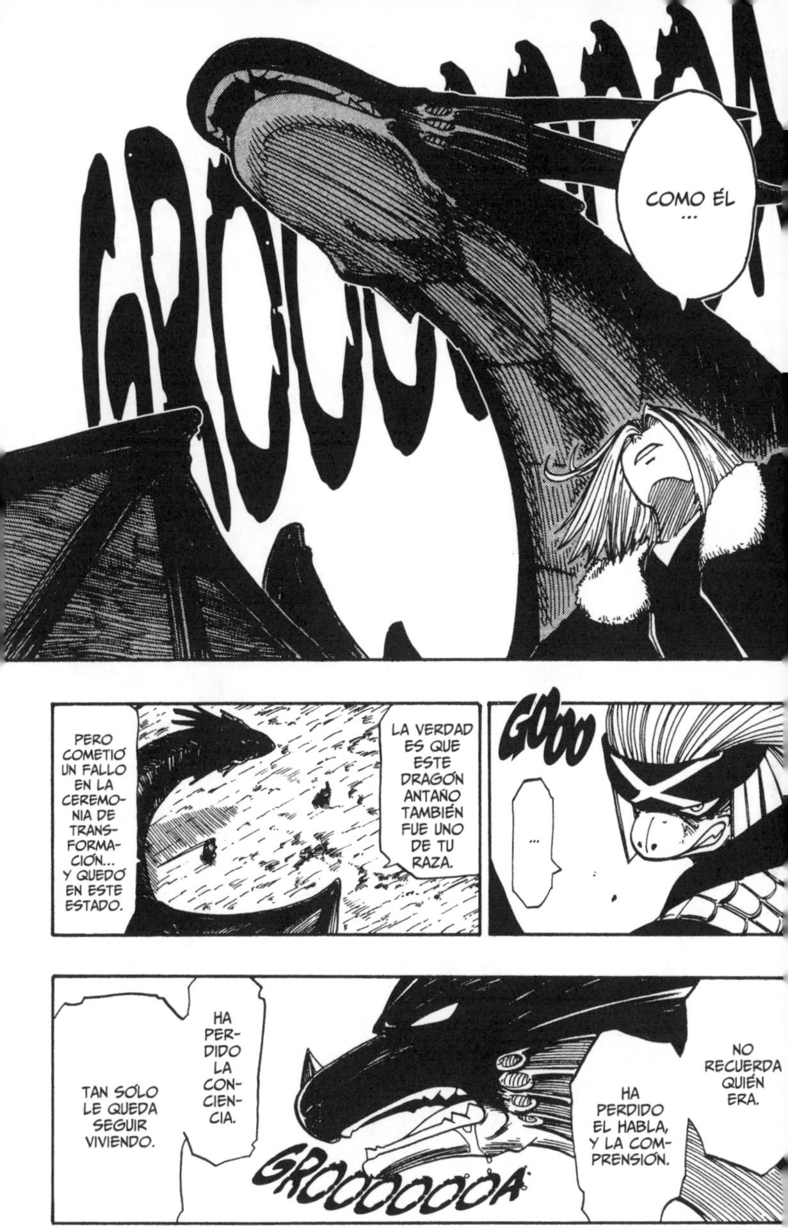
COMO ÉL ...
GOOO
...
LA VERDAD ES QUE ESTE DRAGÓN ANTAÑO TAMBIÉN FUE UNO DE TU RAZA.
PERO COMETIÓ UN FALLO EN LA CEREMONIA DE TRANSFORMACIÓN... Y QUEDÓ EN ESTE ESTADO.
NO RECUERDA QUIÉN ERA.
HA PERDIDO EL HABLA, Y LA COMPRENSIÓN.
GROOOOOOOA
HA PERDIDO LA CONCIENCIA.
TAN SÓLO LE QUEDA SEGUIR VIVIENDO.

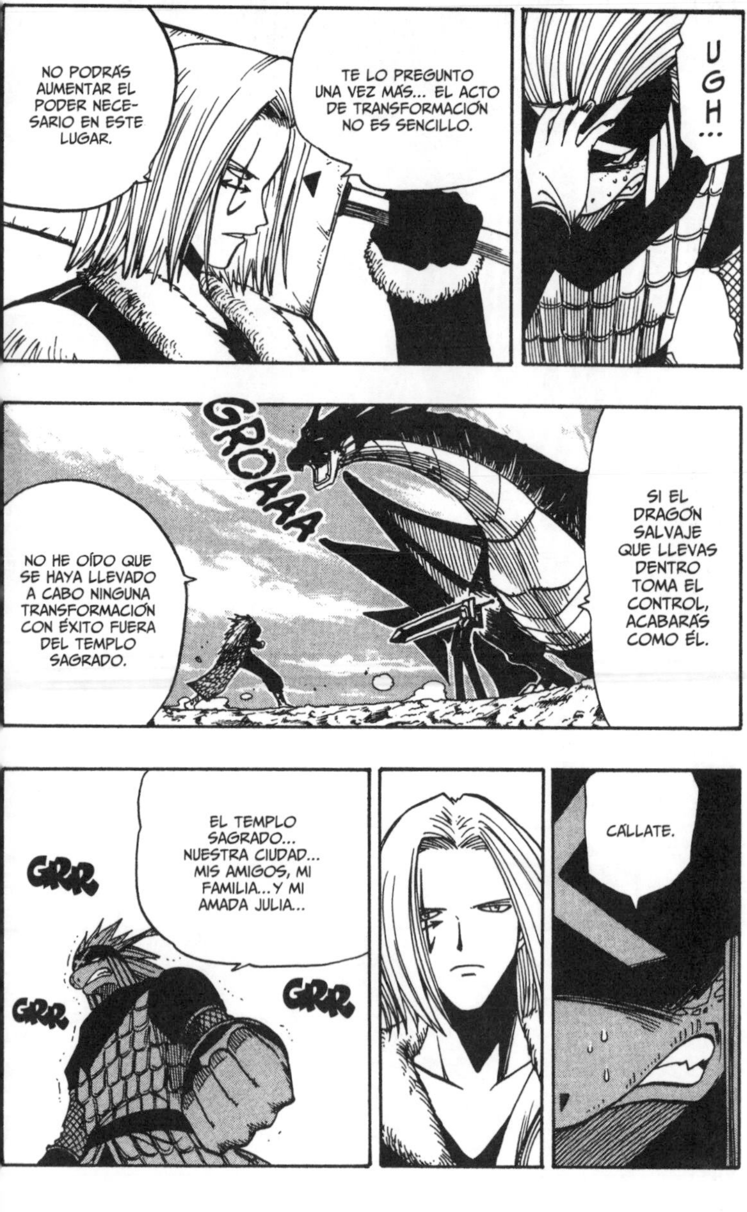
UGH...
TE LO PREGUNTO UNA VEZ MÁS... EL ACTO DE TRANSFORMACIÓN NO ES SENCILLO.
NO PODRÁS AUMENTAR EL PODER NECE-SARIO EN ESTE LUGAR.
SI EL DRAGÓN SALVAJE QUE LLEVAS DENTRO TOMA EL CONTROL, ACABARÁS COMO ÉL.
GROAAA
NO HE OÍDO QUE SE HAYA LLEVADO A CABO NINGUNA TRANSFORMACIÓN CON ÉXITO FUERA DEL TEMPLO SAGRADO.
CÁLLATE.
EL TEMPLO SAGRADO... NUESTRA CIUDAD... MIS AMIGOS, MI FAMILIA...Y MI AMADA JULIA...
GRR
GRR
GRR

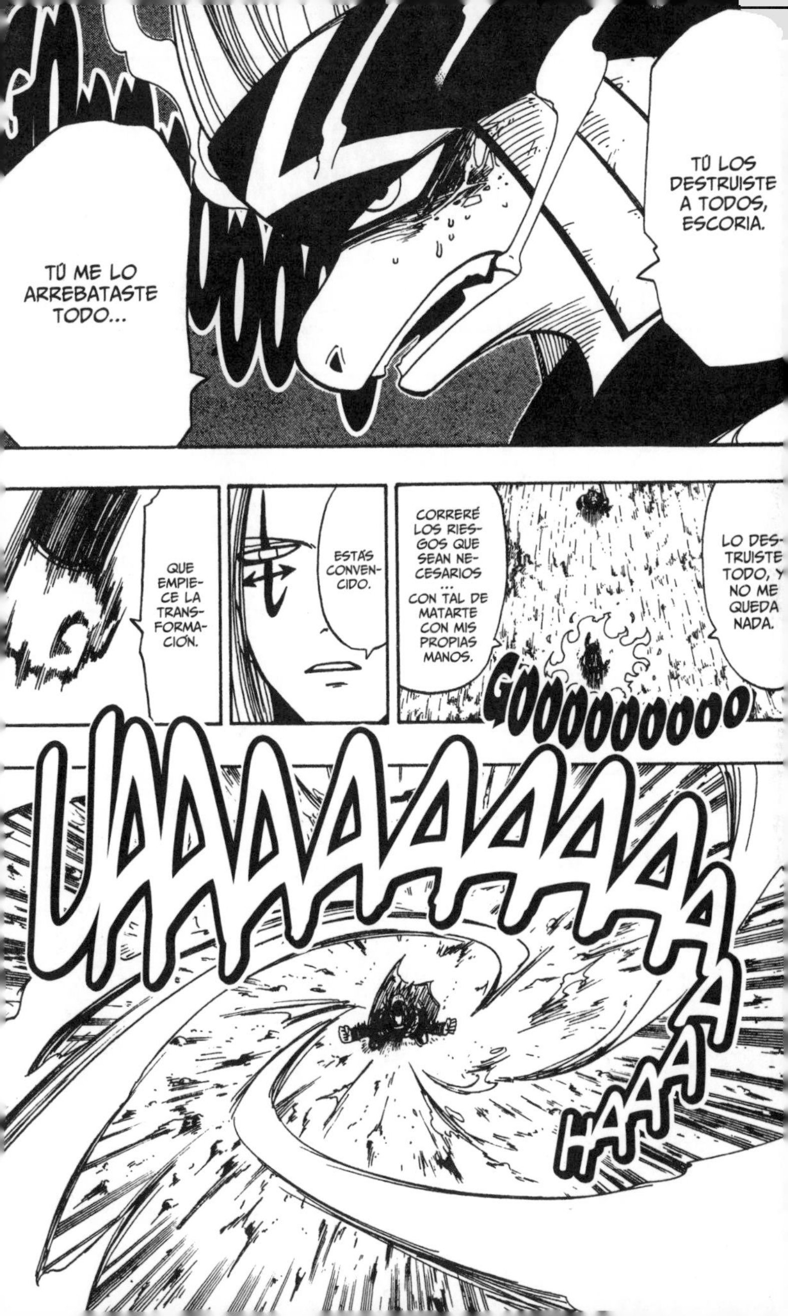
TÚ LOS DESTRUISTE A TODOS, ESCORIA.
TÚ ME LO ARREBATASTE TODO...
LO DESTRUISTE TODO, Y NO ME QUEDA NADA.
CORRERÉ LOS RIESGOS QUE SEAN NECESARIOS ... CON TAL DE MATARTE CON MIS PROPIAS MANOS.
GOOOOOOOOO
ESTÁS CONVENCIDO.
QUE EMPIECE LA TRANSFORMACIÓN.
UAAAAAAAAAA
HAAAA

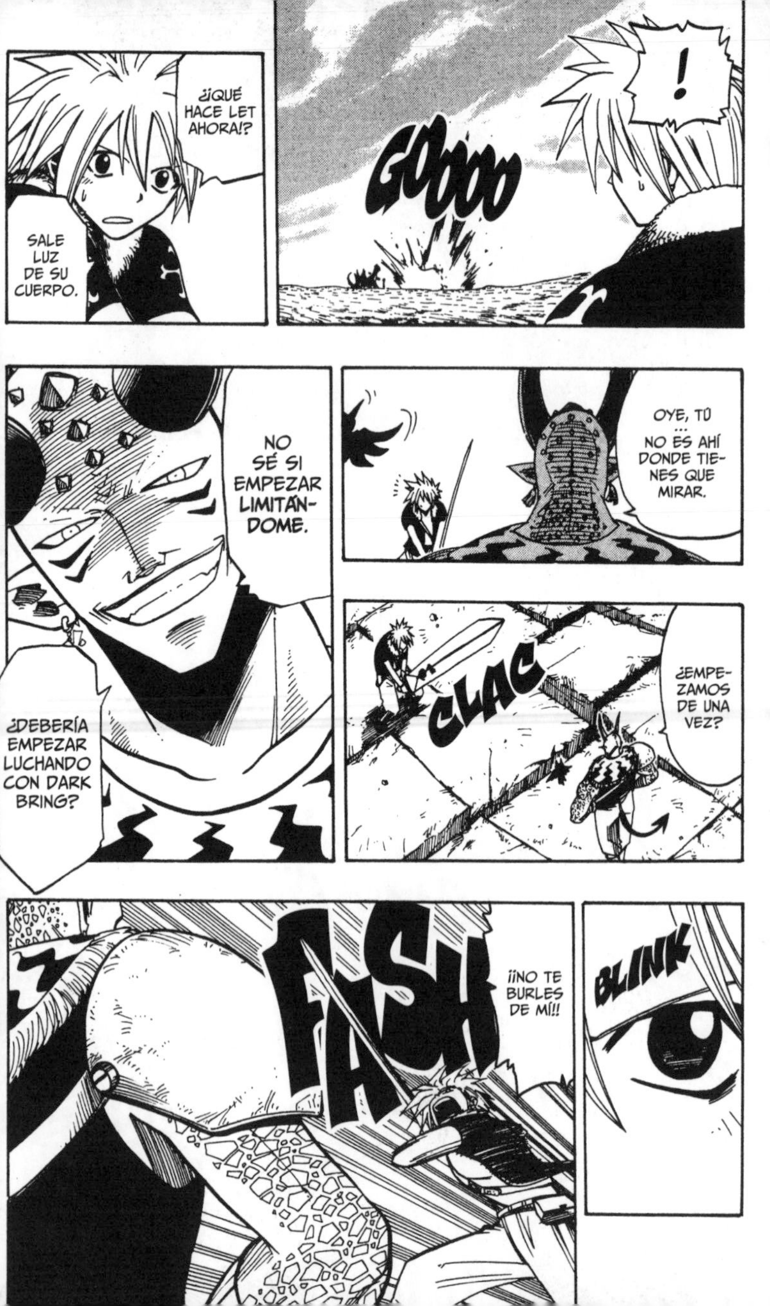
!
GOOOO
¿QUÉ HACE LET AHORA!?
SALE LUZ DE SU CUERPO.
OYE, TÚ ... NO ES AHÍ DONDE TIENES QUE MIRAR.
CLAC
¿EMPEZAMOS DE UNA VEZ?
NO SÉ SI EMPEZAR LIMITÁNDOME.
¿DEBERÍA EMPEZAR LUCHANDO CON DARK BRING?
BLINK
FASH
¡¡NO TE BURLES DE MÍ!!

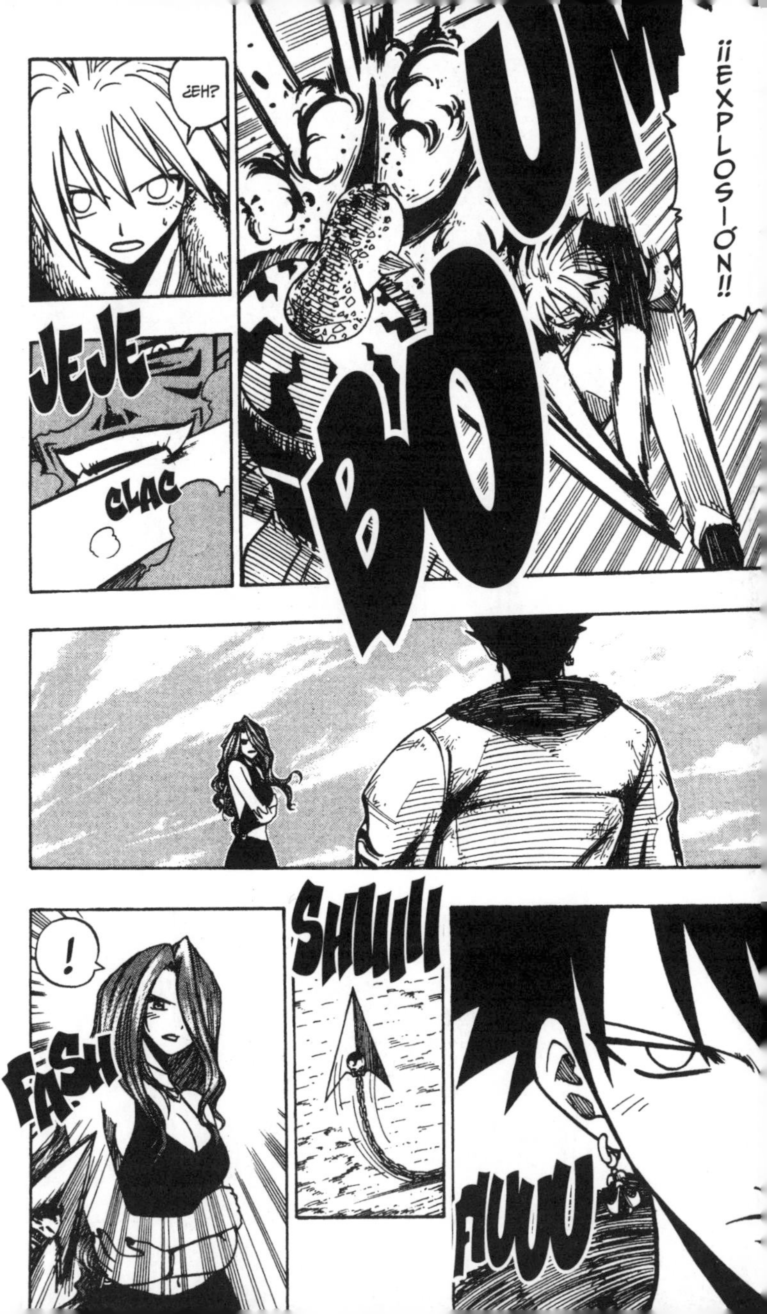

¡¡EXPLOSIÓN!!
¿EH?
JEJE
CLAC
FIUUU
SHUIII
!
FASH

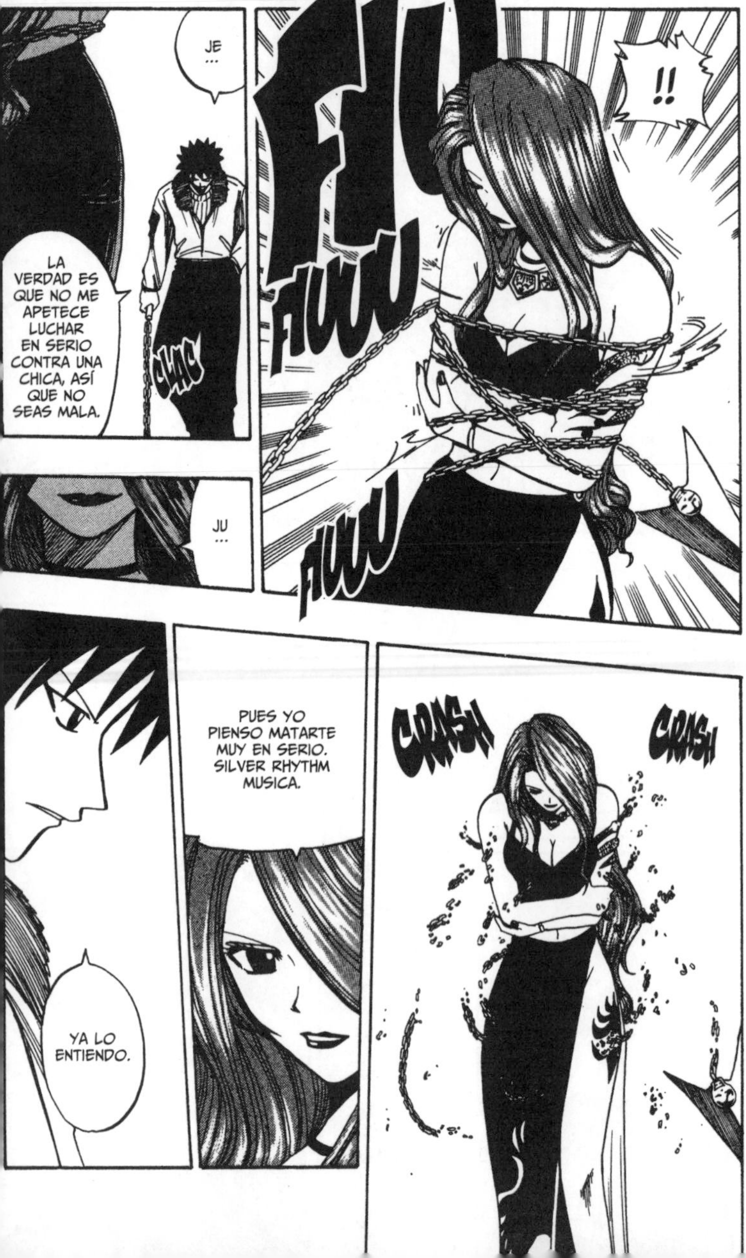

JE...
LA VERDAD ES QUE NO ME APETECE LUCHAR EN SERIO CONTRA UNA CHICA, ASÍ QUE NO SEAS MALA.
CLAC
JU...
FIUUU
FIUUU
!!
YA LO ENTIENDO.
PUES YO PIENSO MATARTE MUY EN SERIO. SILVER RHYTHM MUSICA.
CRASH
CRASH

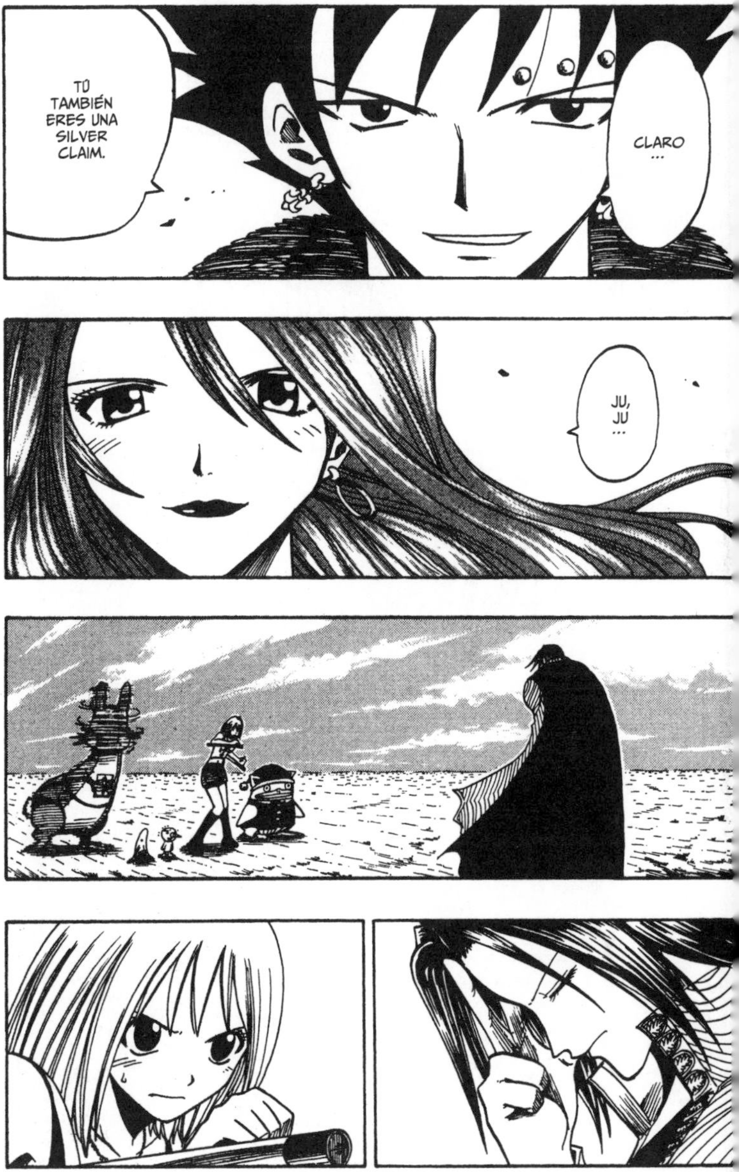
CLARO ...
TÚ TAMBIÉN ERES UNA SILVER CLAIM.
JU, JU ...

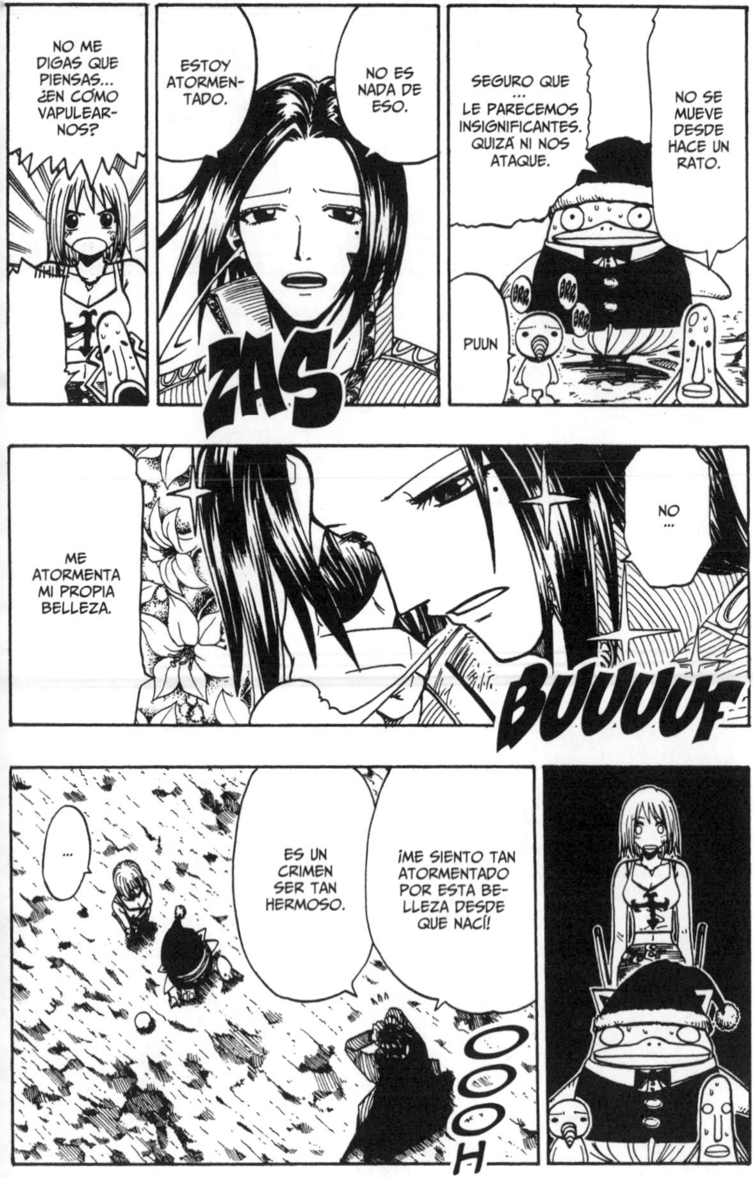
NO SE MUEVE DESDE HACE UN RATO.
SEGURO QUE... LE PARECEMOS INSIGNIFICANTES. QUIZÁ NI NOS ATAQUE.
BRR
BRR
BRR
PUUN
NO ES NADA DE ESO.
ESTOY ATORMENTADO.
ZAS
NO ME DIGAS QUE PIENSAS... ¿EN CÓMO VAPULEARNOS?
NO...
ME ATORMENTA MI PROPIA BELLEZA.
BUUUUF
¡ME SIENTO TAN ATORMENTADO POR ESTA BELLEZA DESDE QUE NACÍ!
ES UN CRIMEN SER TAN HERMOSO.
OOOOH
...

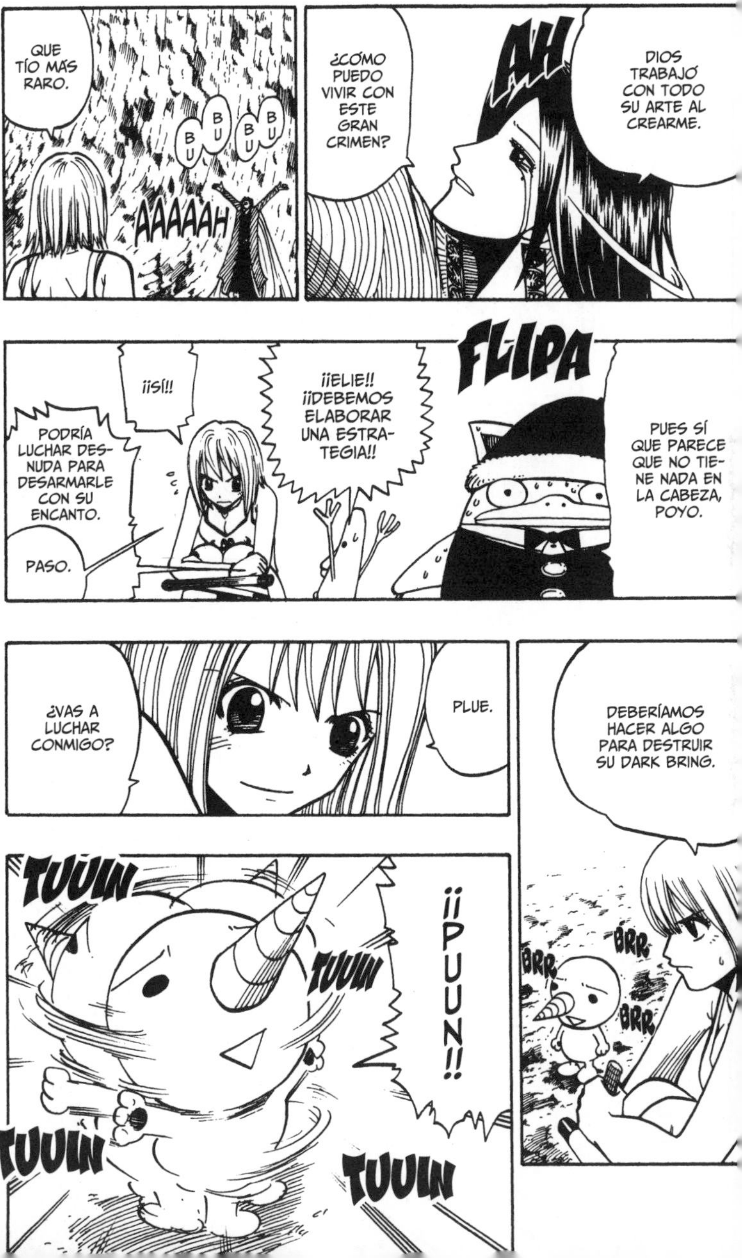
DIOS TRABAJÓ CON TODO SU ARTE AL CREARME.
AH
¿CÓMO PUEDO VIVIR CON ESTE GRAN CRIMEN?
BU BU BU BU
AAAAAH
QUE TÍO MÁS RARO.
FLIPA
PUES SÍ QUE PARECE QUE NO TIENE NADA EN LA CABEZA, POYO.
¡¡ELIE!! ¡¡DEBEMOS ELABORAR UNA ESTRATEGIA!!
¡¡SÍ!!
PODRÍA LUCHAR DESNUDA PARA DESARMARLE CON SU ENCANTO.
PASO.
DEBERÍAMOS HACER ALGO PARA DESTRUIR SU DARK BRING.
BRR
BRR
BRR
PLUE.
¿VAS A LUCHAR CONMIGO?
¡¡PUUUN!!
TUUIN
TUUIN
TUUIN
TUUIN

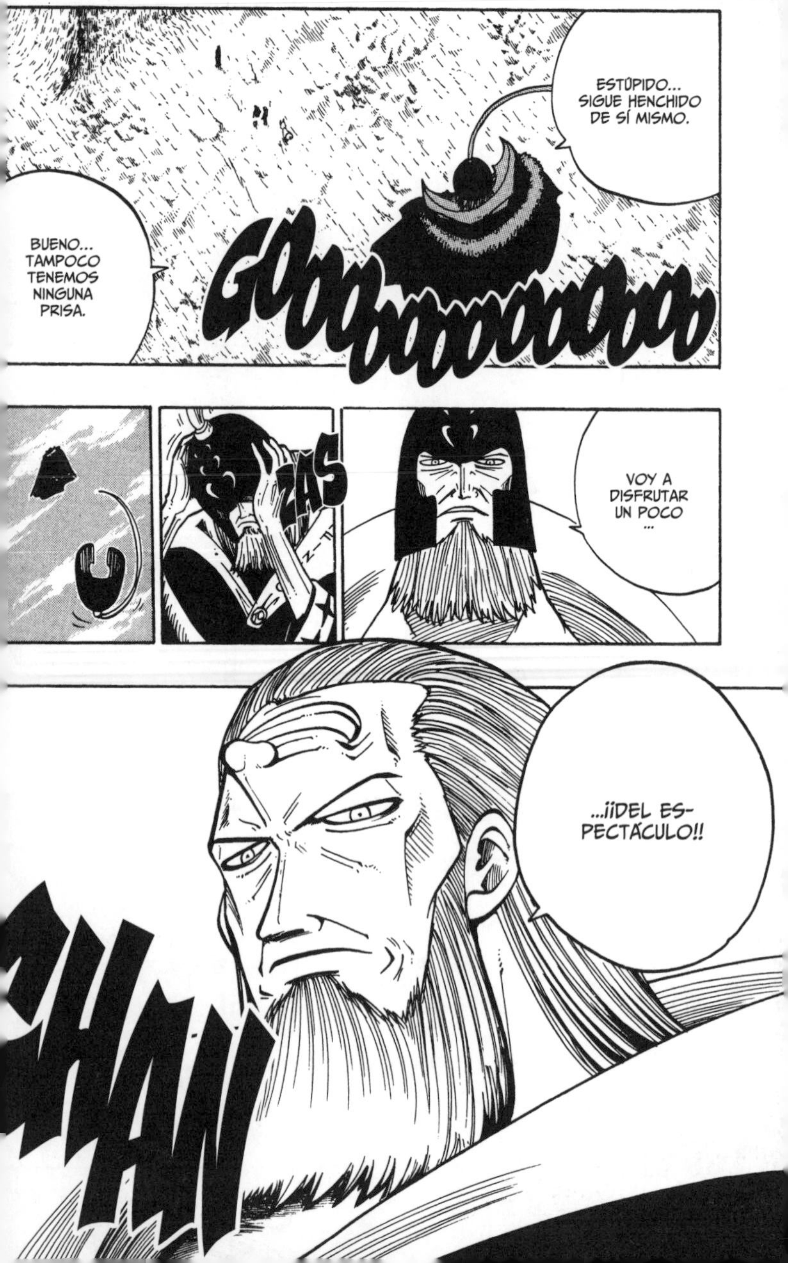
ESTÚPIDO... SIGUE HENCHIDO DE SÍ MISMO.
BUENO... TAMPOCO TENEMOS NINGUNA PRISA.
GOOOOOOOOOOOOO
ZAS
VOY A DISFRUTAR UN POCO ...
...¡¡DEL ES-PECTÁCULO!!

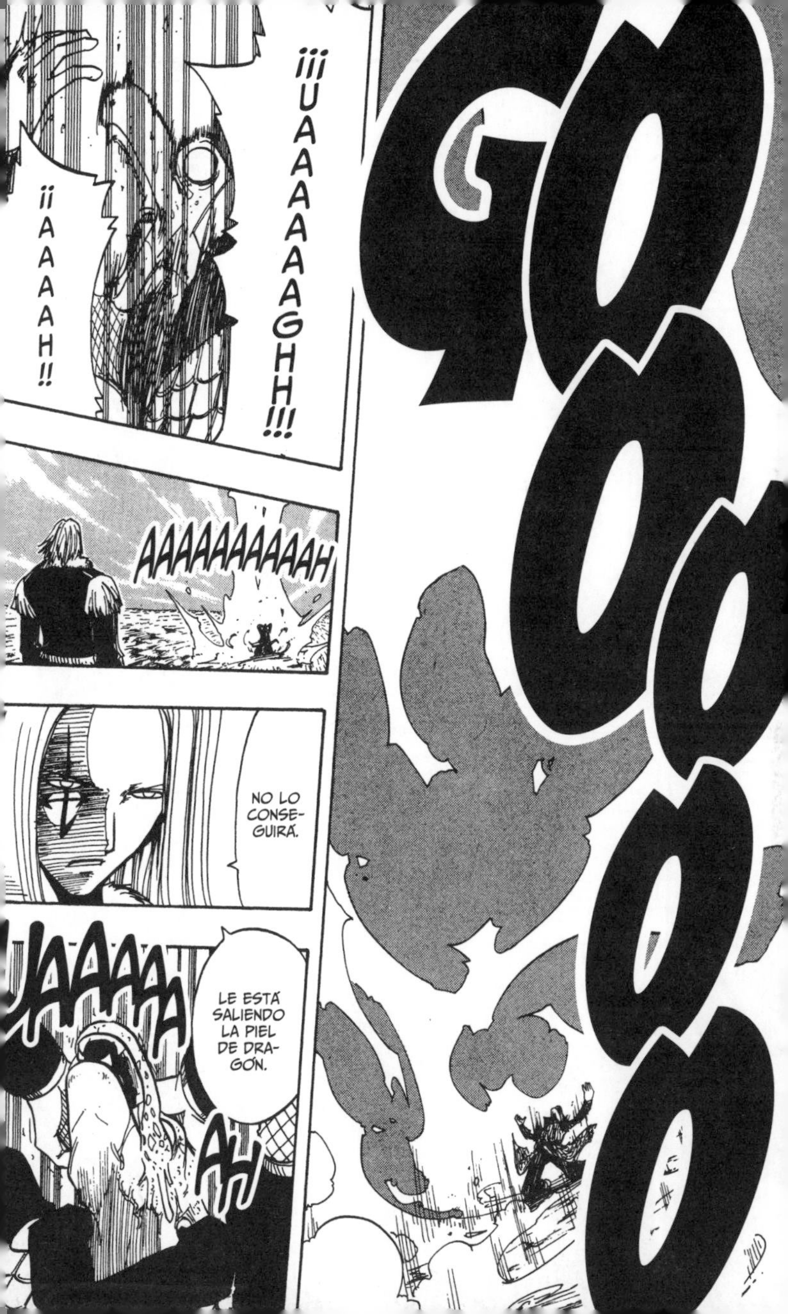

GOOOOOOO
¡¡¡UAAAAAAAAAGHH!!!
¡¡AAAAAH!!
AAAAAAAAAAH
NO LO CONSE-GUIRÁ.
LE ESTÁ SALIENDO LA PIEL DE DRA-GÓN.
UAAAAAAAH

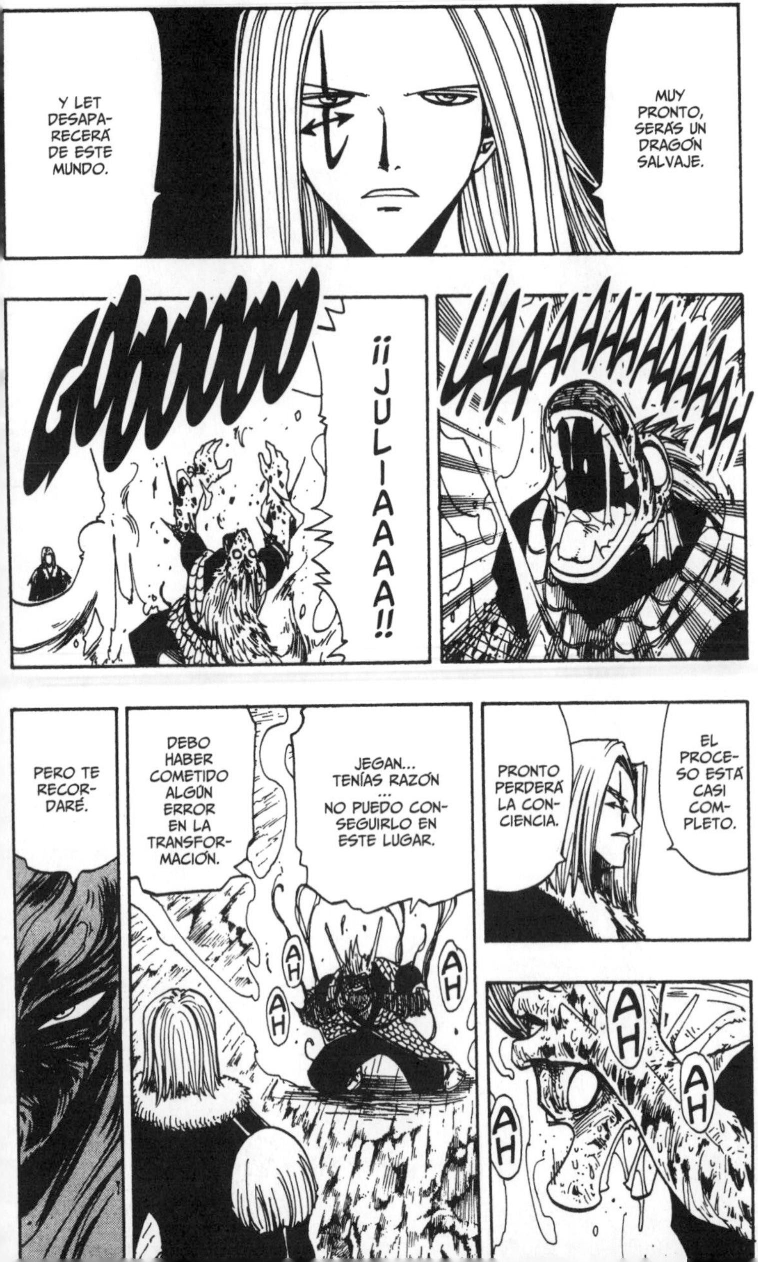
MUY PRONTO, SERÁS UN DRAGÓN SALVAJE.
Y LET DESAPARECERÁ DE ESTE MUNDO.
UAAAAAAAAAAAH
GOOOOOO
¡¡JULIAAAAA!!
EL PROCESO ESTÁ CASI COMPLETO.
PRONTO PERDERÁ LA CONCIENCIA.
AH AH AH AH
JEGAN... TENÍAS RAZÓN ... NO PUEDO CONSEGUIRLO EN ESTE LUGAR.
DEBO HABER COMETIDO ALGÚN ERROR EN LA TRANSFORMACIÓN.
AH AH AH
PERO TE RECORDARÉ.

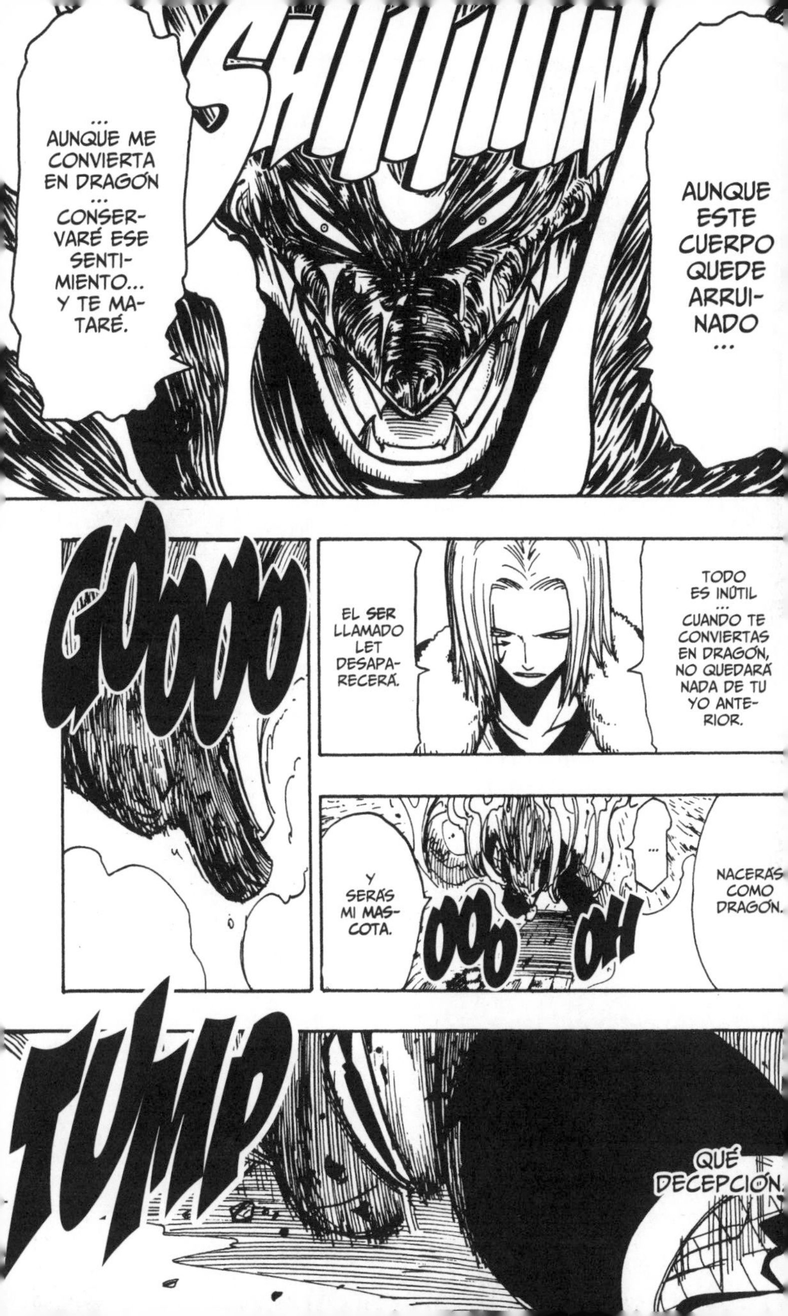
AUNQUE ESTE CUERPO QUEDE ARRUINADO ...
... AUNQUE ME CONVIERTA EN DRAGÓN ... CONSERVARÉ ESE SENTIMIENTO... Y TE MATARÉ.
TODO ES INÚTIL ... CUANDO TE CONVIERTAS EN DRAGÓN, NO QUEDARÁ NADA DE TU YO ANTERIOR.
EL SER LLAMADO LET DESAPARECERÁ.
GOOOO
NACERÁS COMO DRAGÓN.
...
Y SERÁS MI MASCOTA.
OOOOH
QUÉ DECEPCIÓN.
TUMP

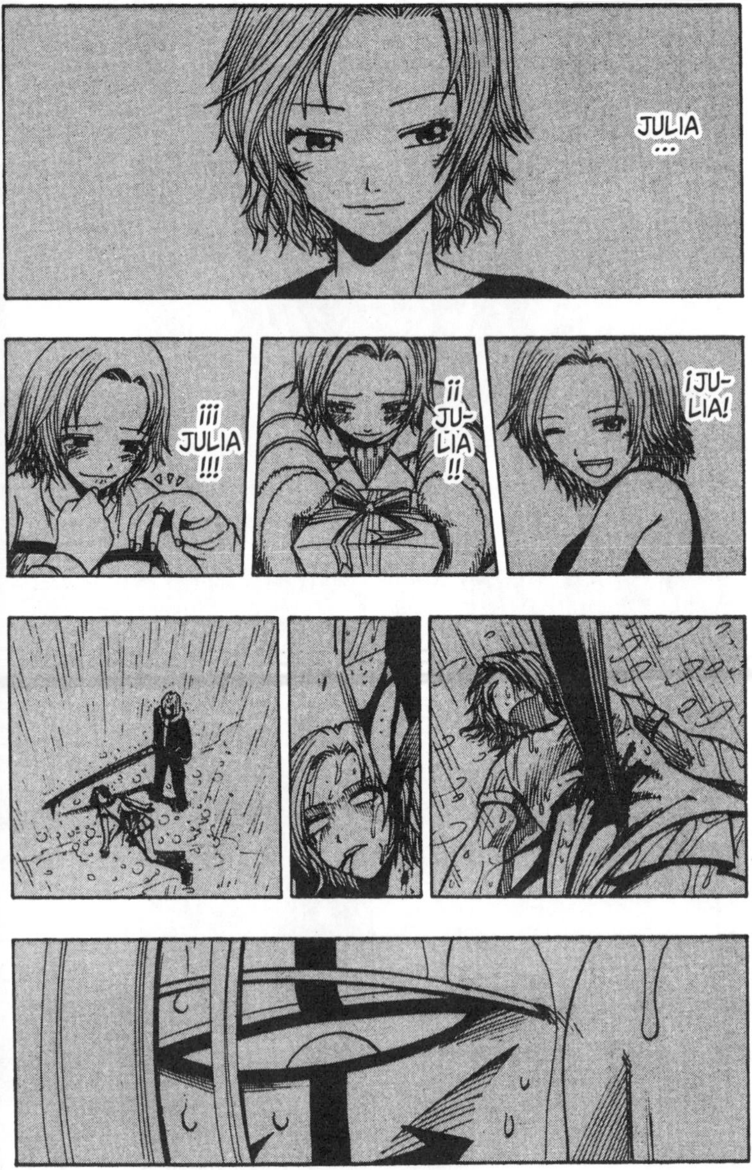
JULIA
...
¡JU-
LIA!
¡¡
JU-
LIA
!!
¡¡¡
JULIA
!!!

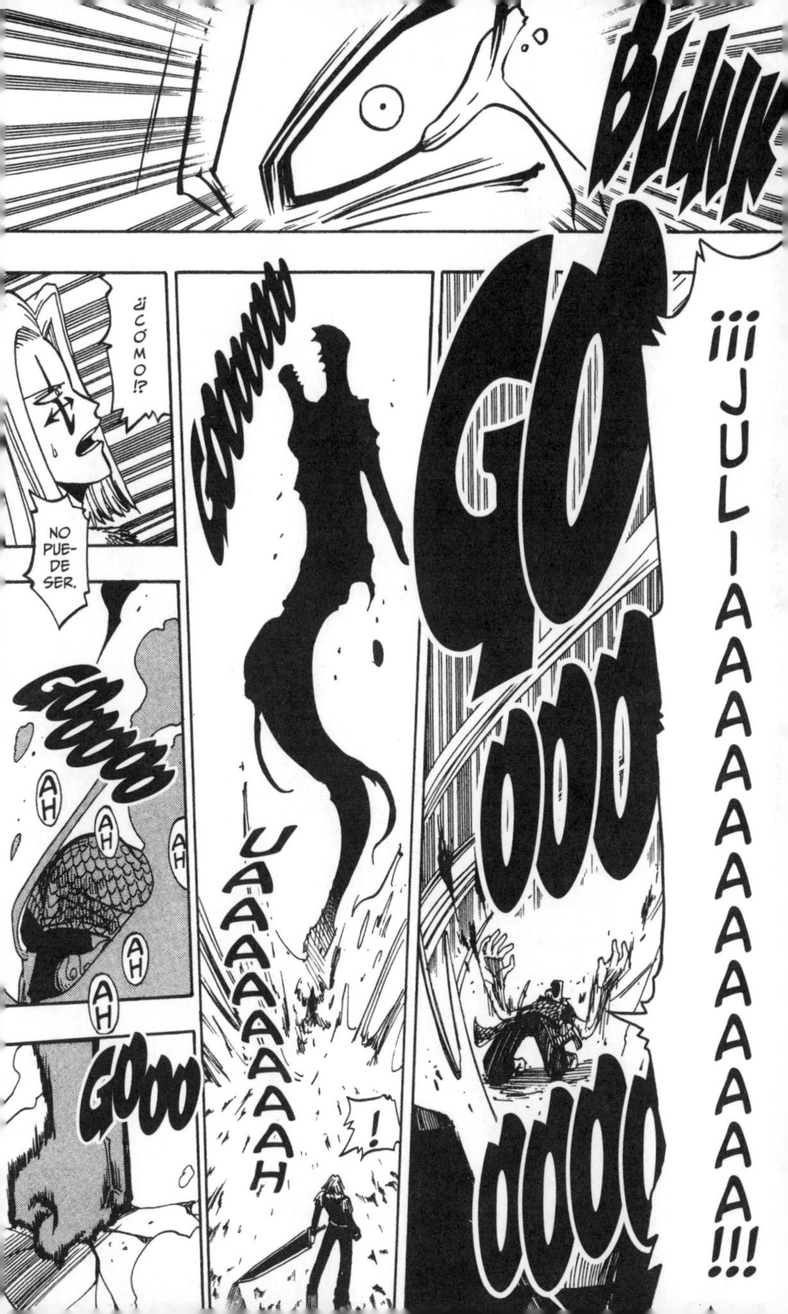
BLINK
¡¡¡JULIAAAAAAAAAAAAAA!!!
UAAAAAAAAAAH
!
¿¡CÓMO!?
NO PUE-DE SER.
AH
AH
AH
AH
AH
GOOO

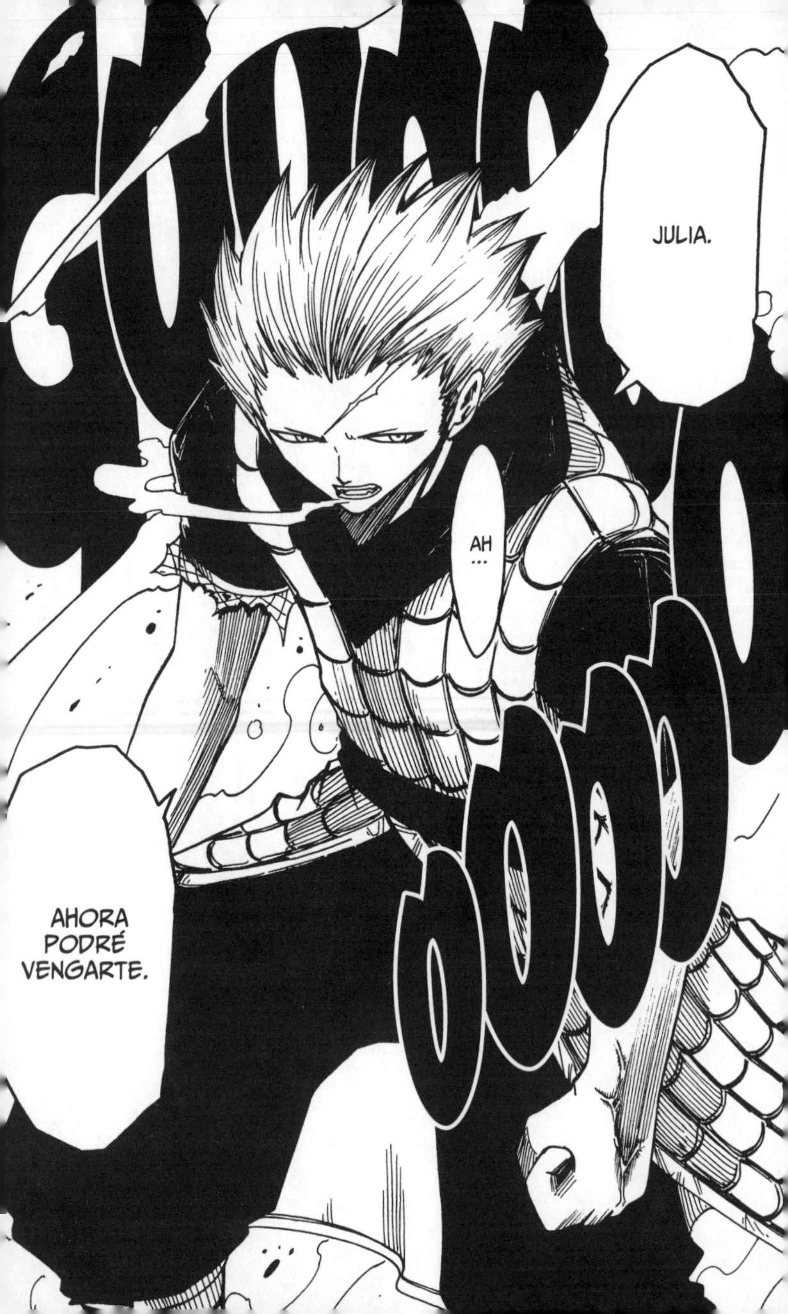
JULIA.
AH...
AHORA PODRÉ VENGARTE.

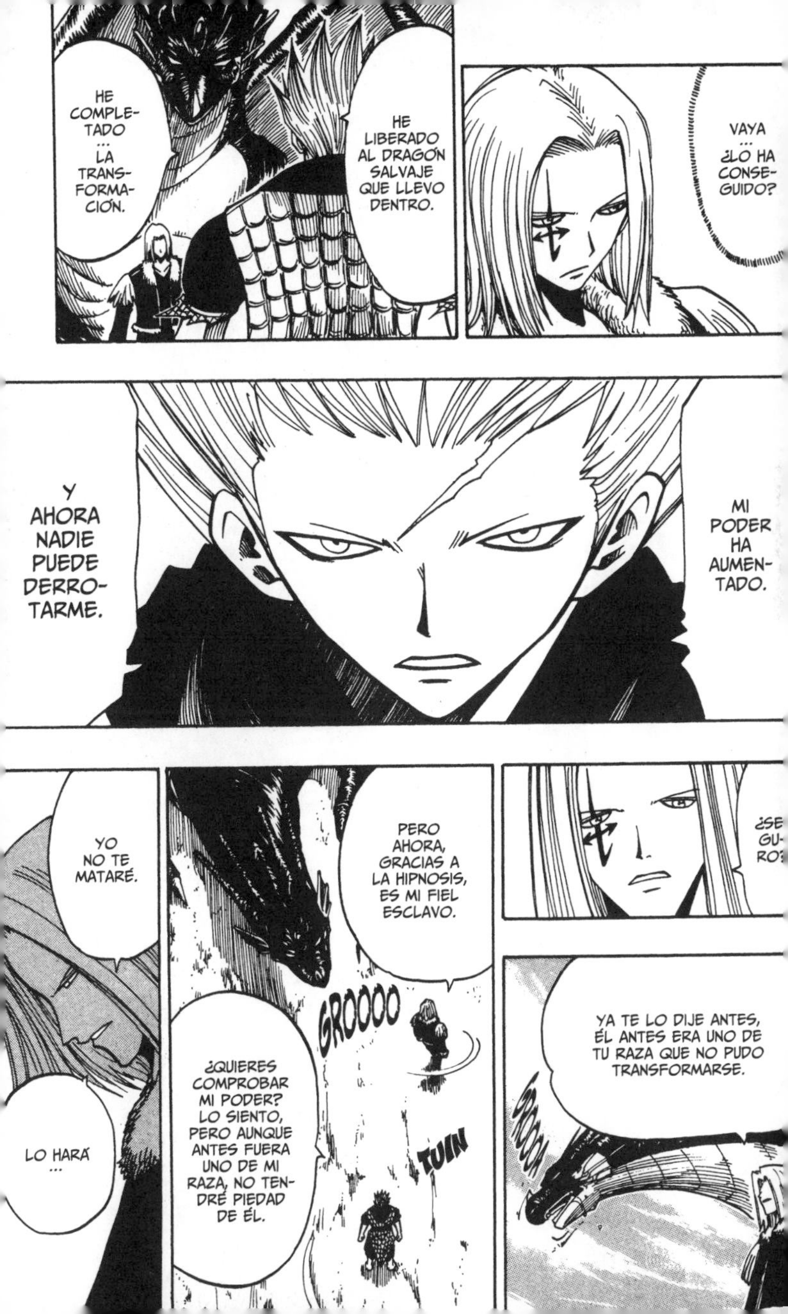
VAYA ... ¿LO HA CONSEGUIDO?
HE LIBERADO AL DRAGÓN SALVAJE QUE LLEVO DENTRO.
HE COMPLETADO ... LA TRANSFORMACIÓN.
MI PODER HA AUMENTADO.
Y AHORA NADIE PUEDE DERROTARME.
¿SEGURO?
YA TE LO DIJE ANTES, ÉL ANTES ERA UNO DE TU RAZA QUE NO PUDO TRANSFORMARSE.
PERO AHORA, GRACIAS A LA HIPNOSIS, ES MI FIEL ESCLAVO.
GROOOO
TUIN
¿QUIERES COMPROBAR MI PODER? LO SIENTO, PERO AUNQUE ANTES FUERA UNO DE MI RAZA, NO TENDRÉ PIEDAD DE ÉL.
YO NO TE MATARÉ.
LO HARÁ ...

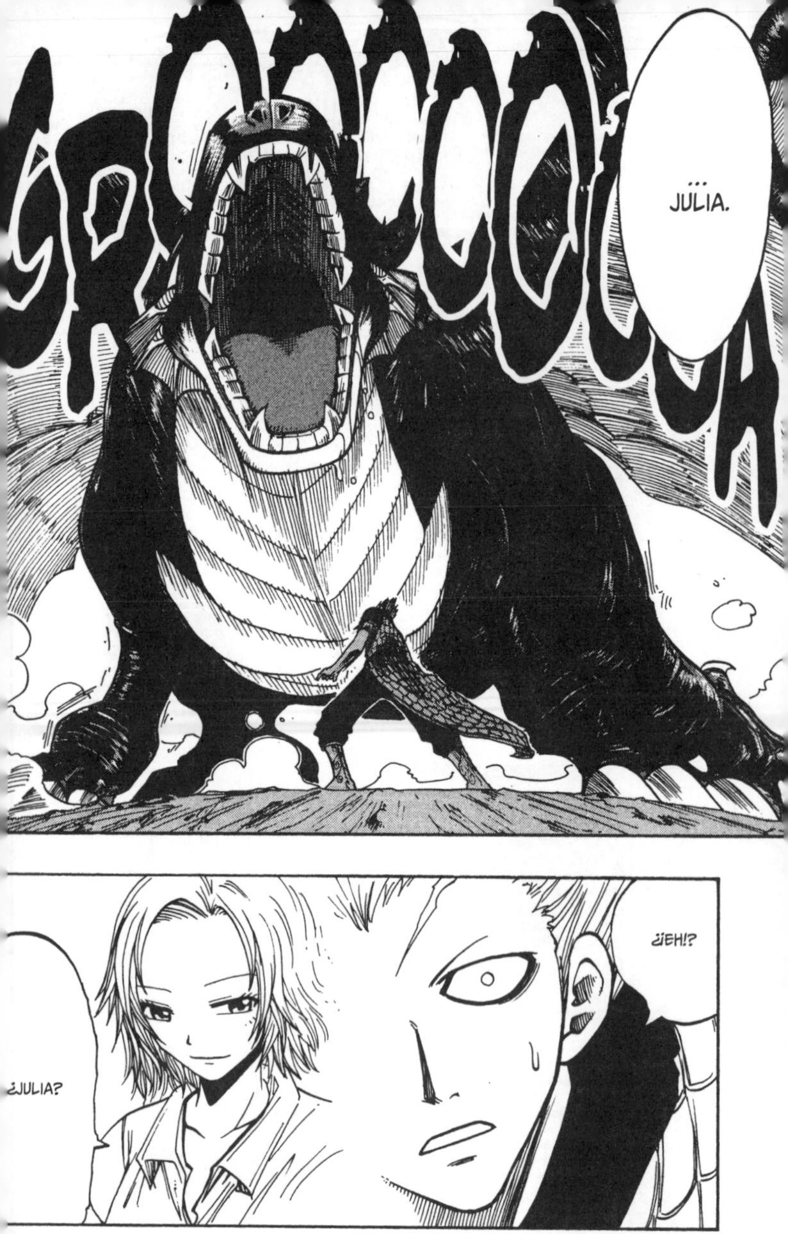
...JULIA.
¿EH!?
¿JULIA?

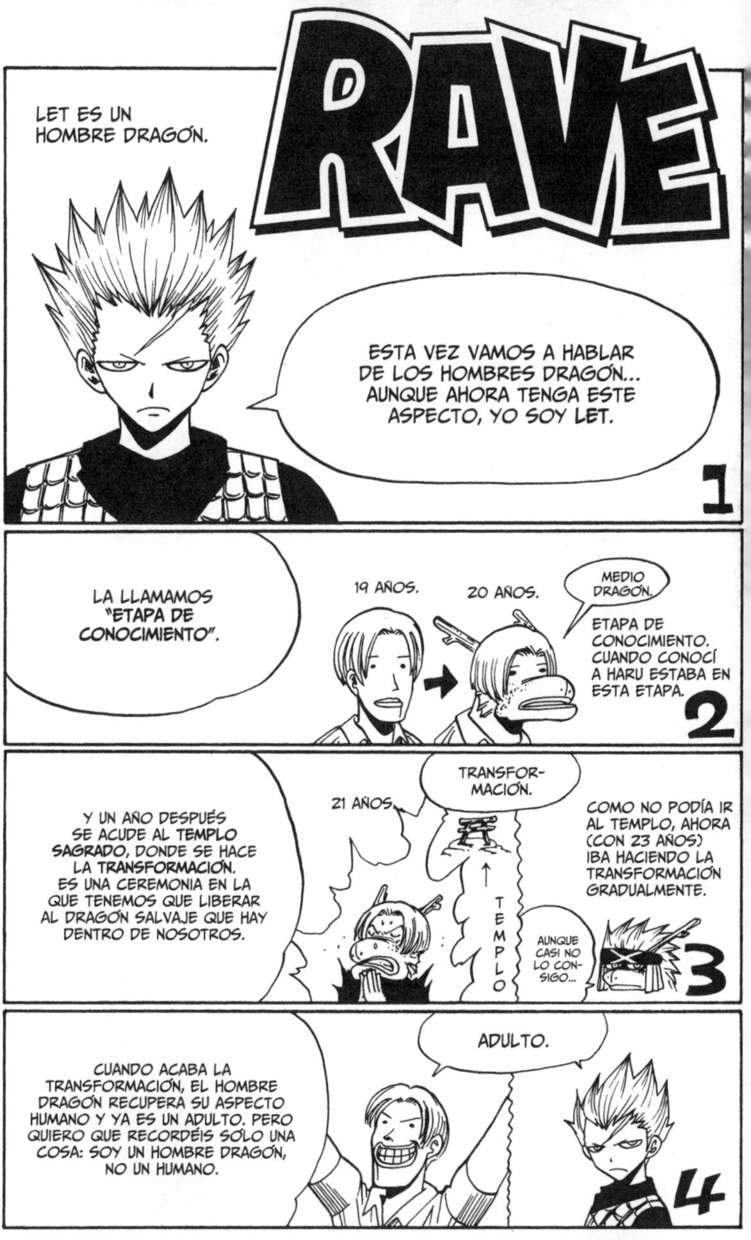
RAVE
LET ES UN HOMBRE DRAGÓN.
ESTA VEZ VAMOS A HABLAR DE LOS HOMBRES DRAGÓN... AUNQUE AHORA TENGA ESTE ASPECTO, YO SOY LET.
1
LA LLAMAMOS "ETAPA DE CONOCIMIENTO".
19 AÑOS.
20 AÑOS.
MEDIO DRAGÓN.
ETAPA DE CONOCIMIENTO. CUANDO CONOCÍ A HARU ESTABA EN ESTA ETAPA.
2
Y UN AÑO DESPUÉS SE ACUDE AL TEMPLO SAGRADO, DONDE SE HACE LA TRANSFORMACIÓN. ES UNA CEREMONIA EN LA QUE TENEMOS QUE LIBERAR AL DRAGÓN SALVAJE QUE HAY DENTRO DE NOSOTROS.
21 AÑOS.
TRANSFORMACIÓN.
TEMPLO
COMO NO PODÍA IR AL TEMPLO, AHORA (CON 23 AÑOS) IBA HACIENDO LA TRANSFORMACIÓN GRADUALMENTE.
AUNQUE CASI NO LO CONSIGO...
3
CUANDO ACABA LA TRANSFORMACIÓN, EL HOMBRE DRAGÓN RECUPERA SU ASPECTO HUMANO Y YA ES UN ADULTO. PERO QUIERO QUE RECORDÉIS SÓLO UNA COSA: SOY UN HOMBRE DRAGÓN, NO UN HUMANO.
ADULTO.
4

RAVE 86 ✚ LA VERDAD SOBRE JULIA

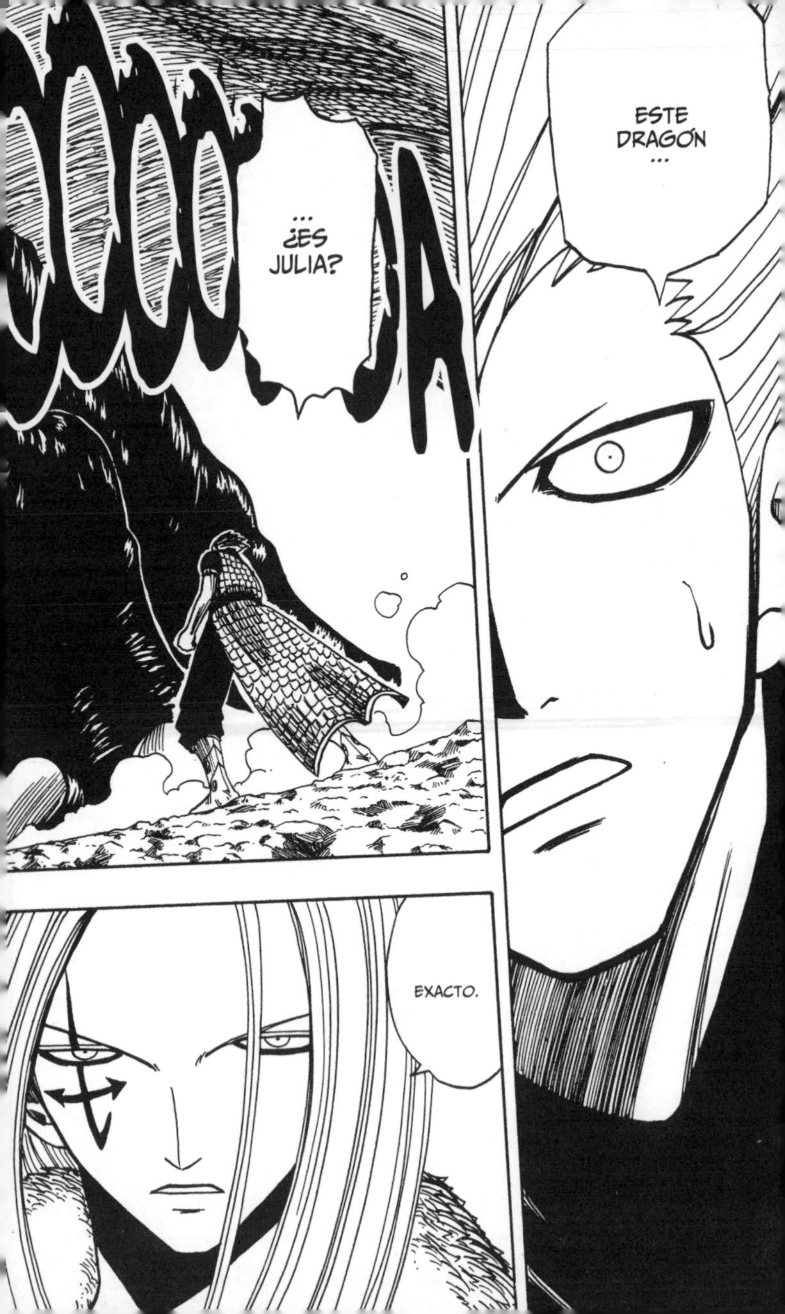
ESTE DRAGÓN ...
... ¿ES JULIA?
EXACTO.

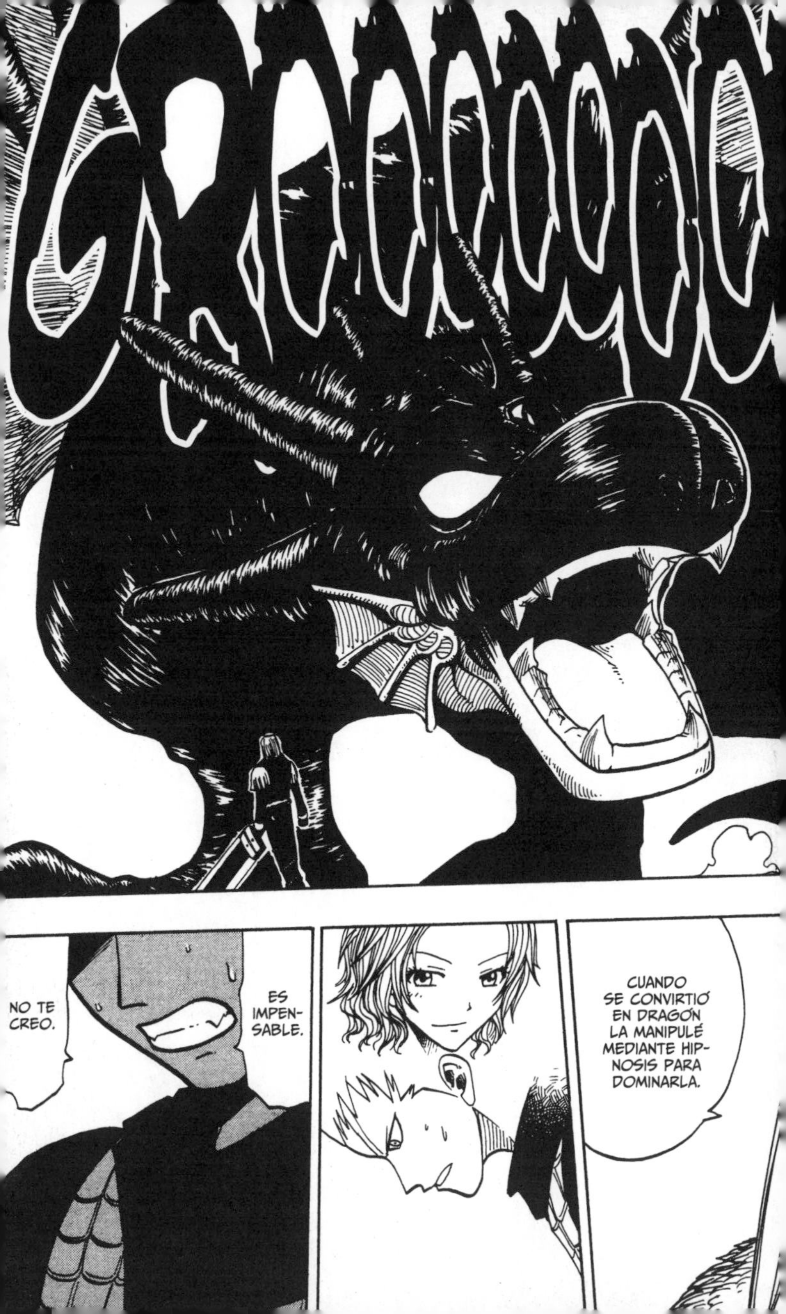
CUANDO SE CONVIRTIÓ EN DRAGÓN LA MANIPULÉ MEDIANTE HIPNOSIS PARA DOMINARLA.
ES IMPENSABLE.
NO TE CREO.

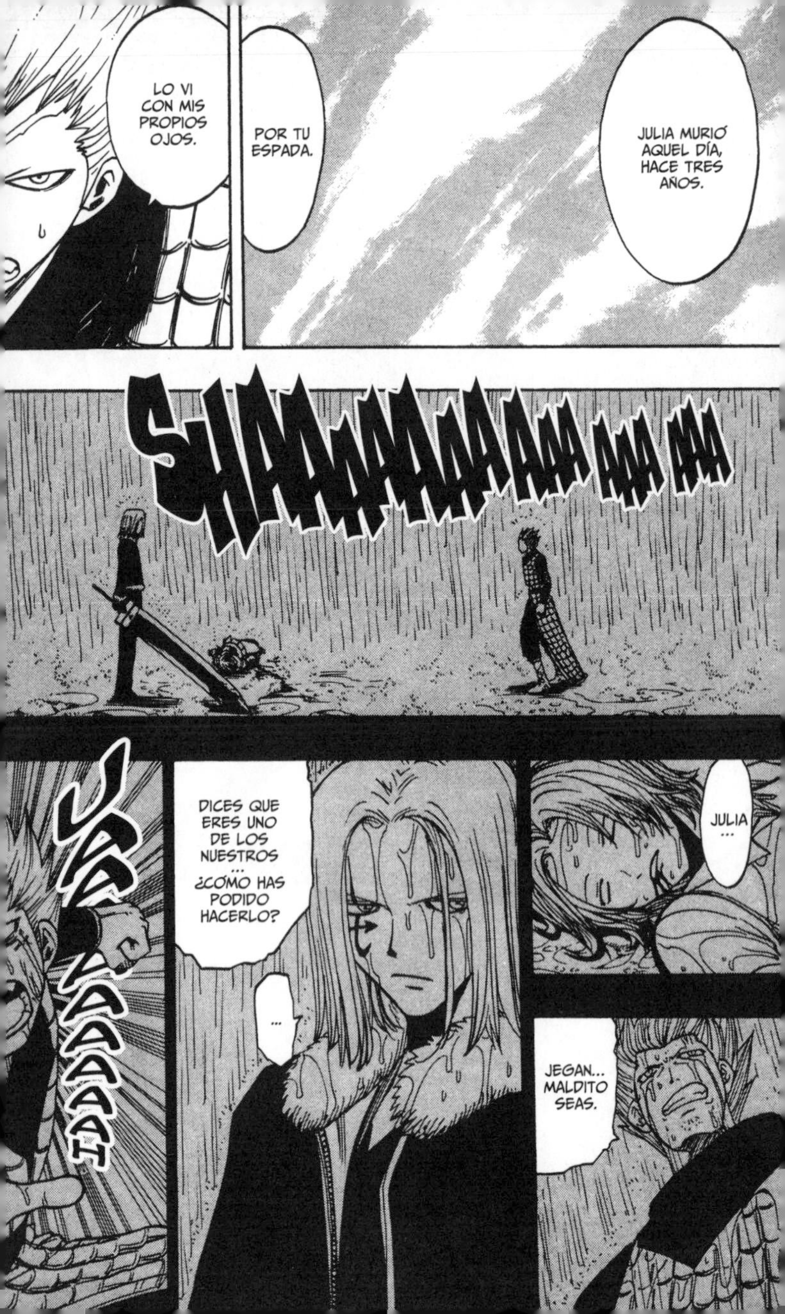
JULIA MURIÓ AQUEL DÍA, HACE TRES AÑOS.
POR TU ESPADA.
LO VI CON MIS PROPIOS OJOS.
SHAAAAAAAAAAAAAAAA
JULIA...
DICES QUE ERES UNO DE LOS NUESTROS ... ¿CÓMO HAS PODIDO HACERLO?
...
JEGAN... MALDITO SEAS.

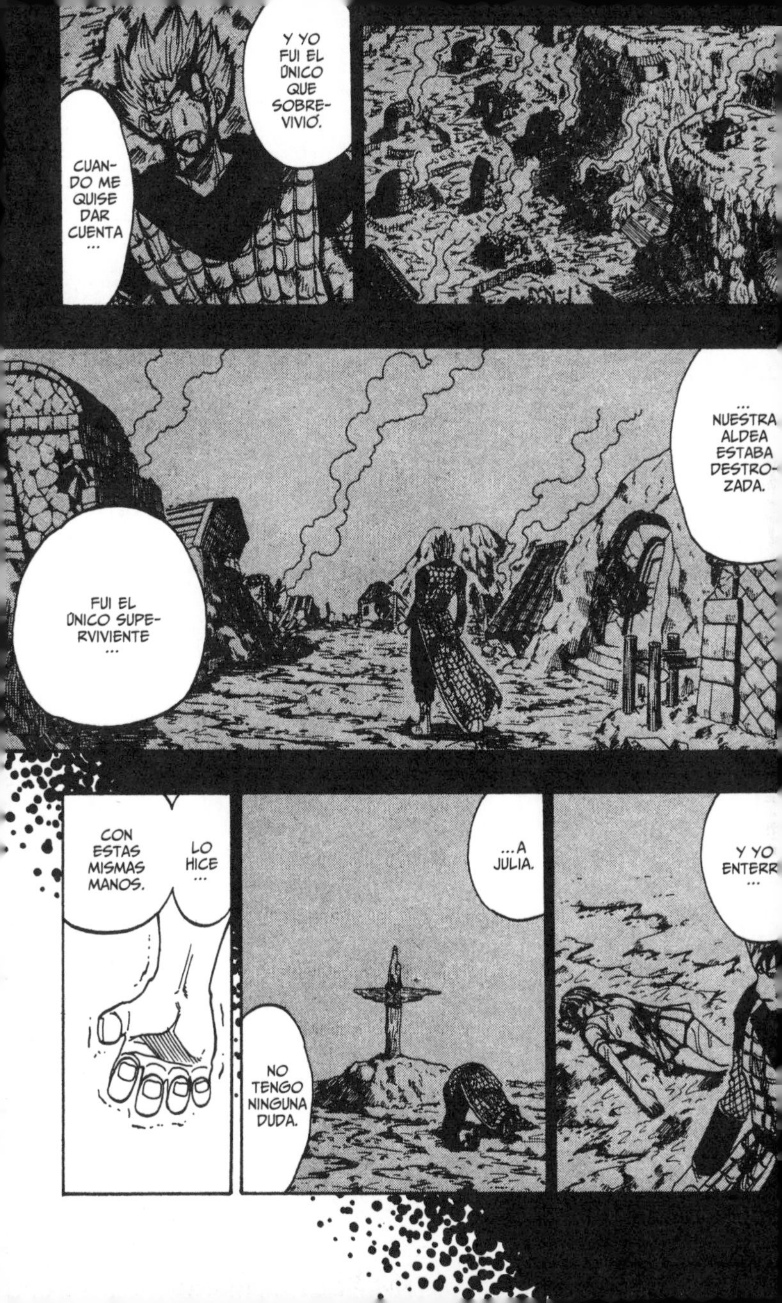

Y YO FUI EL ÚNICO QUE SOBRE-VIVIÓ.
CUAN-DO ME QUISE DAR CUENTA ...
... NUESTRA ALDEA ESTABA DESTRO-ZADA.
FUI EL ÚNICO SUPE-RVIVIENTE ...
Y YO ENTERR ...
... A JULIA.
NO TENGO NINGUNA DUDA.
LO HICE ...
CON ESTAS MISMAS MANOS.

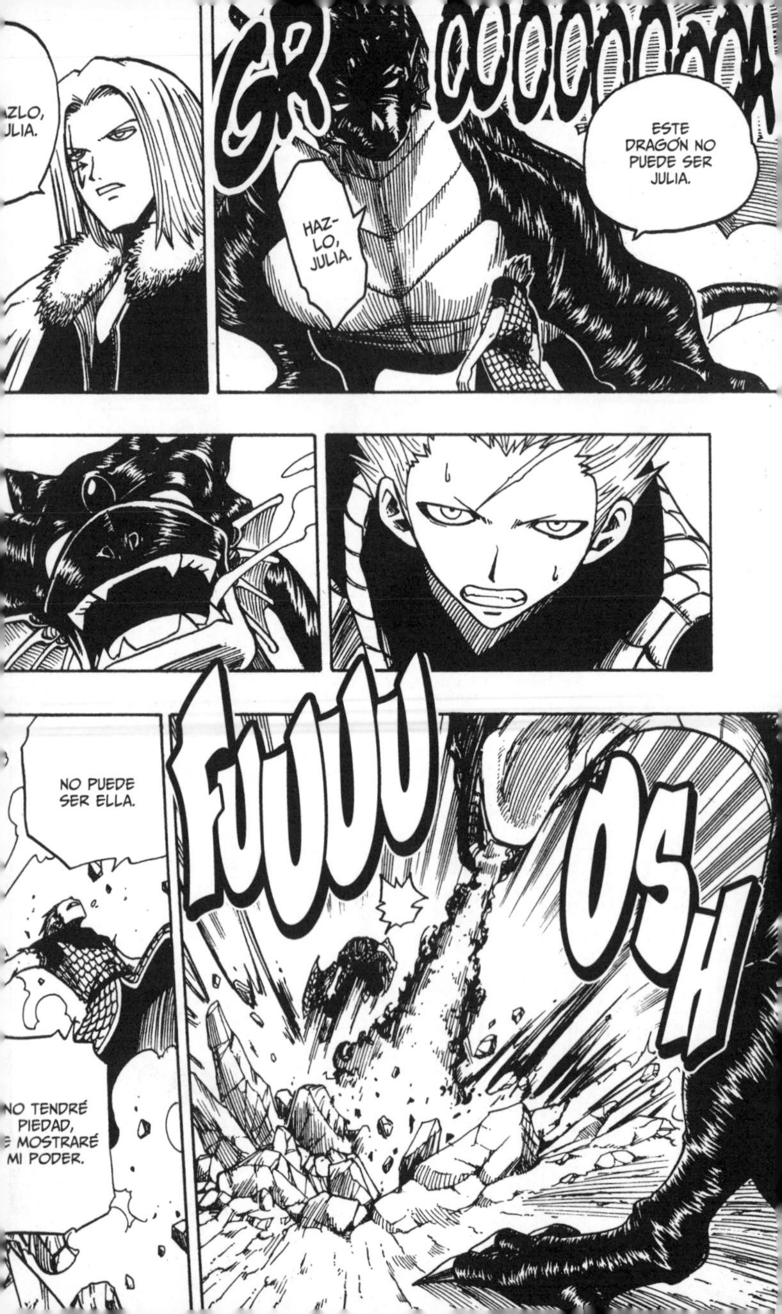
GROOOOOOOA
ESTE DRAGÓN NO PUEDE SER JULIA.
HAZ-LO, JULIA.
AZLO, JLIA.
FUUUU
OSH
NO PUEDE SER ELLA.
NO TENDRÉ PIEDAD, E MOSTRARÉ MI PODER.

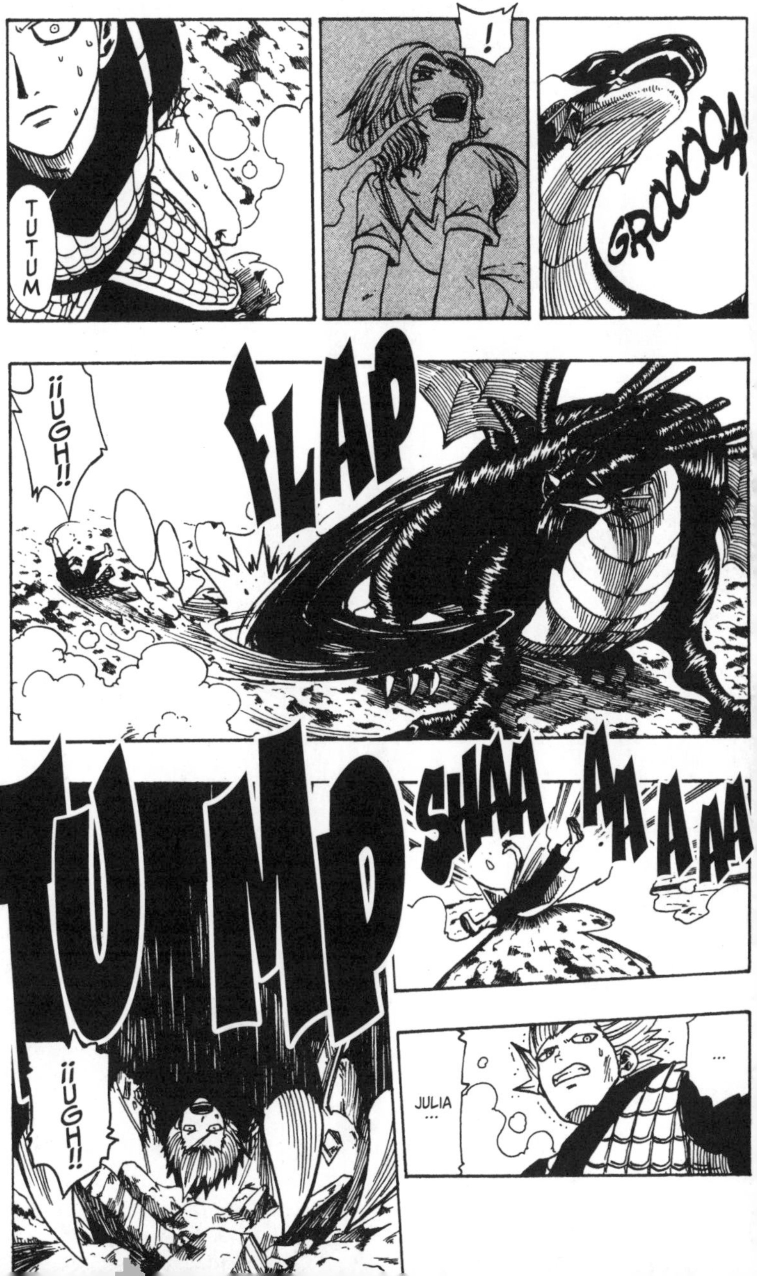
TUTUM
!
GROOOOA
¡¡UGH!!
FLAP
TUMP
SHAAAAAAA
¡¡UGH!!
JULIA ...
...

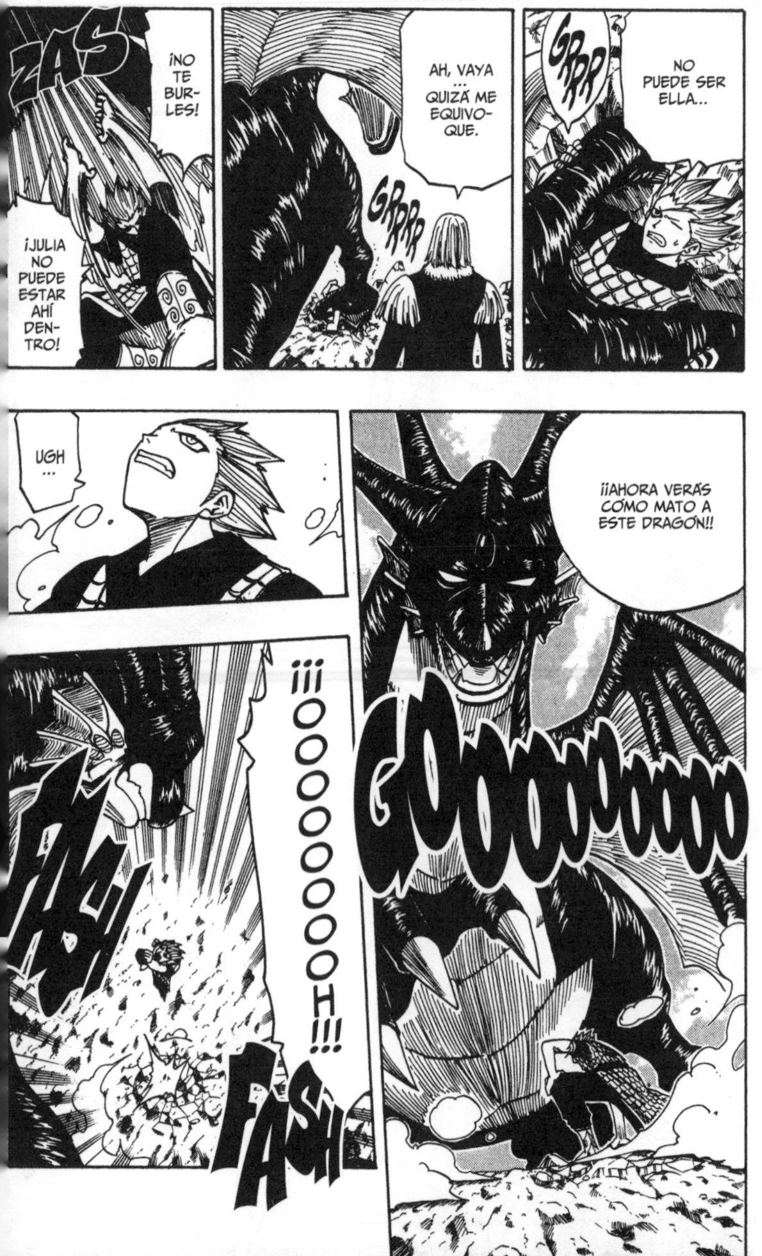
GRRR
NO PUEDE SER ELLA...
AH, VAYA ... QUIZÁ ME EQUIVOQUE.
GRRRR
ZAS
¡NO TE BURLES!
¡JULIA NO PUEDE ESTAR AHÍ DENTRO!
¡¡AHORA VERÁS CÓMO MATO A ESTE DRAGÓN!!
GOOOOOOOOO
UGH ...
¡¡¡OOOOOOOOOOOH!!!
FASH

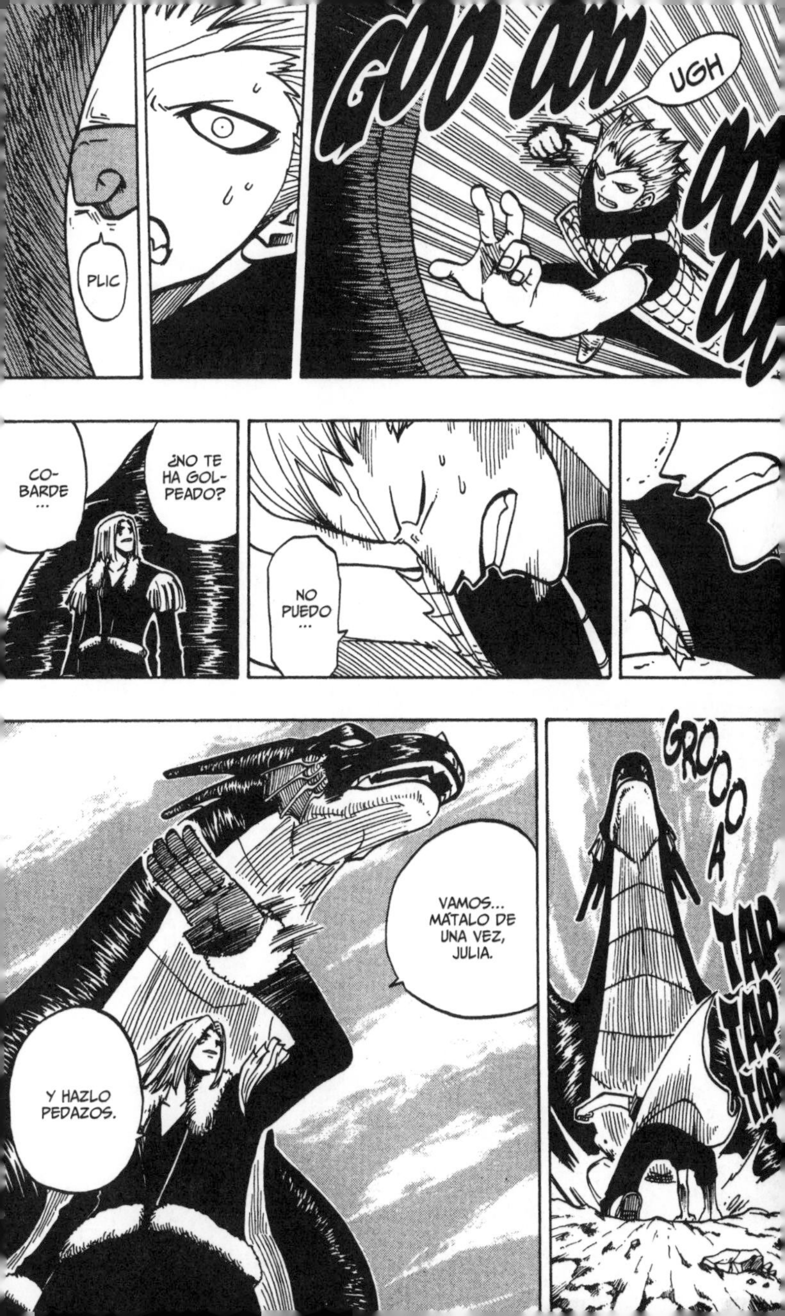

PLIC
GOOOOOOOO
UGH
CO-BARDE...
¿NO TE HA GOL-PEADO?
NO PUEDO...
VAMOS... MÁTALO DE UNA VEZ, JULIA.
Y HAZLO PEDAZOS.
GROOOA
TAP TAP TAP

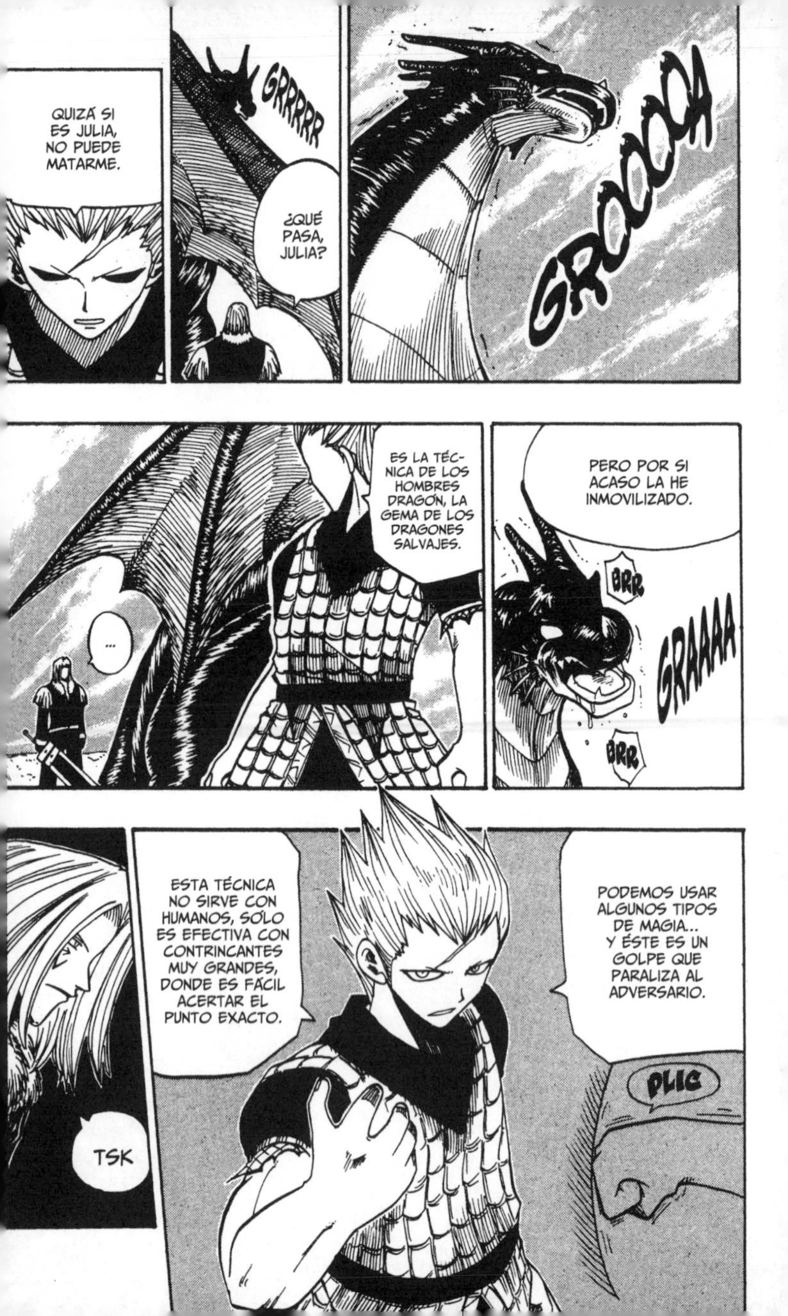

GROOOOA
GRRRRR
¿QUÉ PASA, JULIA?
QUIZÁ SI ES JULIA, NO PUEDE MATARME.
PERO POR SI ACASO LA HE INMOVILIZADO.
BRR
GRAAAA
BRR
ES LA TÉC-NICA DE LOS HOMBRES DRAGÓN, LA GEMA DE LOS DRAGONES SALVAJES.
...
PODEMOS USAR ALGUNOS TIPOS DE MAGIA... Y ÉSTE ES UN GOLPE QUE PARALIZA AL ADVERSARIO.
PLIC
ESTA TÉCNICA NO SIRVE CON HUMANOS, SÓLO ES EFECTIVA CON CONTRINCANTES MUY GRANDES, DONDE ES FÁCIL ACERTAR EL PUNTO EXACTO.
TSK

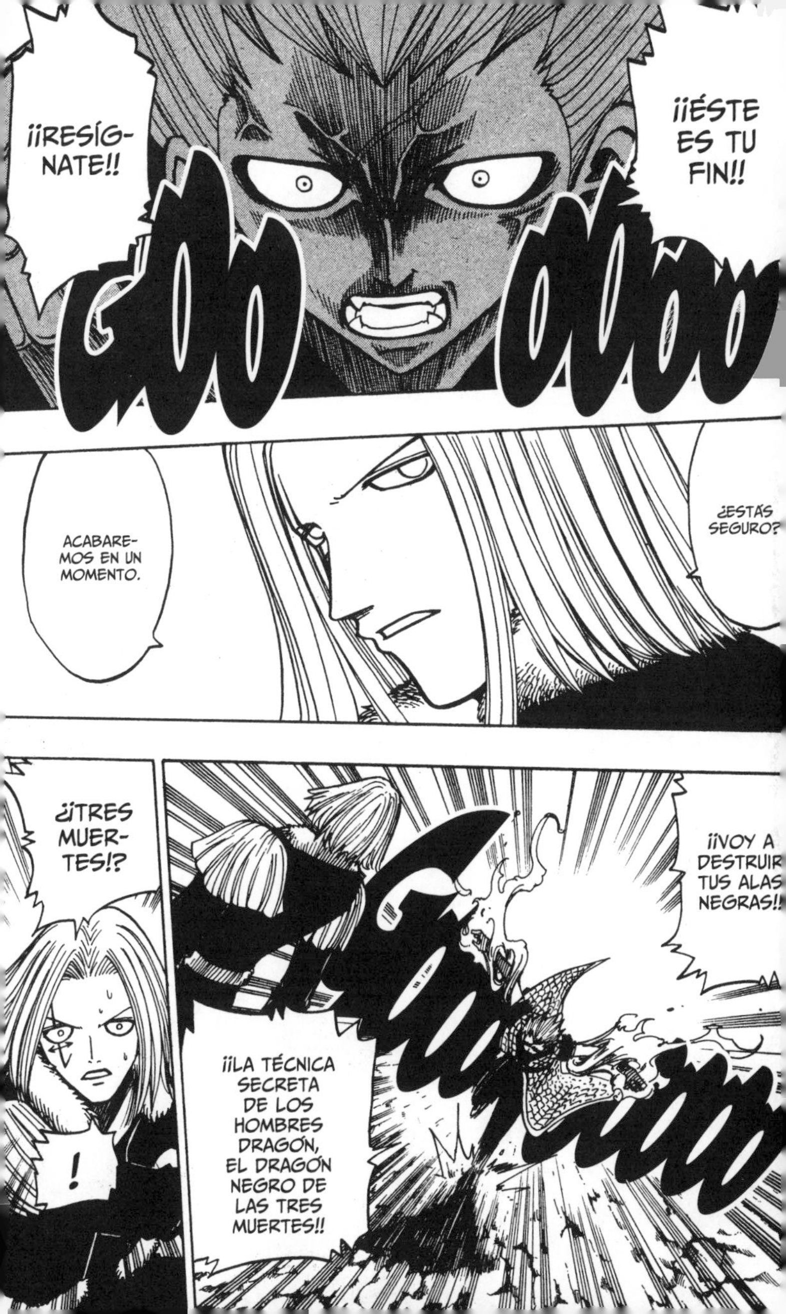
¡¡ÉSTE ES TU FIN!!
¡¡RESÍG-NATE!!
¿ESTÁS SEGURO?
ACABARE-MOS EN UN MOMENTO.
¡¡VOY A DESTRUIR TUS ALAS NEGRAS!!
¡¡LA TÉCNICA SECRETA DE LOS HOMBRES DRAGÓN, EL DRAGÓN NEGRO DE LAS TRES MUERTES!!
¿¡TRES MUER-TES!?
!

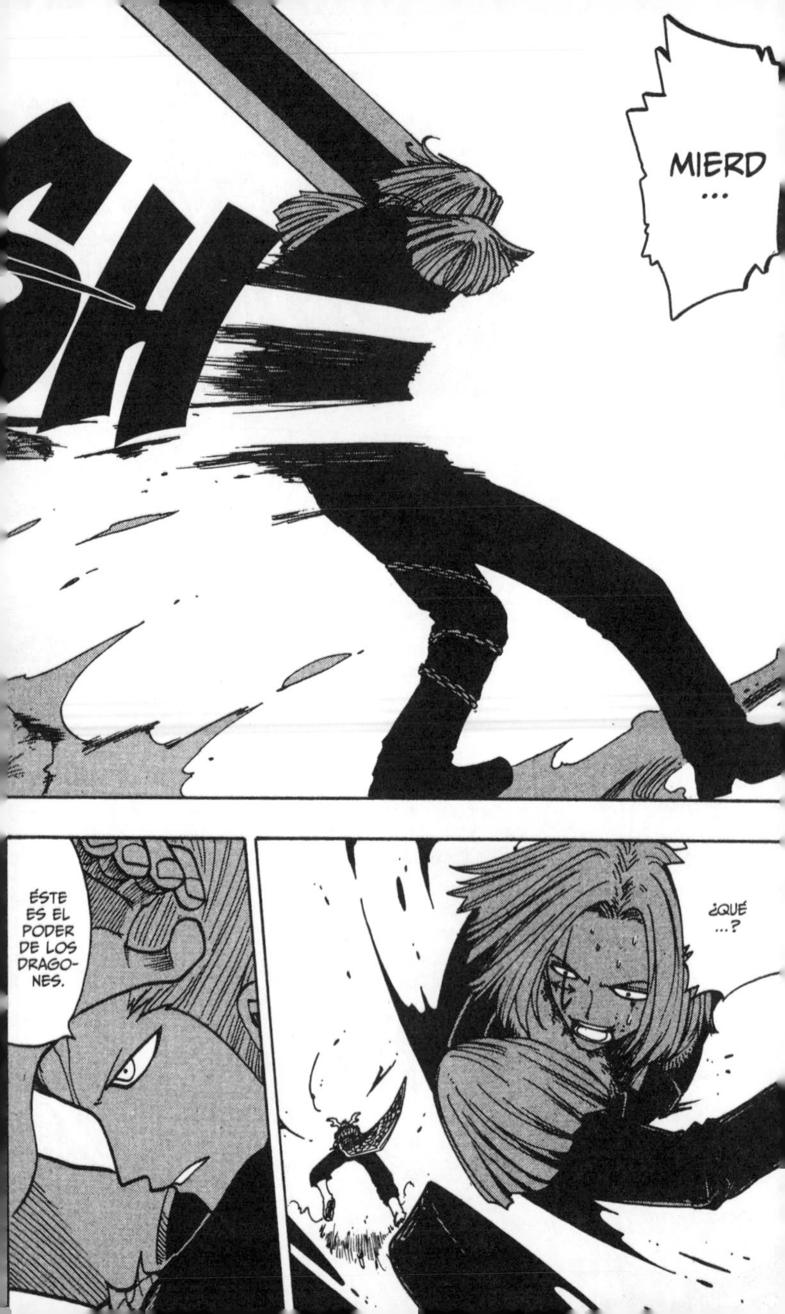
MIERD
...
¿QUÉ
...?
ÉSTE
ES EL
PODER
DE LOS
DRAGO-
NES.

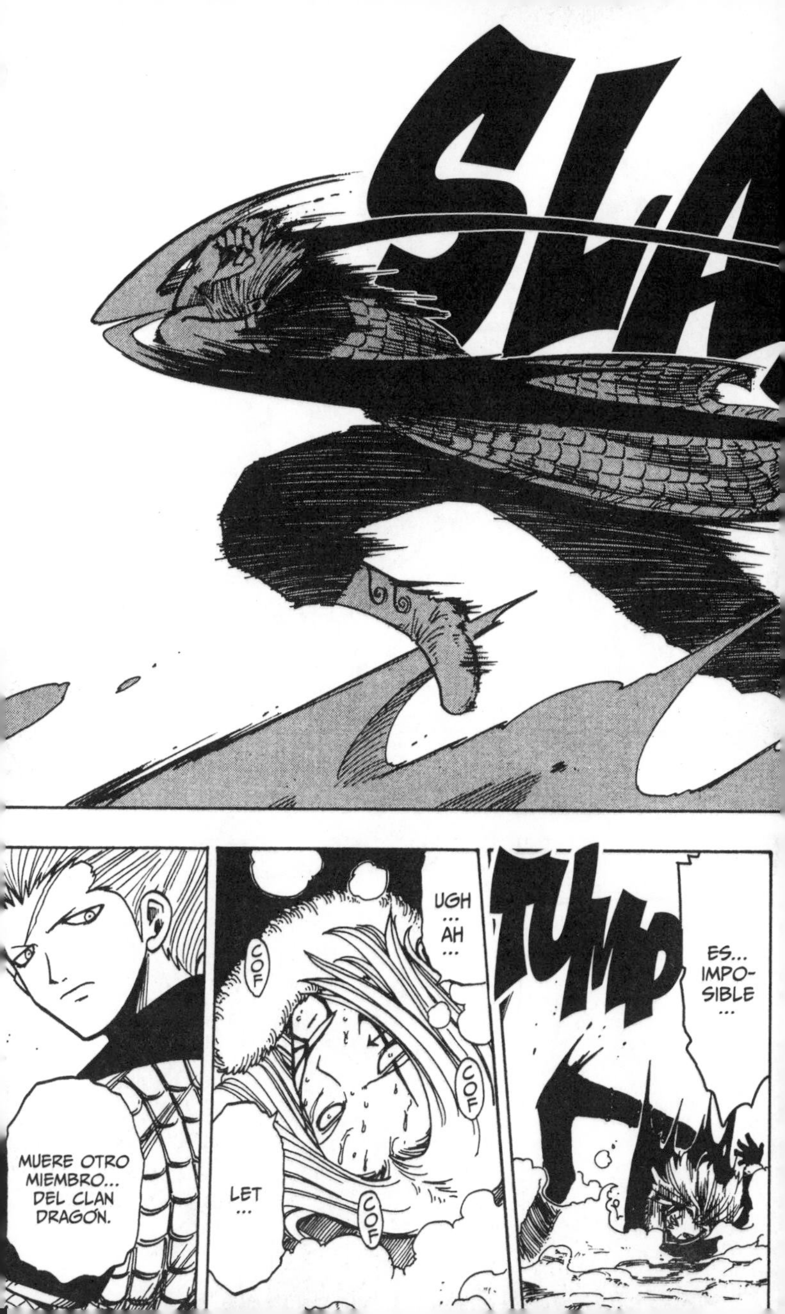
SLA
TUMP
ES... IMPO-SIBLE ...
UGH ... AH ...
COF
COF
LET ...
COF
MUERE OTRO MIEMBRO... DEL CLAN DRAGÓN.

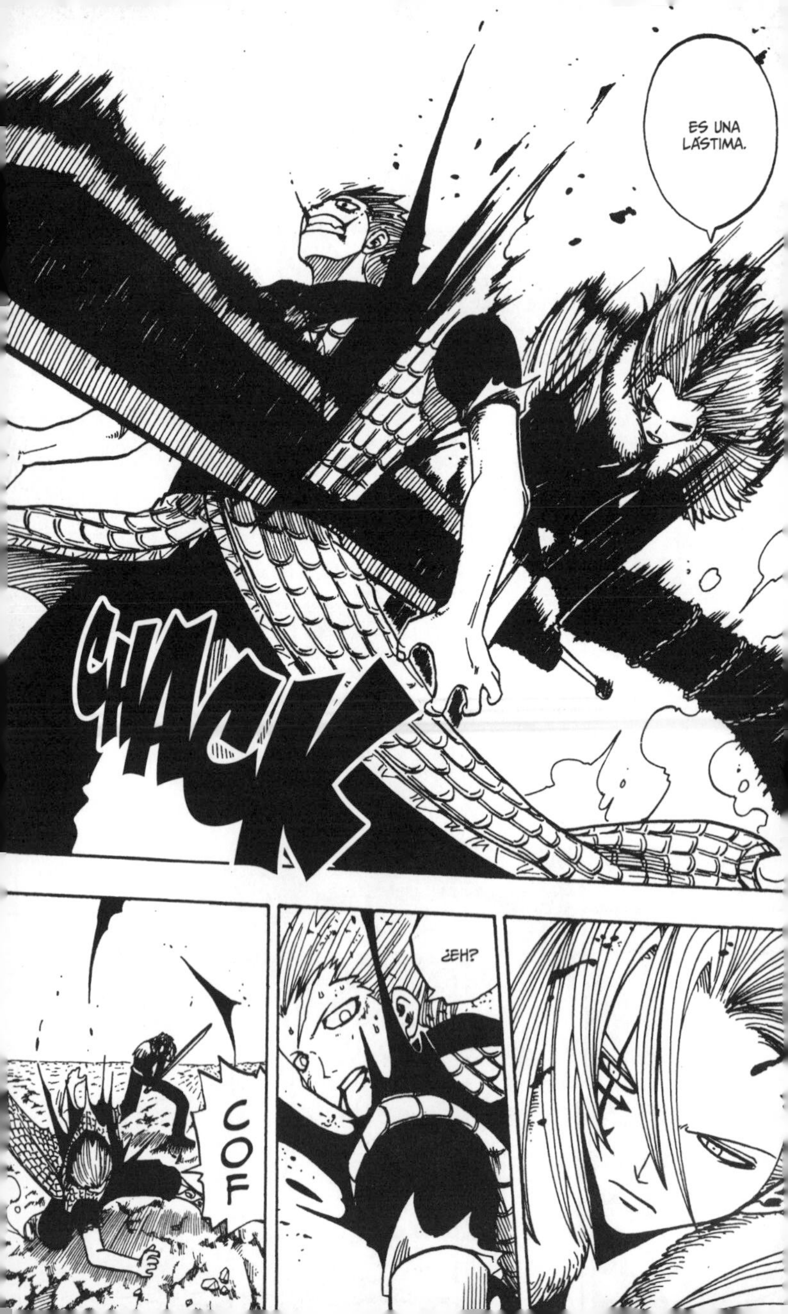
ES UNA LÁSTIMA.
CHAS
¿EH?
COF

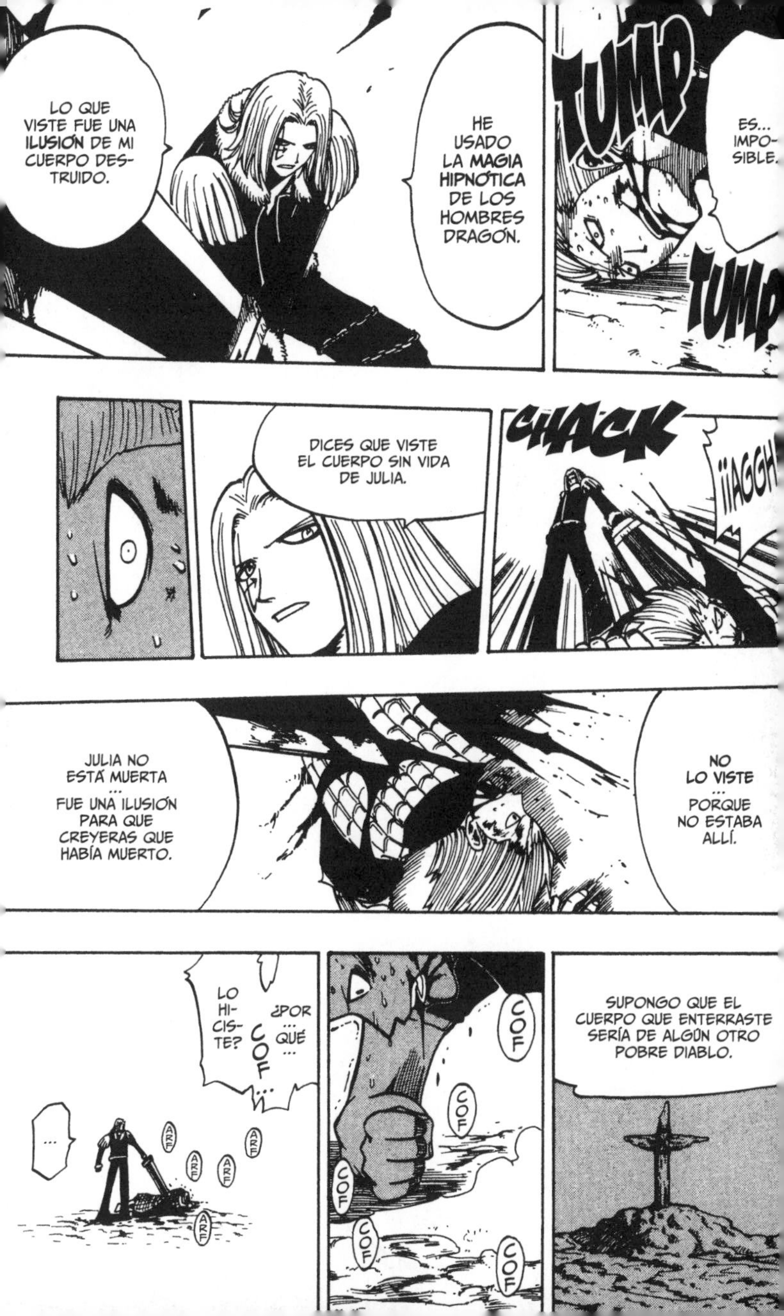
TUMP
ES... IMPO-SIBLE.
TUMP
HE USADO LA MAGIA HIPNÓTICA DE LOS HOMBRES DRAGÓN.
LO QUE VISTE FUE UNA ILUSIÓN DE MI CUERPO DES-TRUIDO.
CHACK
¡¡AGGH
DICES QUE VISTE EL CUERPO SIN VIDA DE JULIA.
NO LO VISTE ... PORQUE NO ESTABA ALLÍ.
JULIA NO ESTÁ MUERTA ... FUE UNA ILUSIÓN PARA QUE CREYERAS QUE HABÍA MUERTO.
SUPONGO QUE EL CUERPO QUE ENTERRASTE SERÍA DE ALGÚN OTRO POBRE DIABLO.
COF
COF
COF
COF
COF
¿POR ... QUÉ ...
COF ...
LO HI-CIS-TE?
ARF
ARF
ARF
ARF
ARF
...

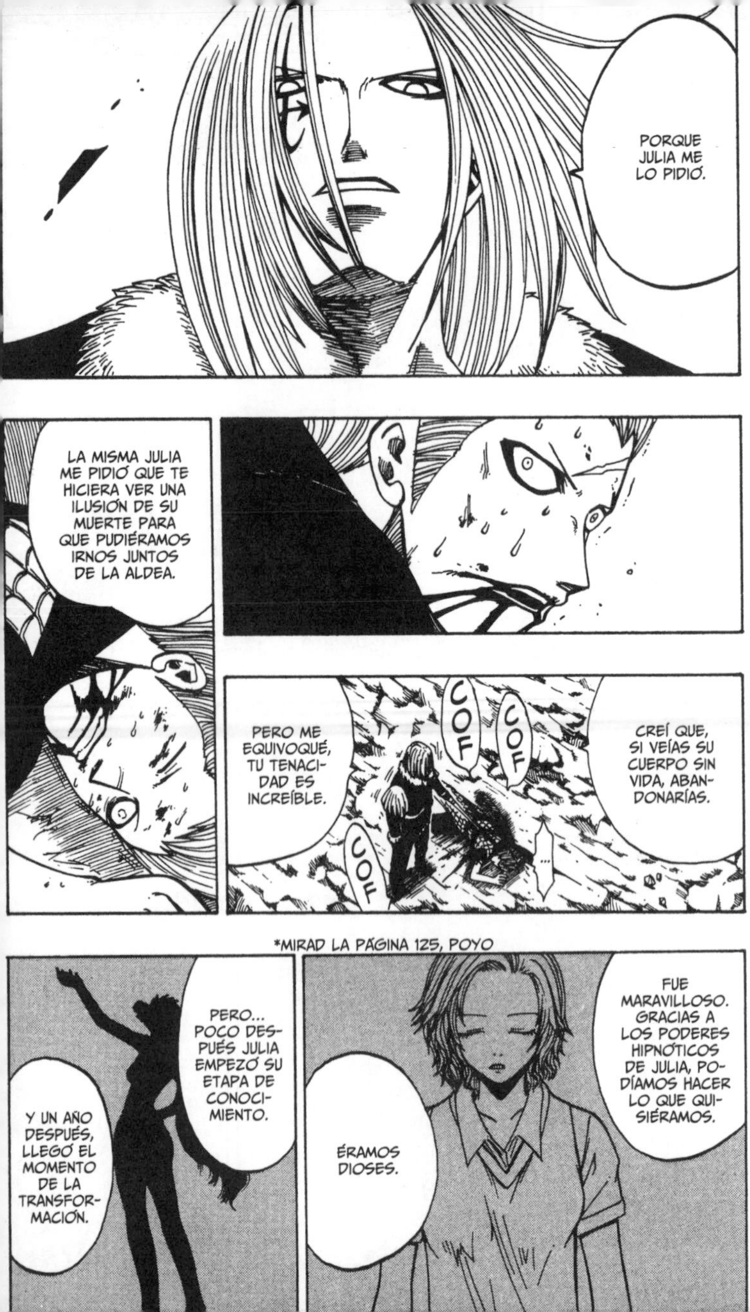
PORQUE JULIA ME LO PIDIÓ.
LA MISMA JULIA ME PIDIÓ QUE TE HICIERA VER UNA ILUSIÓN DE SU MUERTE PARA QUE PUDIÉRAMOS IRNOS JUNTOS DE LA ALDEA.
CREÍ QUE, SI VEÍAS SU CUERPO SIN VIDA, ABANDONARÍAS.
COF
COF
...
PERO ME EQUIVOQUÉ, TU TENACIDAD ES INCREÍBLE.
COF
*MIRAD LA PÁGINA 125, POYO
FUE MARAVILLOSO. GRACIAS A LOS PODERES HIPNÓTICOS DE JULIA, PODÍAMOS HACER LO QUE QUISIÉRAMOS.
ÉRAMOS DIOSES.
PERO... POCO DESPUÉS JULIA EMPEZÓ SU ETAPA DE CONOCIMIENTO.
Y UN AÑO DESPUÉS, LLEGÓ EL MOMENTO DE LA TRANSFORMACIÓN.

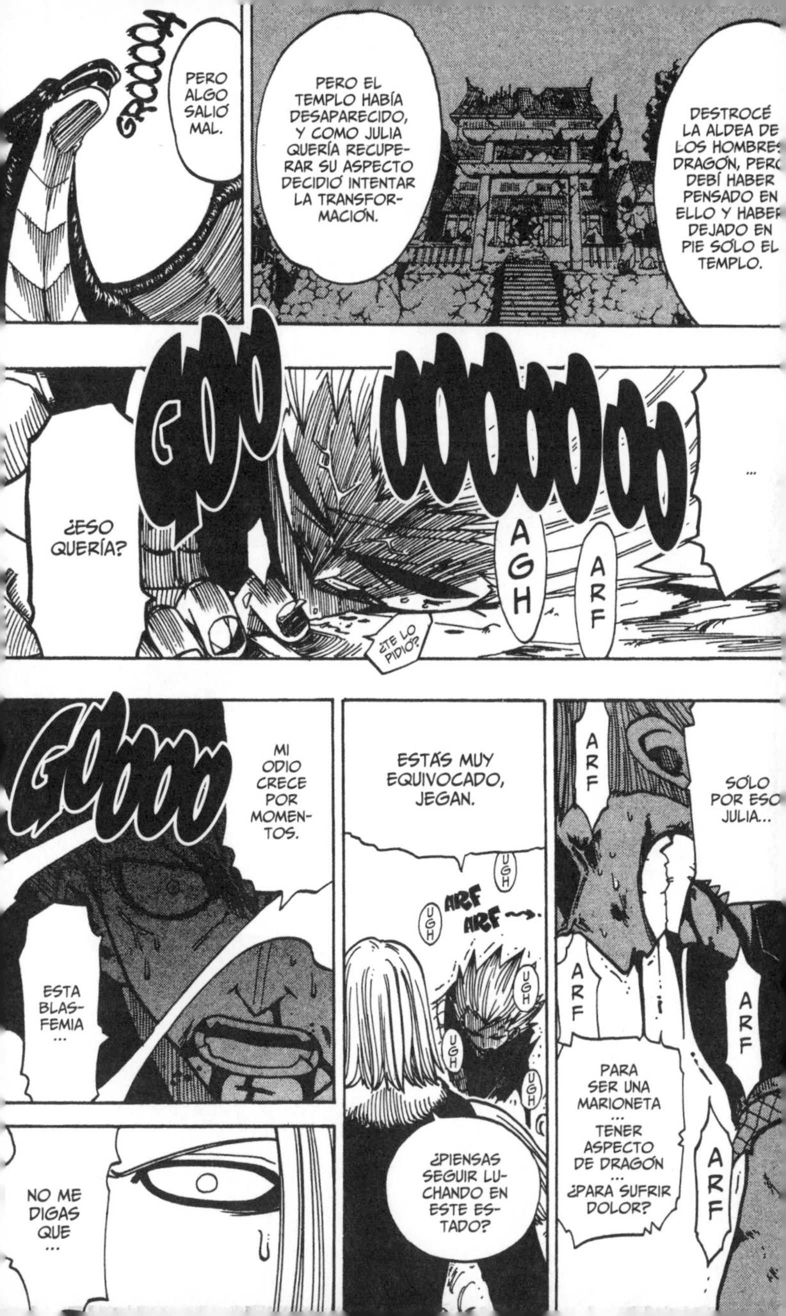
DESTROCÉ LA ALDEA DE LOS HOMBRES DRAGÓN, PERO DEBÍ HABER PENSADO EN ELLO Y HABER DEJADO EN PIE SÓLO EL TEMPLO.
PERO EL TEMPLO HABÍA DESAPARECIDO, Y COMO JULIA QUERÍA RECUPERAR SU ASPECTO DECIDIÓ INTENTAR LA TRANSFORMACIÓN.
PERO ALGO SALIÓ MAL.
GROOOOA
...
GOO OOOOOOO
ARF
AGH
¿TE LO PIDIÓ?
¿ESO QUERÍA?
SÓLO POR ESO JULIA...
ARF
ARF
ARF
PARA SER UNA MARIONETA ... TENER ASPECTO DE DRAGÓN ... ¿PARA SUFRIR DOLOR?
ARF
ARF
ESTÁS MUY EQUIVOCADO, JEGAN.
UGH
ARF ARF
UGH
UGH
UGH
UGH
¿PIENSAS SEGUIR LUCHANDO EN ESTE ESTADO?
MI ODIO CRECE POR MOMENTOS.
GOOOO
ESTA BLASFEMIA ...
NO ME DIGAS QUE ...

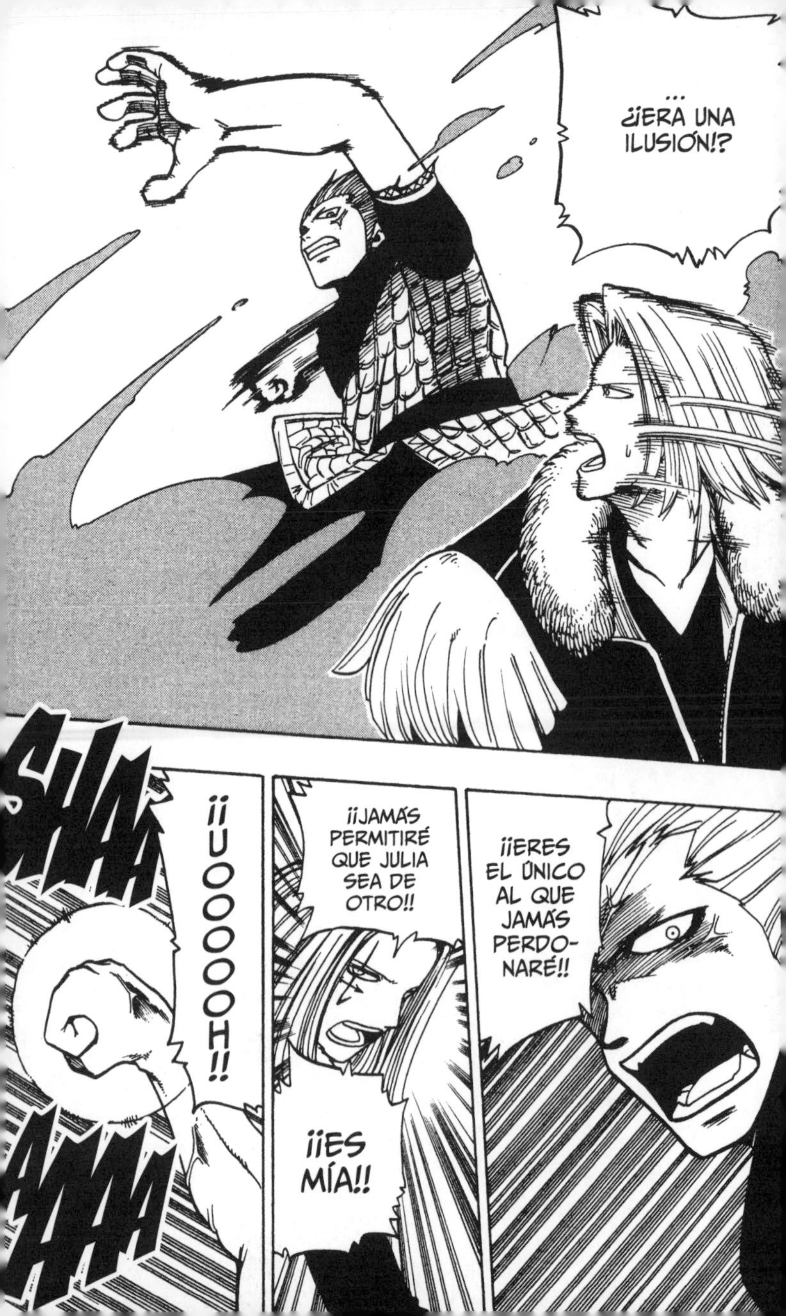
...
¿¡ERA UNA ILUSIÓN!?
¡¡ERES EL ÚNICO AL QUE JAMÁS PERDONARÉ!!
¡¡JAMÁS PERMITIRÉ QUE JULIA SEA DE OTRO!!
¡¡ES MÍA!!
¡¡UOOOOOOH!!

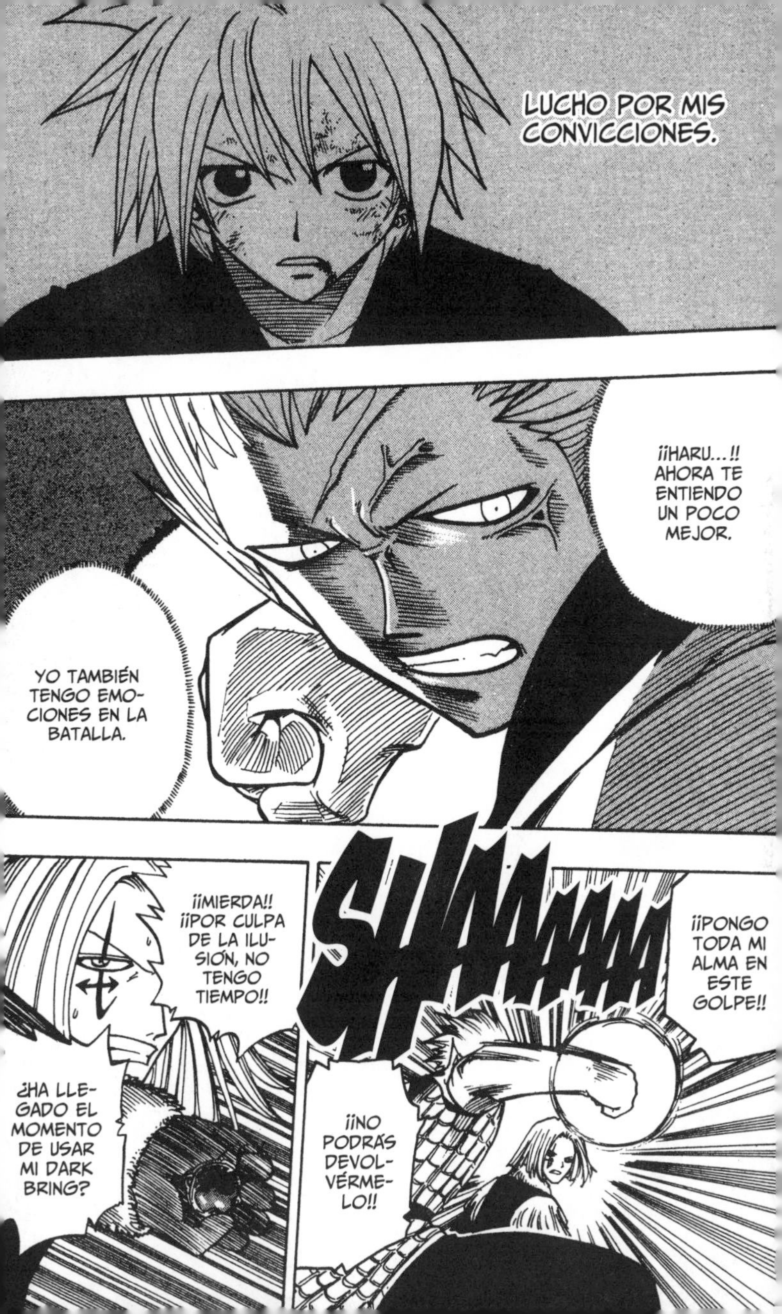
LUCHO POR MIS CONVICCIONES.
¡¡HARU...!! AHORA TE ENTIENDO UN POCO MEJOR.
YO TAMBIÉN TENGO EMOCIONES EN LA BATALLA.
¡¡PONGO TODA MI ALMA EN ESTE GOLPE!!
¡¡NO PODRÁS DEVOLVÉRMELO!!
¡¡MIERDA!! ¡¡POR CULPA DE LA ILUSIÓN, NO TENGO TIEMPO!!
¿HA LLEGADO EL MOMENTO DE USAR MI DARK BRING?

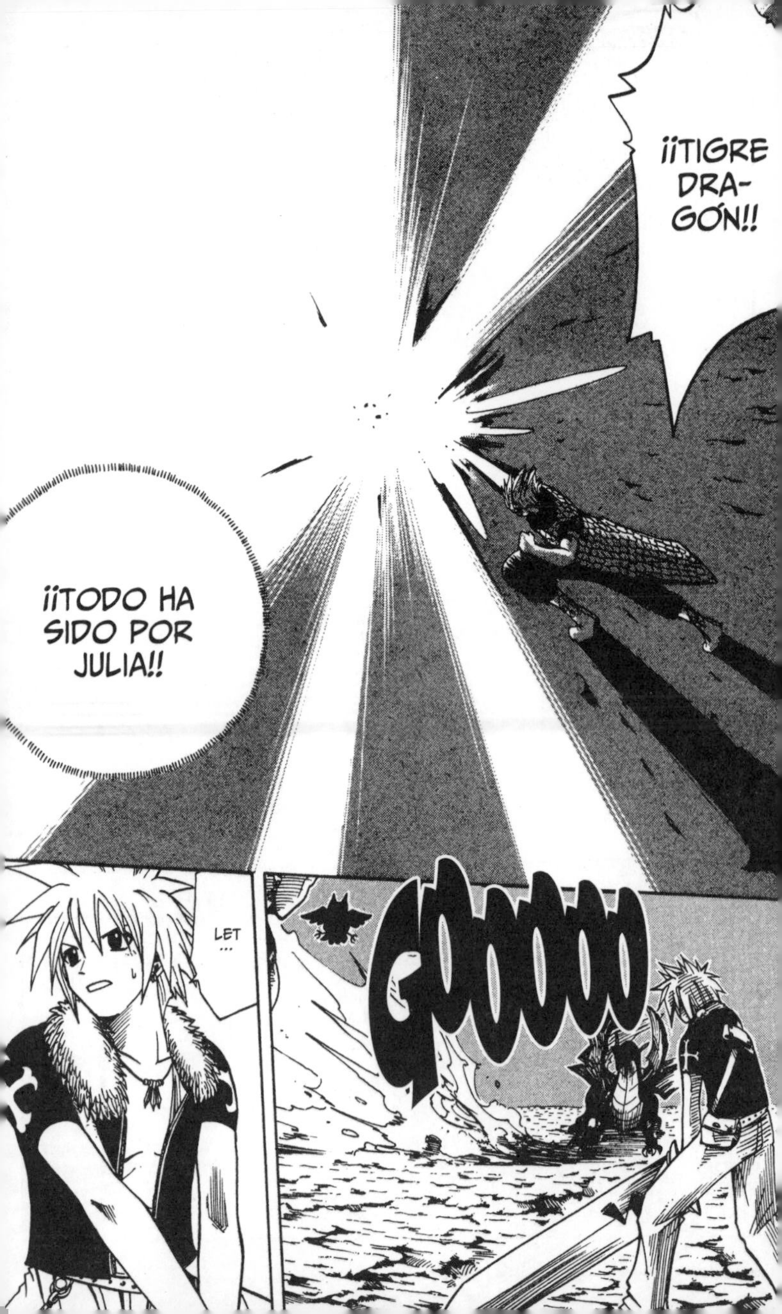
¡¡TIGRE DRA-GÓN!!
¡¡TODO HA SIDO POR JULIA!!
LET ...
GOOOOO

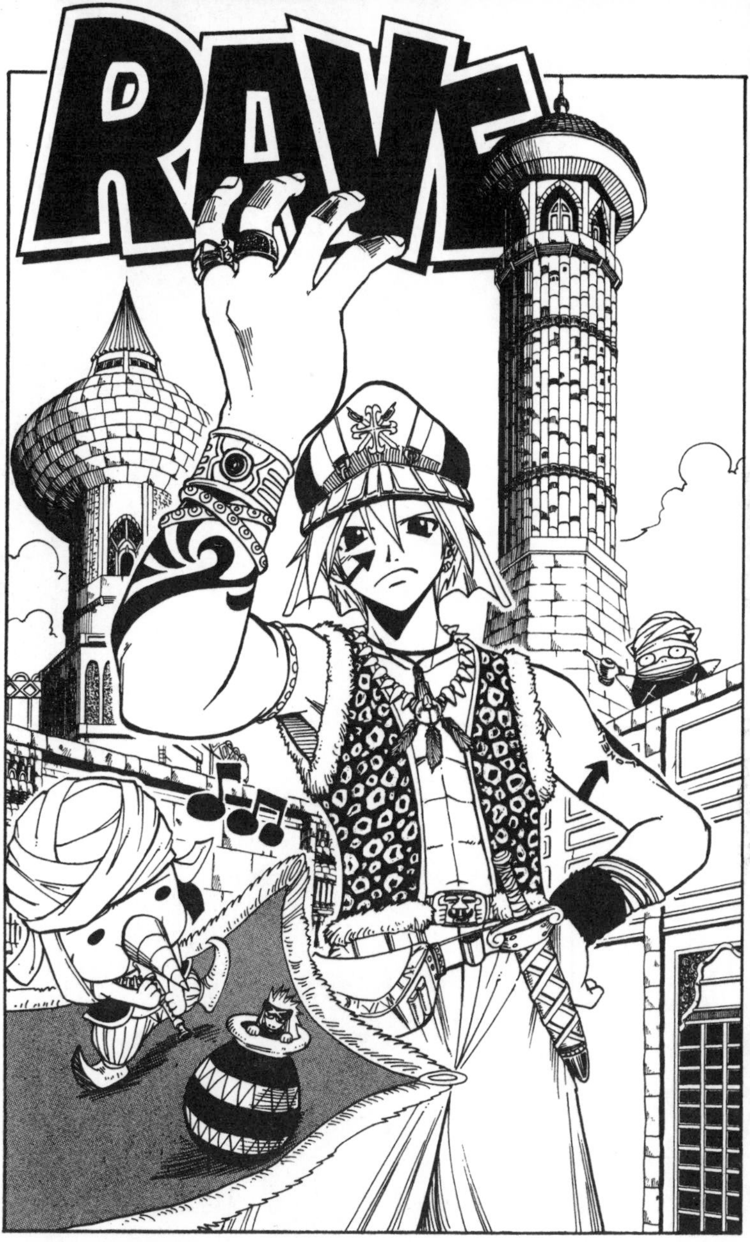
RAVE

RAVE 87 ✚ SILVER RAY

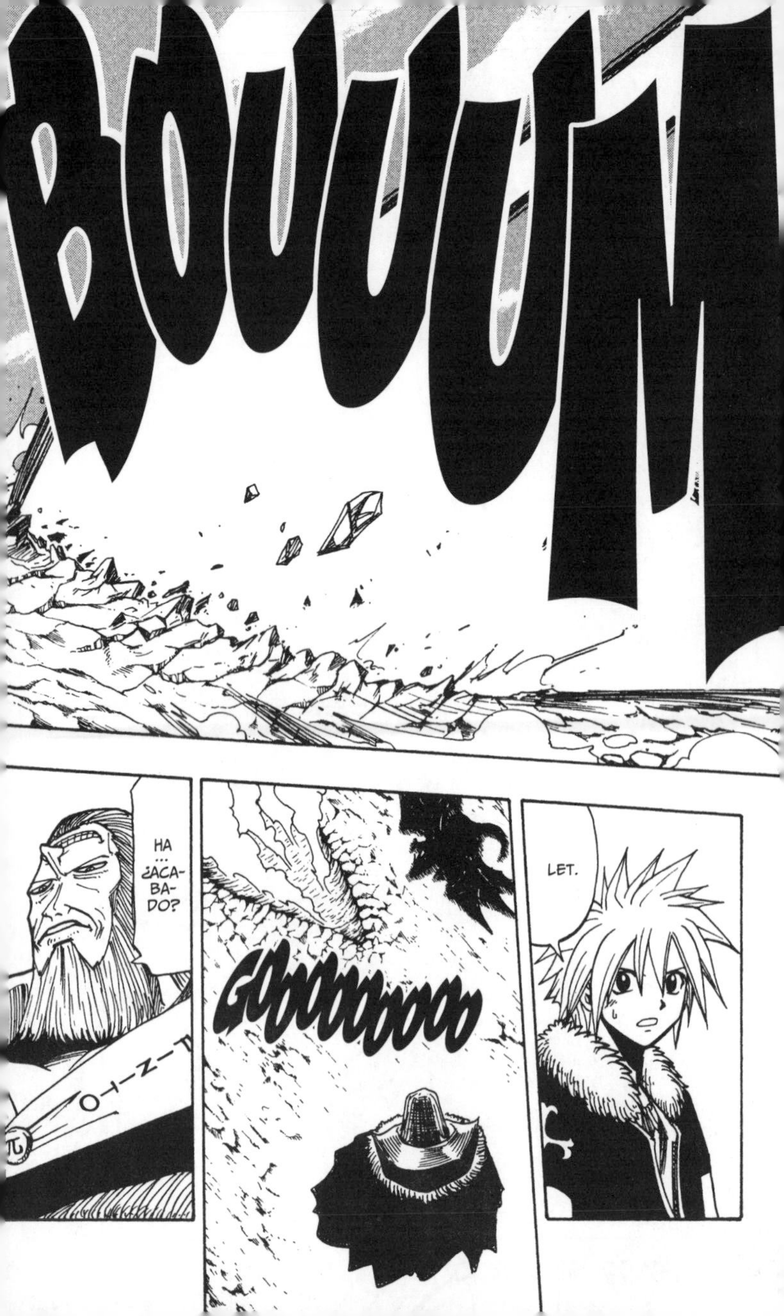
BOOOOOM
LET.
GOOOOOOOO
HA ... ¿ACABADO?
O-I-Z-T

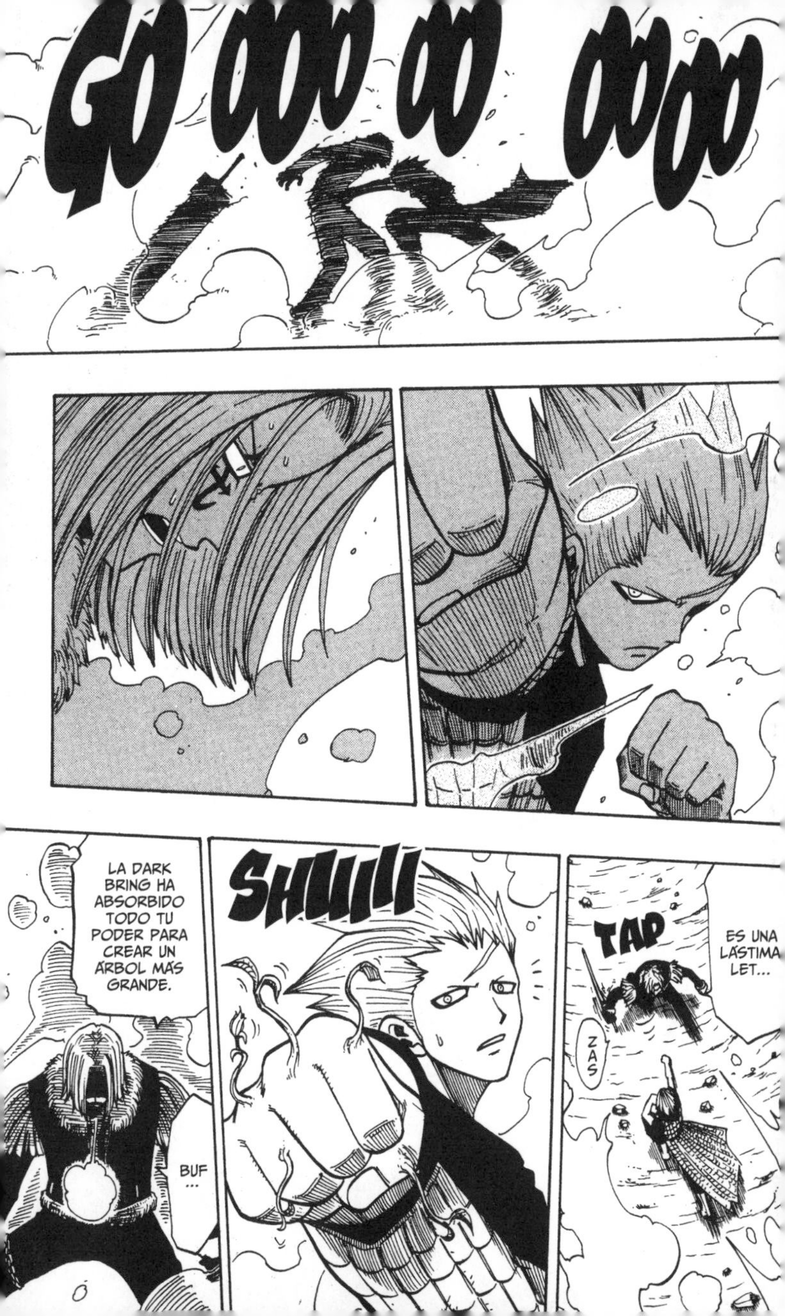
GO OOO OO OOOO
ES UNA LÁSTIMA LET...
TAP
ZAS
SHUUU
LA DARK BRING HA ABSORBIDO TODO TU PODER PARA CREAR UN ÁRBOL MÁS GRANDE.
BUF ...

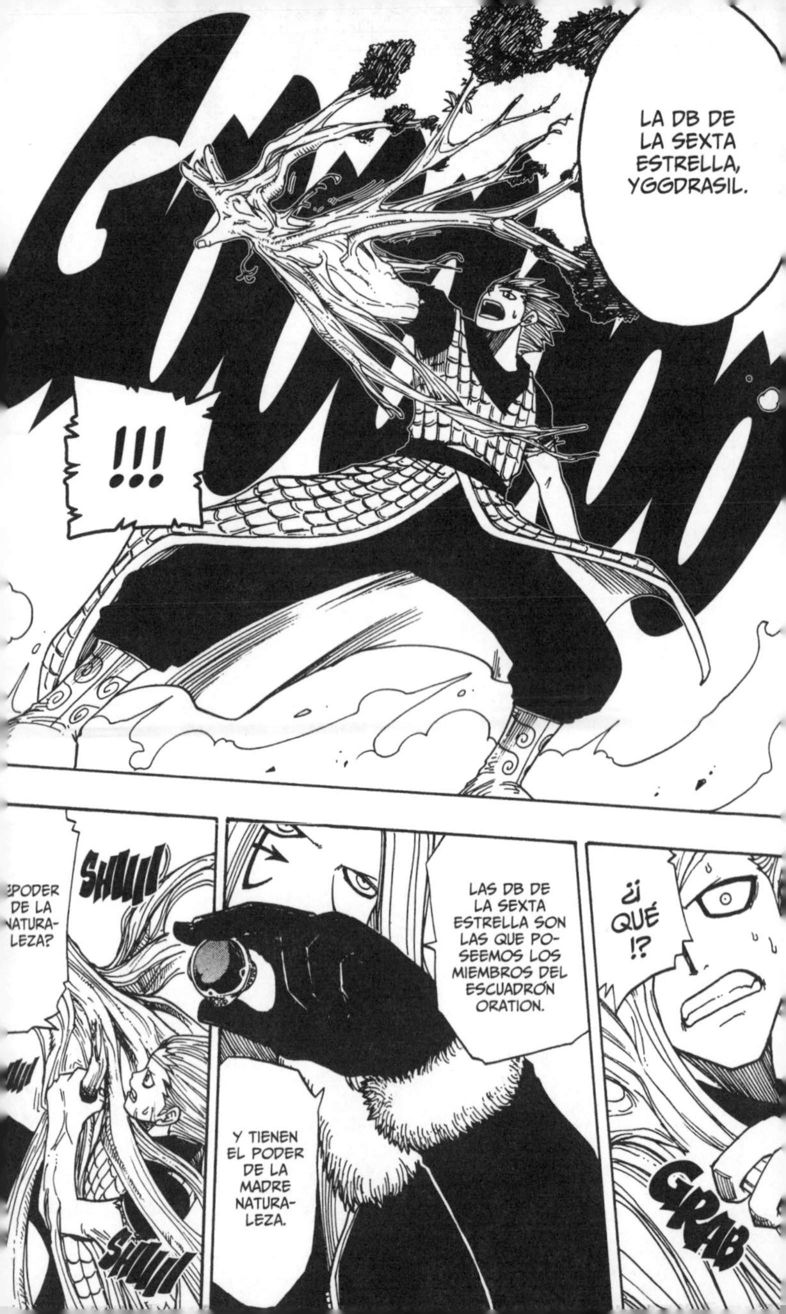

LA DB DE LA SEXTA ESTRELLA, YGGDRASIL.
!!!
¿¡ QUÉ !?
GRAB
LAS DB DE LA SEXTA ESTRELLA SON LAS QUE PO-SEEMOS LOS MIEMBROS DEL ESCUADRÓN ORATION.
Y TIENEN EL PODER DE LA MADRE NATURA-LEZA.
SHIIII
PODER DE LA NATURA-LEZA?
SHIIII

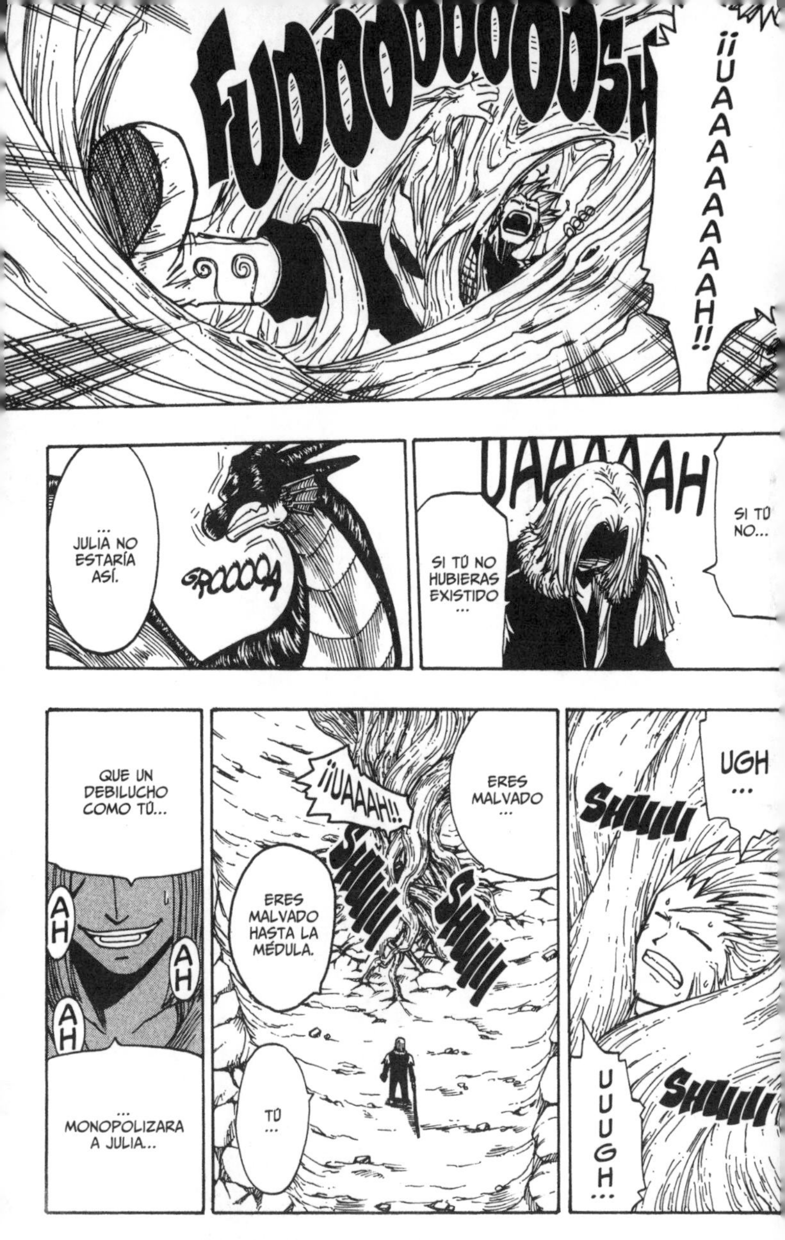
FUOOOOOOOSH
¡¡UAAAAAAAAAAAH!!
UAAAAAAH
SI TÚ NO...
SI TÚ NO HUBIERAS EXISTIDO ...
... JULIA NO ESTARÍA ASÍ.
GROOOOA
UGH ...
SHUIIII
UUUGH..
SHUIIII
ERES MALVADO ...
¡¡UAAAH!!
SHUIIII
SHUIIII
ERES MALVADO HASTA LA MÉDULA.
TÚ ...
QUE UN DEBILUCHO COMO TÚ...
AH
AH
AH
... MONOPOLIZARA A JULIA...

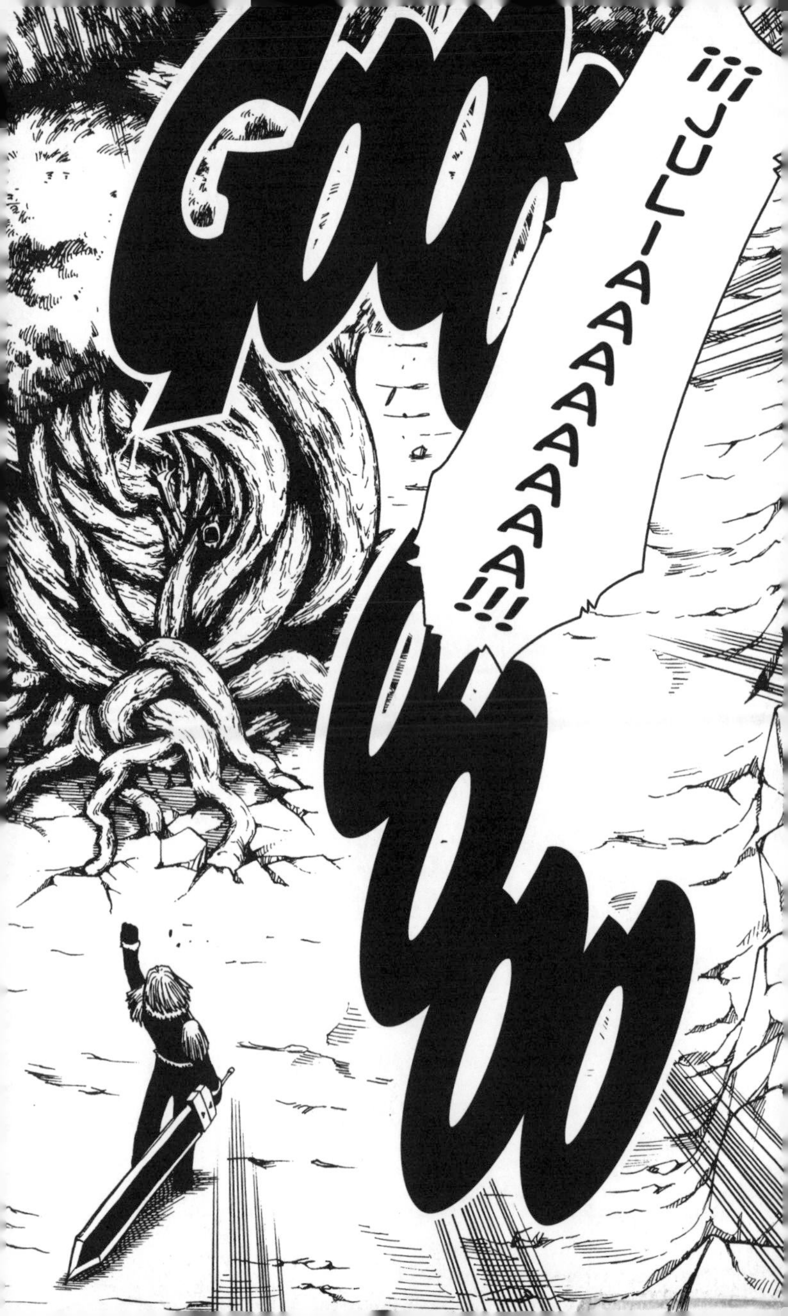
¡¡¡JULIAAAAAAAAA!!!

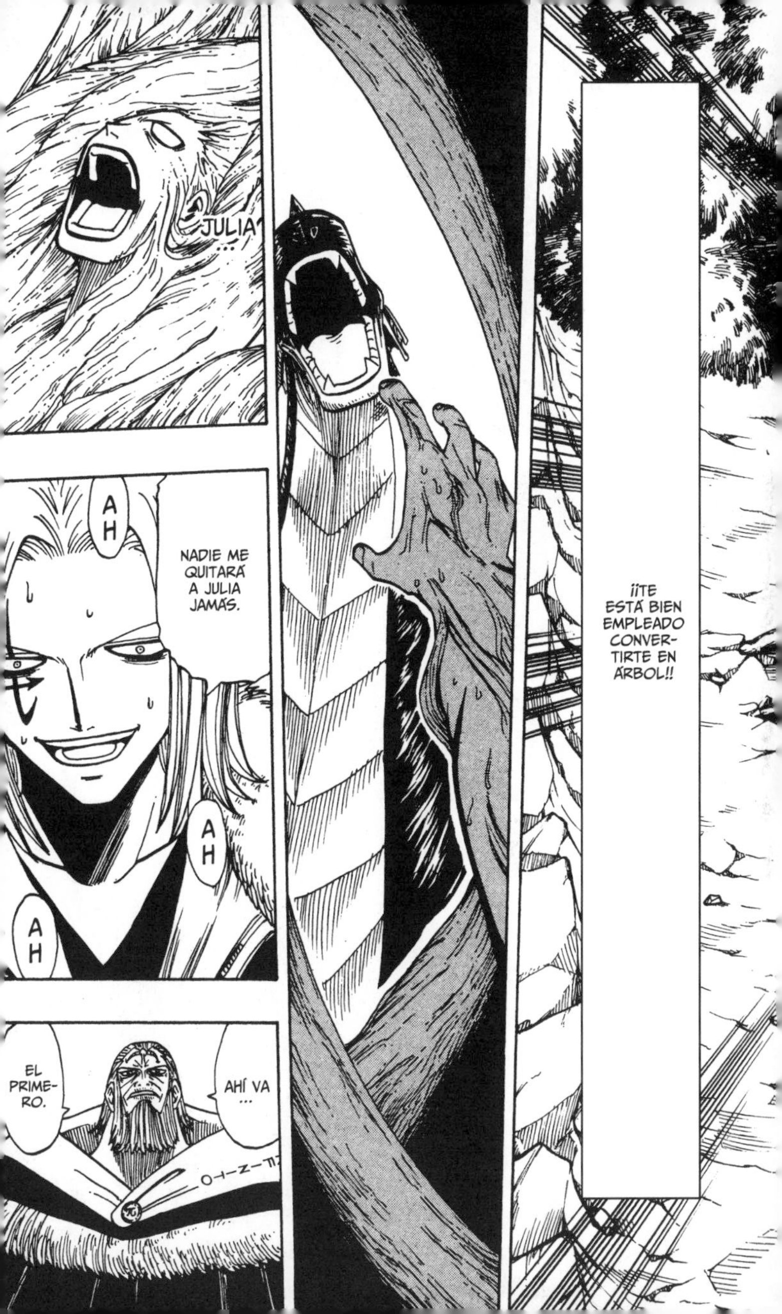
JULIA
...
AH
NADIE ME QUITARÁ A JULIA JAMÁS.
AH
AH
AHÍ VA ...
EL PRIMERO.
¡¡TE ESTÁ BIEN EMPLEADO CONVERTIRTE EN ÁRBOL!!

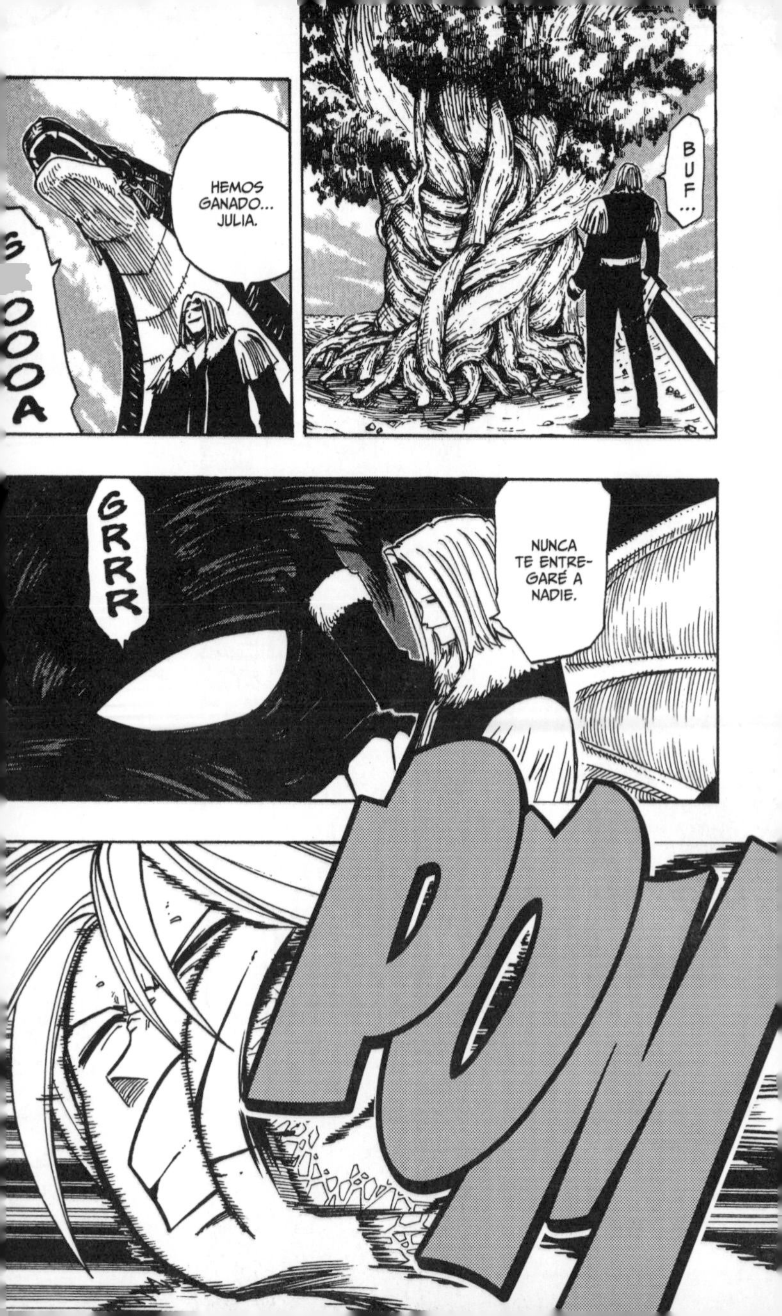
BUF...
HEMOS GANADO... JULIA.
SOOOA
NUNCA TE ENTREGARÉ A NADIE.
GRRR
POM

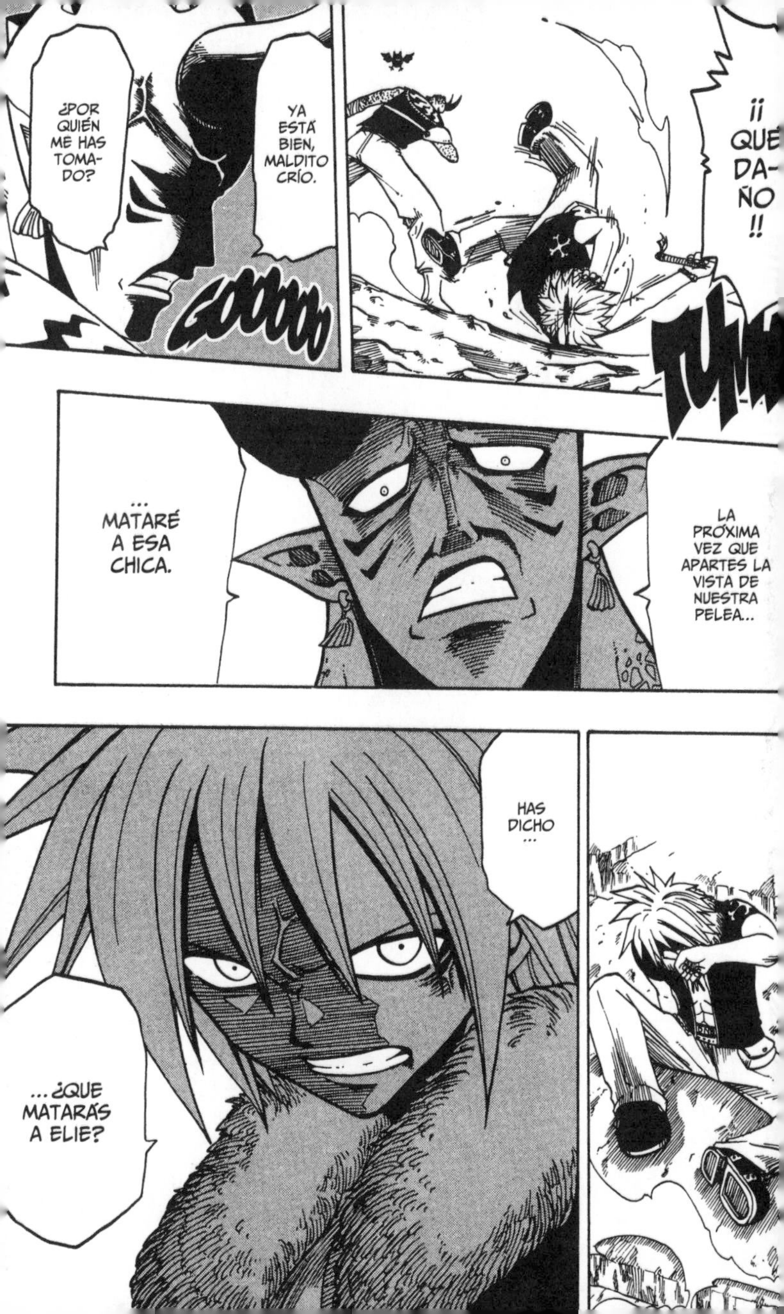
¡¡QUÉ DAÑO!!
TUMB
YA ESTÁ BIEN, MALDITO CRÍO.
¿POR QUIÉN ME HAS TOMADO?
GOOOOO
LA PRÓXIMA VEZ QUE APARTES LA VISTA DE NUESTRA PELEA...
... MATARÉ A ESA CHICA.
HAS DICHO ...
... ¿QUE MATARÁS A ELIE?

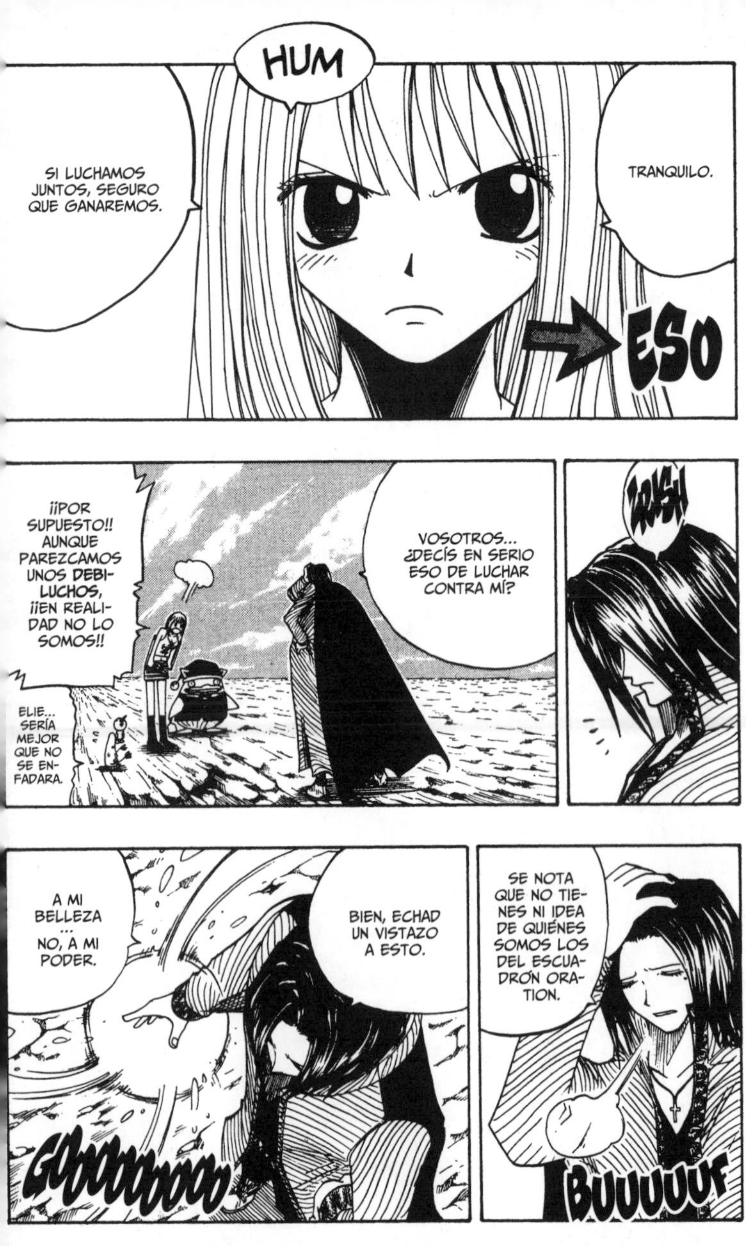

HUM
SI LUCHAMOS JUNTOS, SEGURO QUE GANAREMOS.
TRANQUILO.
ESO
¡¡POR SUPUESTO!! AUNQUE PAREZCAMOS UNOS DEBILUCHOS, ¡¡EN REALIDAD NO LO SOMOS!!
ELIE... SERÍA MEJOR QUE NO SE ENFADARA.
VOSOTROS... ¿DECÍS EN SERIO ESO DE LUCHAR CONTRA MÍ?
A MI BELLEZA ... NO, A MI PODER.
BIEN, ECHAD UN VISTAZO A ESTO.
GOOOOOOOO
SE NOTA QUE NO TIENES NI IDEA DE QUIÉNES SOMOS LOS DEL ESCUADRÓN ORATION.
BUUUUUF

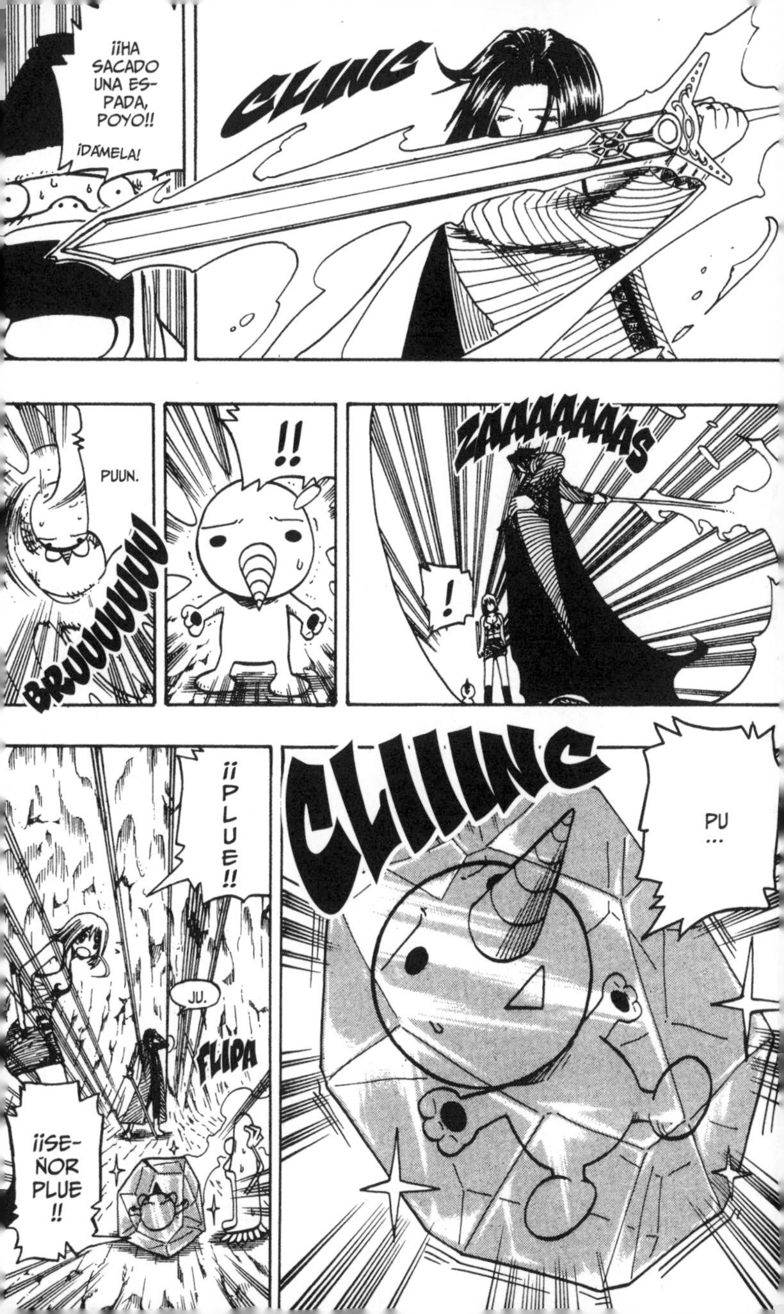

CLINC
¡¡HA SACADO UNA ES-PADA, POYO!!
¡DÁMELA!
ZAAAAAAAS
!
!!
PUUN.
BRUUUUUUU
PU ...
CLIIINC
¡¡PLUE!!
JU.
FLIPA
¡¡SE-ÑOR PLUE !!

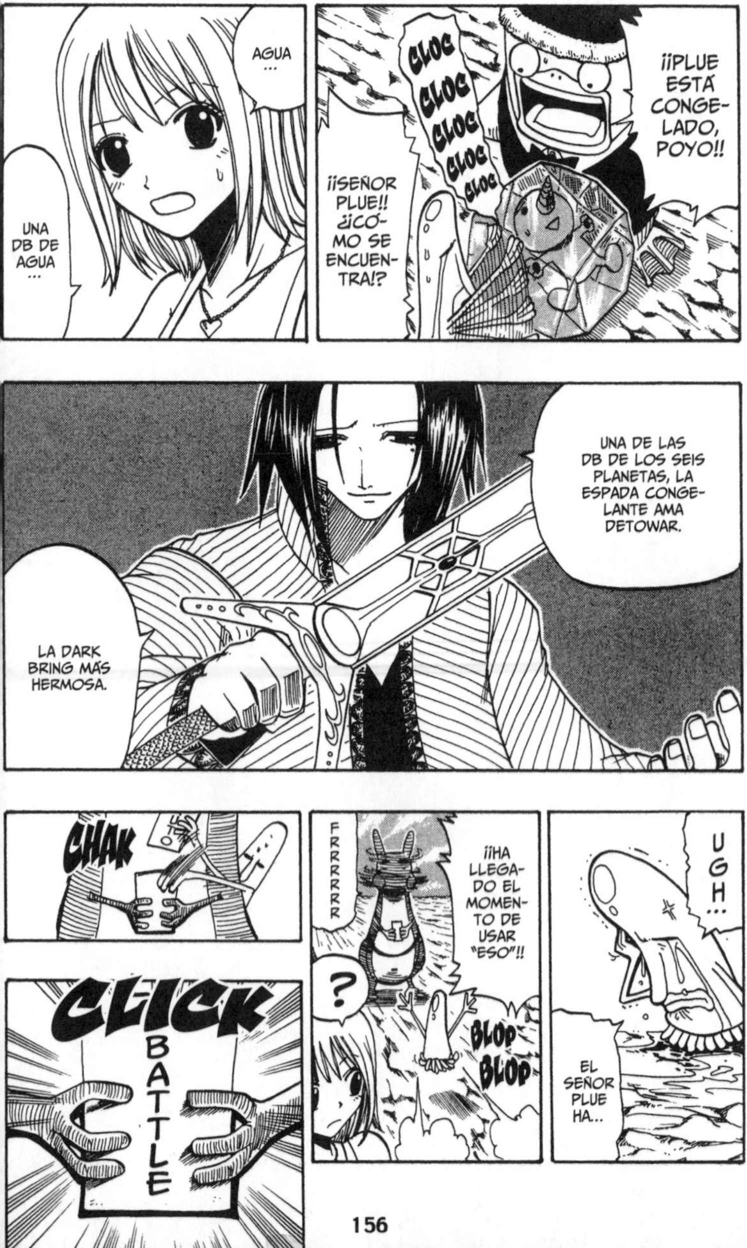
¡¡PLUE ESTÁ CONGELADO, POYO!!
CLOC CLOC CLOC CLOC CLOC CLOC
¡¡SEÑOR PLUE!! ¿¿CÓMO SE ENCUENTRA!?
AGUA ...
UNA DB DE AGUA ...
UNA DE LAS DB DE LOS SEIS PLANETAS, LA ESPADA CONGELANTE AMA DETOWAR.
LA DARK BRING MÁS HERMOSA.
UGH...
EL SEÑOR PLUE HA..
¡¡HA LLEGADO EL MOMENTO DE USAR "ESO"!!
FRRRRRR
?
BLOP BLOP
CHAK
CLICK
BATTLE

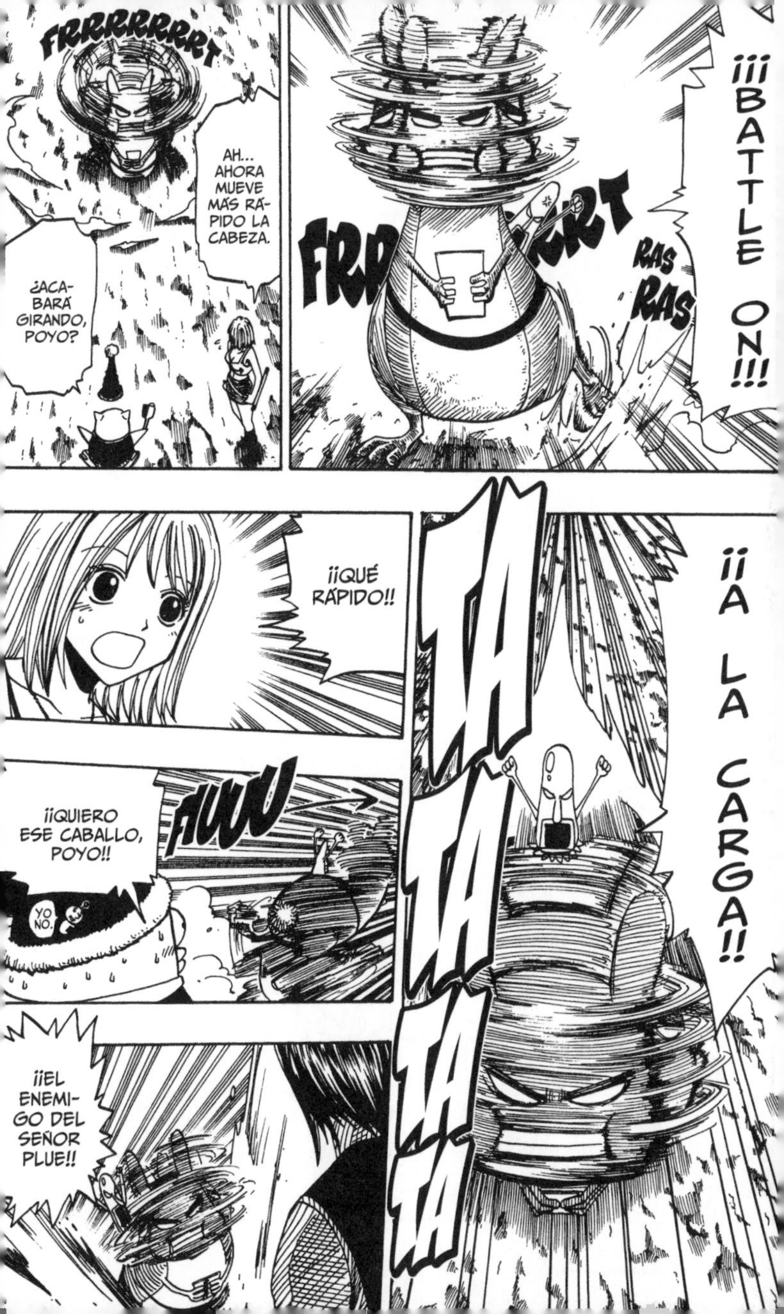
¡¡¡BATTLE ON!!!
RAS RAS
FRRRRRRRT
AH... AHORA MUEVE MÁS RÁPIDO LA CABEZA.
¿ACABARÁ GIRANDO, POYO?
¡¡A LA CARGA!!
TA TA TA TA
¡¡QUÉ RÁPIDO!!
¡¡QUIERO ESE CABALLO, POYO!!
FIUUU
YO NO.
¡¡EL ENEMIGO DEL SEÑOR PLUE!!

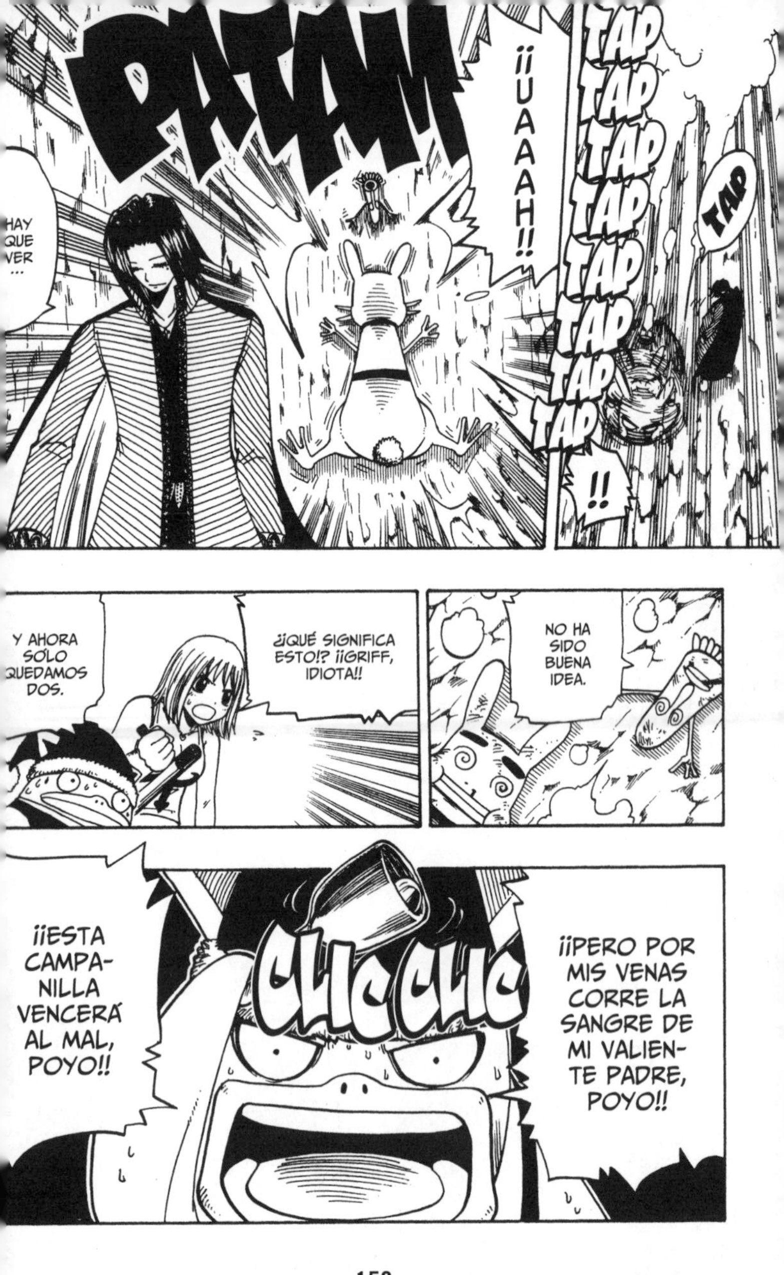
TAP TAP TAP TAP TAP TAP TAP TAP
TAP
!!
¡¡UUAAAAH!!
PATAM
HAY QUE VER...
NO HA SIDO BUENA IDEA.
¿¡QUÉ SIGNIFICA ESTO!? ¡¡GRIFF, IDIOTA!!
Y AHORA SÓLO QUEDAMOS DOS.
¡¡PERO POR MIS VENAS CORRE LA SANGRE DE MI VALIENTE PADRE, POYO!!
CLIC CLIC
¡¡ESTA CAMPANILLA VENCERÁ AL MAL, POYO!!

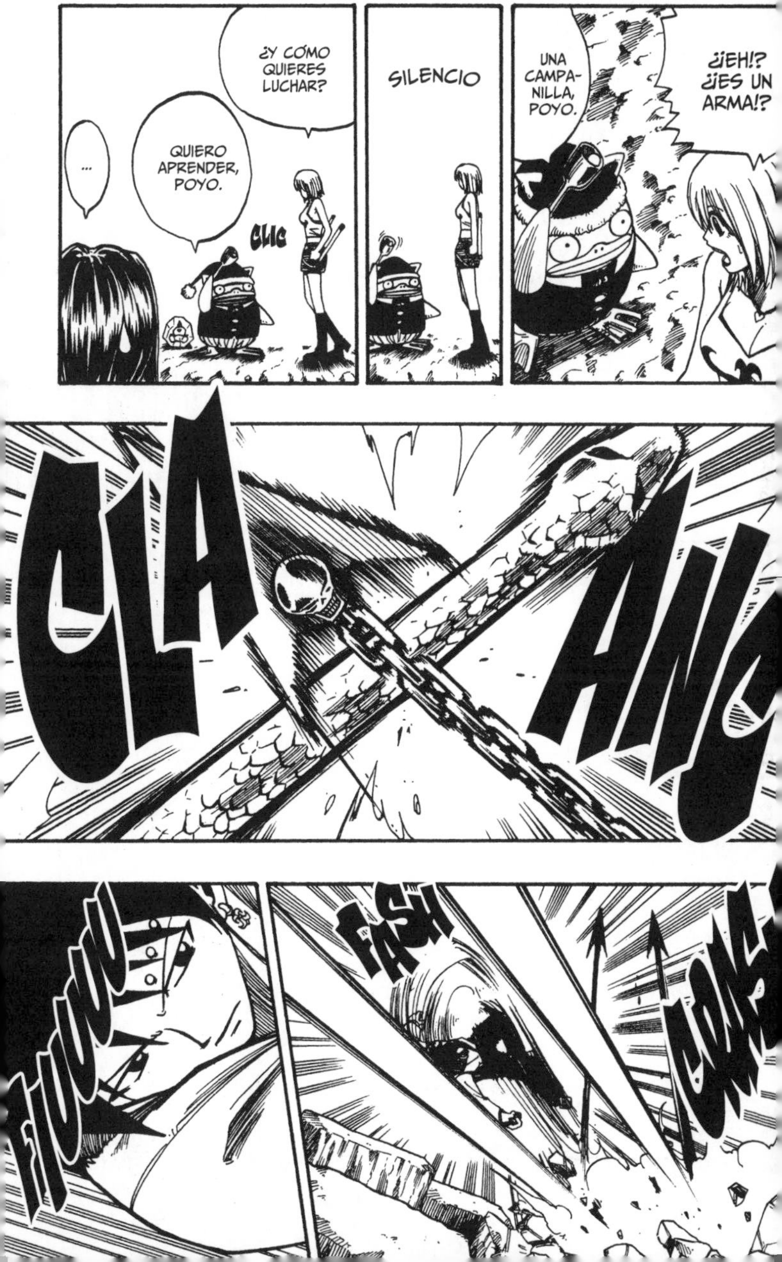

...
QUIERO APRENDER, POYO.
CLIC
¿Y CÓMO QUIERES LUCHAR?
SILENCIO
UNA CAMPANILLA, POYO.
¿¡EH!? ¿¡ES UN ARMA!?
CLA
ANG
FASH

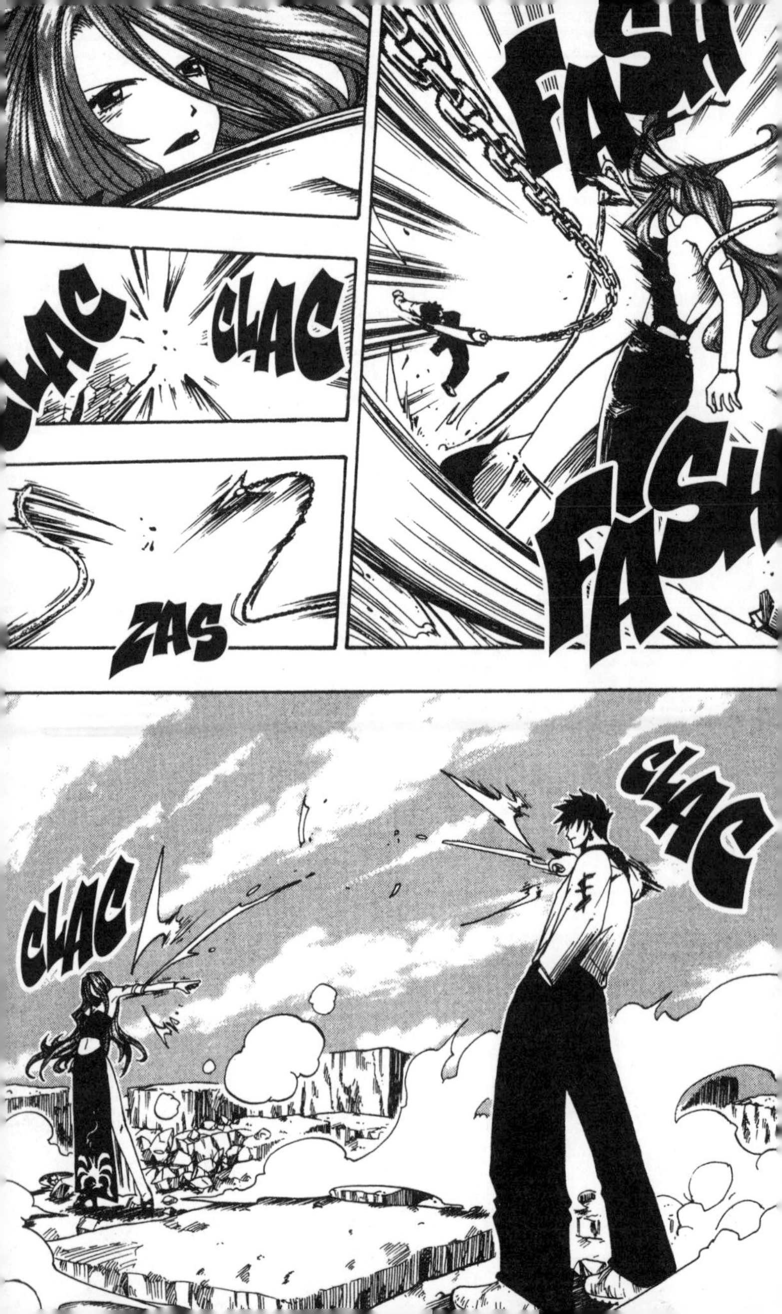

FASH
FASH
CLAC
LAC
ZAS
CLAC
CLAC

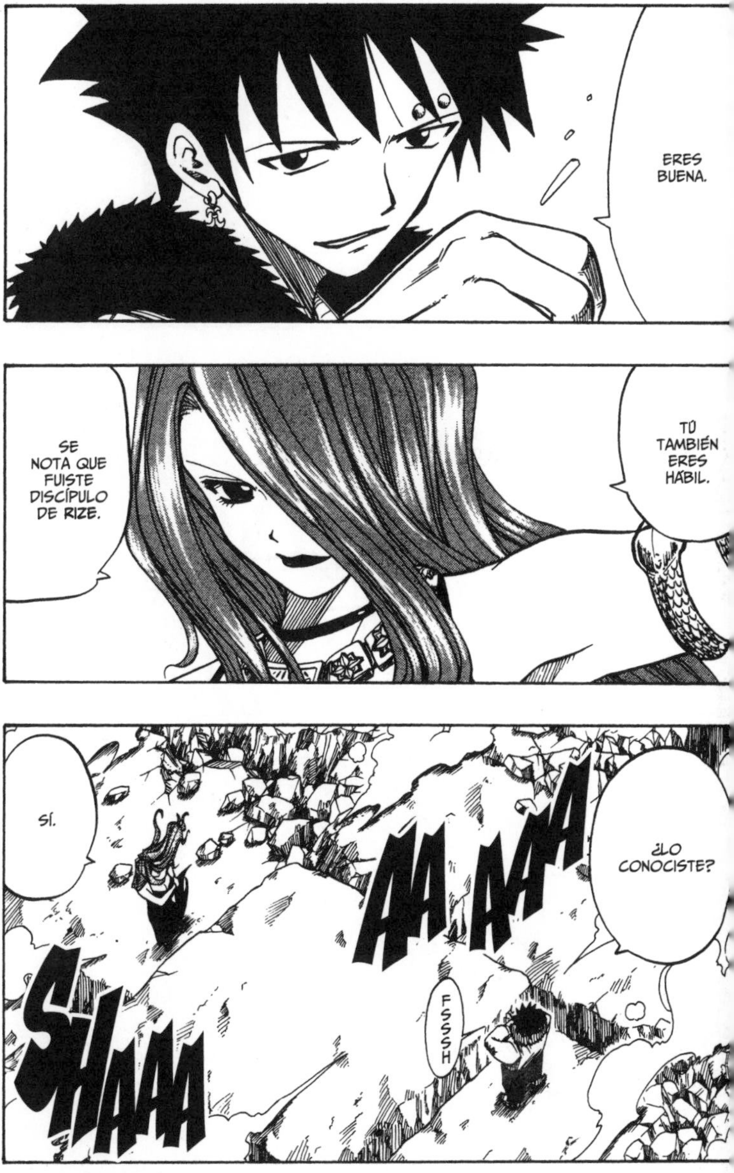
ERES BUENA.
TÚ TAMBIÉN ERES HÁBIL.
SE NOTA QUE FUISTE DISCÍPULO DE RIZE.
¿LO CONOCISTE?
SÍ.
AAAAAA
FSSSH
SHAAA

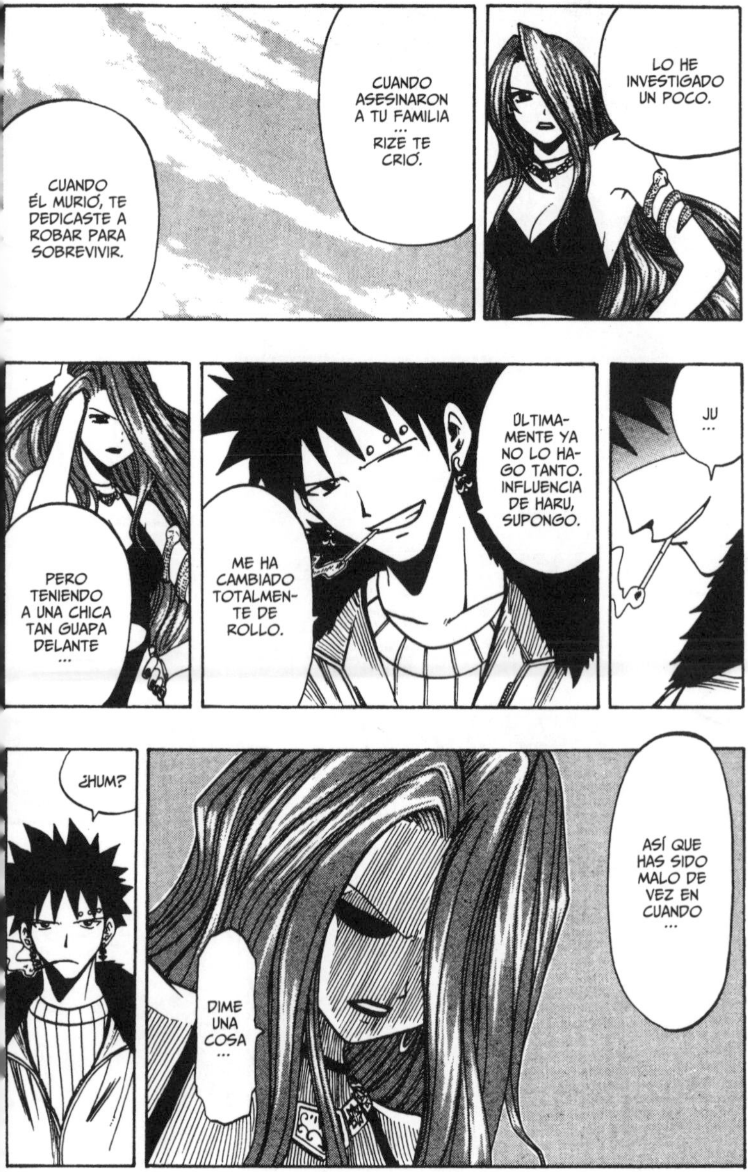
LO HE INVESTIGADO UN POCO.
CUANDO ASESINARON A TU FAMILIA ... RIZE TE CRIÓ.
CUANDO ÉL MURIÓ, TE DEDICASTE A ROBAR PARA SOBREVIVIR.
JU ...
ÚLTIMAMENTE YA NO LO HAGO TANTO. INFLUENCIA DE HARU, SUPONGO.
ME HA CAMBIADO TOTALMENTE DE ROLLO.
PERO TENIENDO A UNA CHICA TAN GUAPA DELANTE ...
ASÍ QUE HAS SIDO MALO DE VEZ EN CUANDO ...
DIME UNA COSA ...
¿HUM?

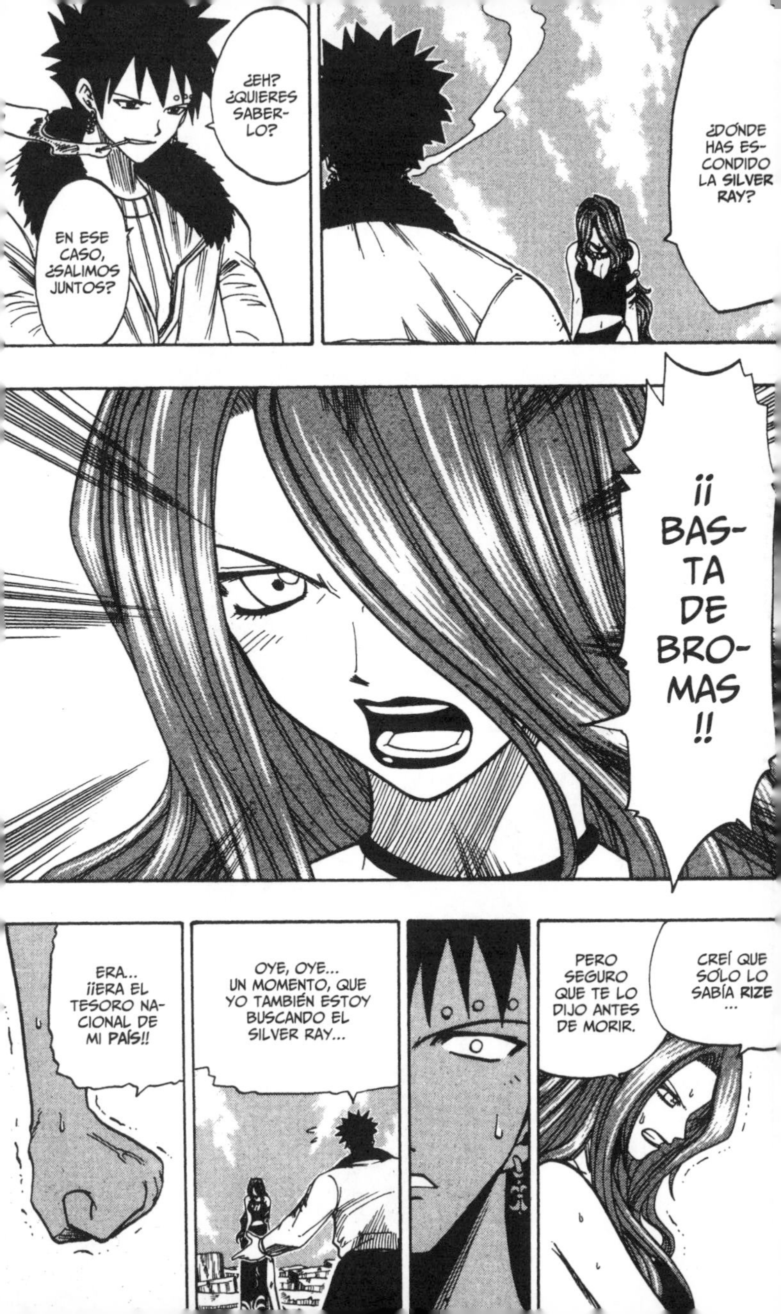
¿DÓNDE HAS ESCONDIDO LA SILVER RAY?
¿EH? ¿QUIERES SABERLO?
EN ESE CASO, ¿SALIMOS JUNTOS?
¡¡BASTA DE BROMAS!!
CREÍ QUE SÓLO LO SABÍA RIZE ...
PERO SEGURO QUE TE LO DIJO ANTES DE MORIR.
OYE, OYE... UN MOMENTO, QUE YO TAMBIÉN ESTOY BUSCANDO EL SILVER RAY...
ERA... ¡¡ERA EL TESORO NACIONAL DE MI PAÍS!!

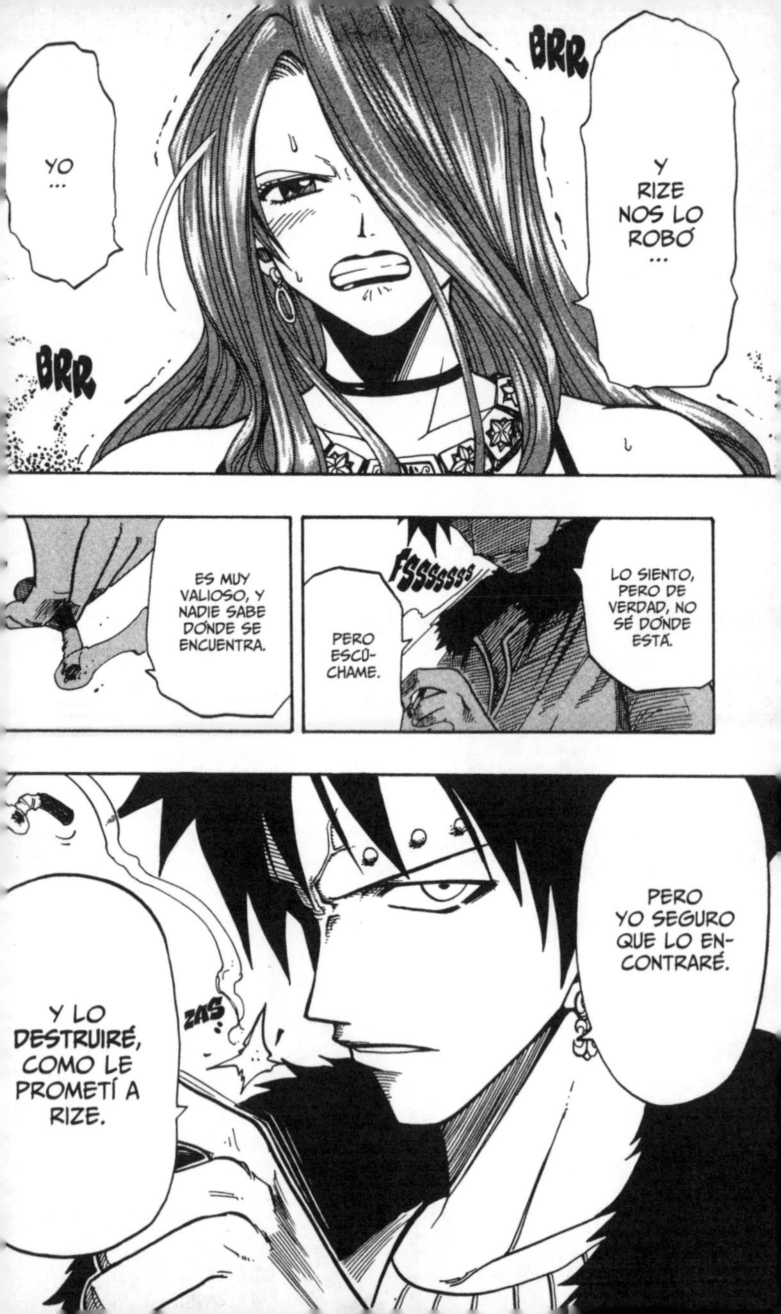
BRR
Y RIZE NOS LO ROBÓ...
YO...
BRR
LO SIENTO, PERO DE VERDAD, NO SÉ DÓNDE ESTÁ.
FSSSSSSS
PERO ESCÚCHAME.
ES MUY VALIOSO, Y NADIE SABE DÓNDE SE ENCUENTRA.
PERO YO SEGURO QUE LO EN-
CONTRARÉ.
ZAS
Y LO DESTRUIRÉ, COMO LE PROMETÍ A RIZE.

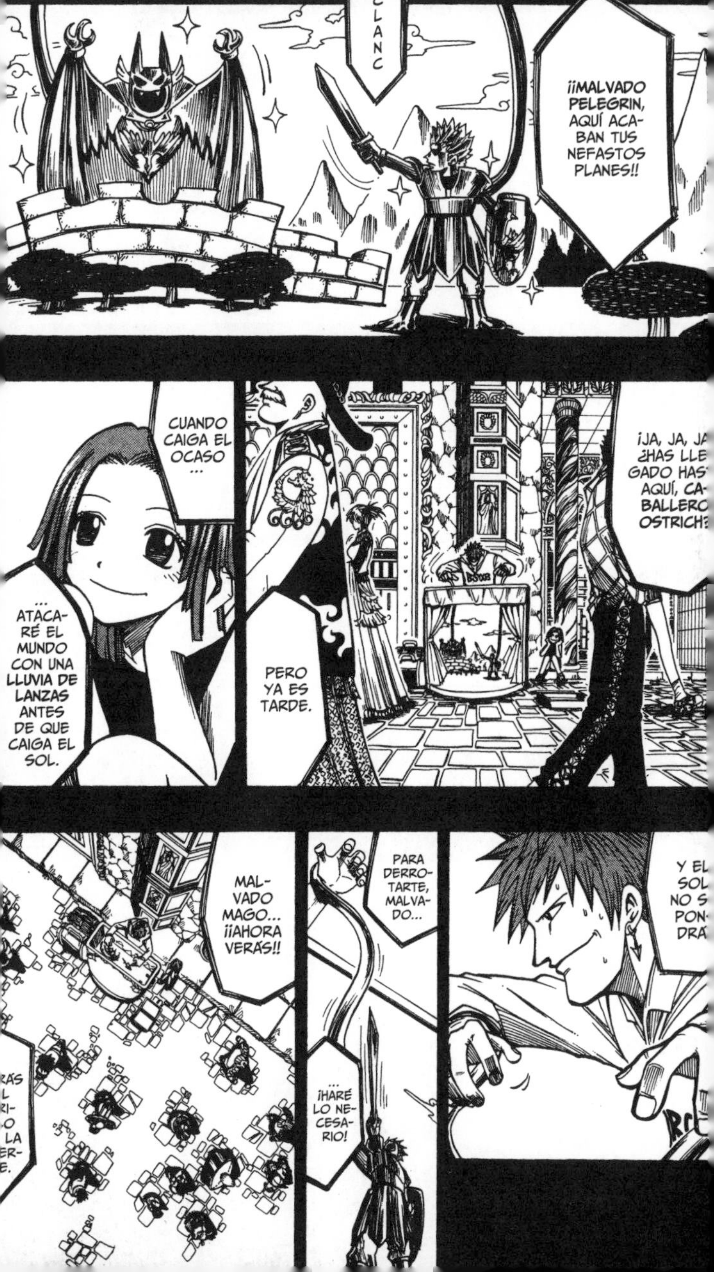
CLANC
¡¡MALVADO PELEGRIN, AQUÍ ACABAN TUS NEFASTOS PLANES!!
¡JA, JA, JA ¿HAS LLEGADO HAS AQUÍ, CABALLERO OSTRICH?
PERO YA ES TARDE.
CUANDO CAIGA EL OCASO ...
... ATACARÉ EL MUNDO CON UNA LLUVIA DE LANZAS ANTES DE QUE CAIGA EL SOL.
Y EL SOL NO S PONDRÁ
PARA DERROTARTE, MALVADO...
... ¡HARÉ LO NECESARIO!
MALVADO MAGO... ¡¡AHORA VERÁS!!

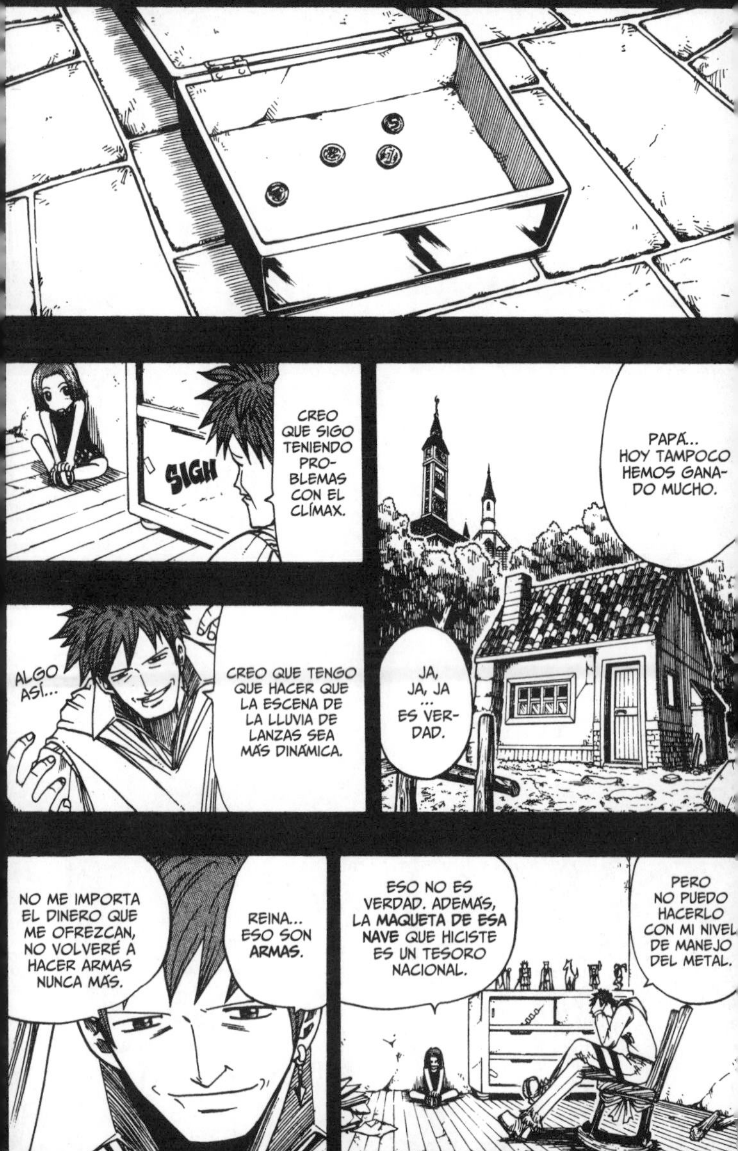
PAPÁ... HOY TAMPOCO HEMOS GANADO MUCHO.
JA, JA, JA ... ES VERDAD.
CREO QUE SIGO TENIENDO PROBLEMAS CON EL CLÍMAX.
SIGH
CREO QUE TENGO QUE HACER QUE LA ESCENA DE LA LLUVIA DE LANZAS SEA MÁS DINÁMICA.
ALGO ASÍ...
PERO NO PUEDO HACERLO CON MI NIVEL DE MANEJO DEL METAL.
ESO NO ES VERDAD. ADEMÁS, LA MAQUETA DE ESA NAVE QUE HICISTE ES UN TESORO NACIONAL.
REINA... ESO SON ARMAS.
NO ME IMPORTA EL DINERO QUE ME OFREZCAN, NO VOLVERÉ A HACER ARMAS NUNCA MÁS.

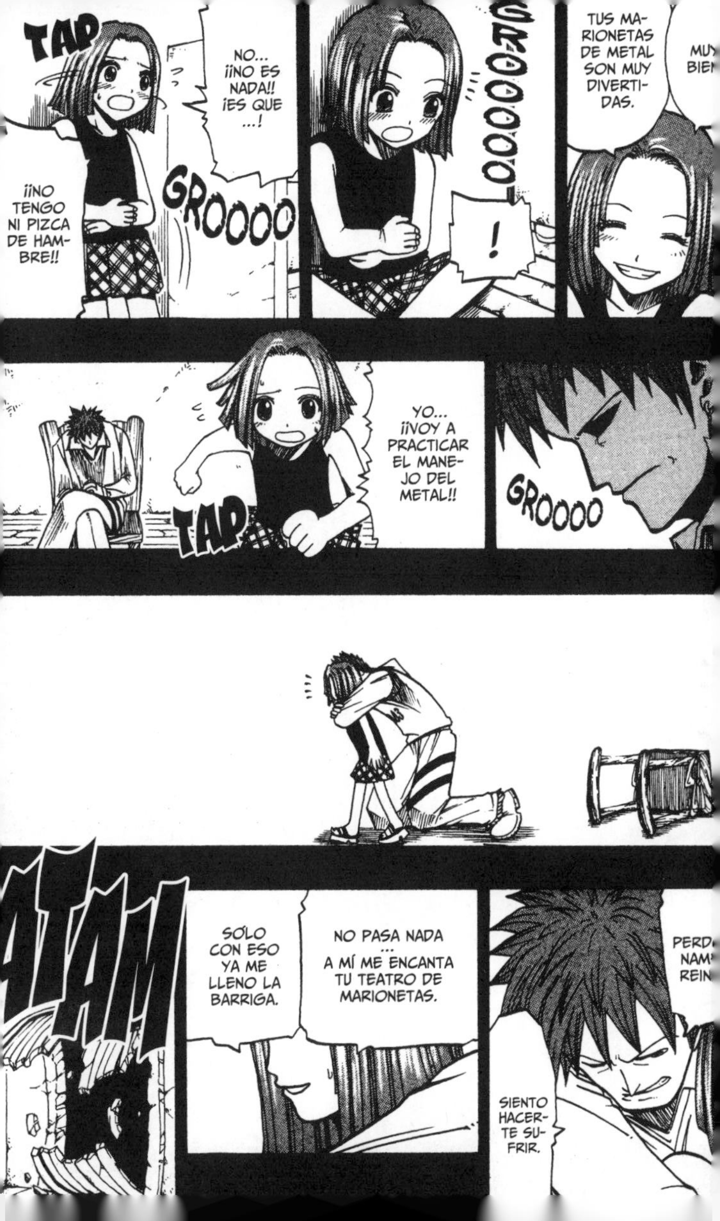
TUS MARIONETAS DE METAL SON MUY DIVERTIDAS.
GROOOOOOO
!
NO... ¡¡NO ES NADA!! ¡ES QUE ...!
GROOOO
TAP
¡¡NO TENGO NI PIZCA DE HAMBRE!!
GROOOO
YO... ¡¡VOY A PRACTICAR EL MANEJO DEL METAL!!
TAP
SIENTO HACERTE SUFRIR.
NO PASA NADA ... A MÍ ME ENCANTA TU TEATRO DE MARIONETAS.
SÓLO CON ESO YA ME LLENO LA BARRIGA.

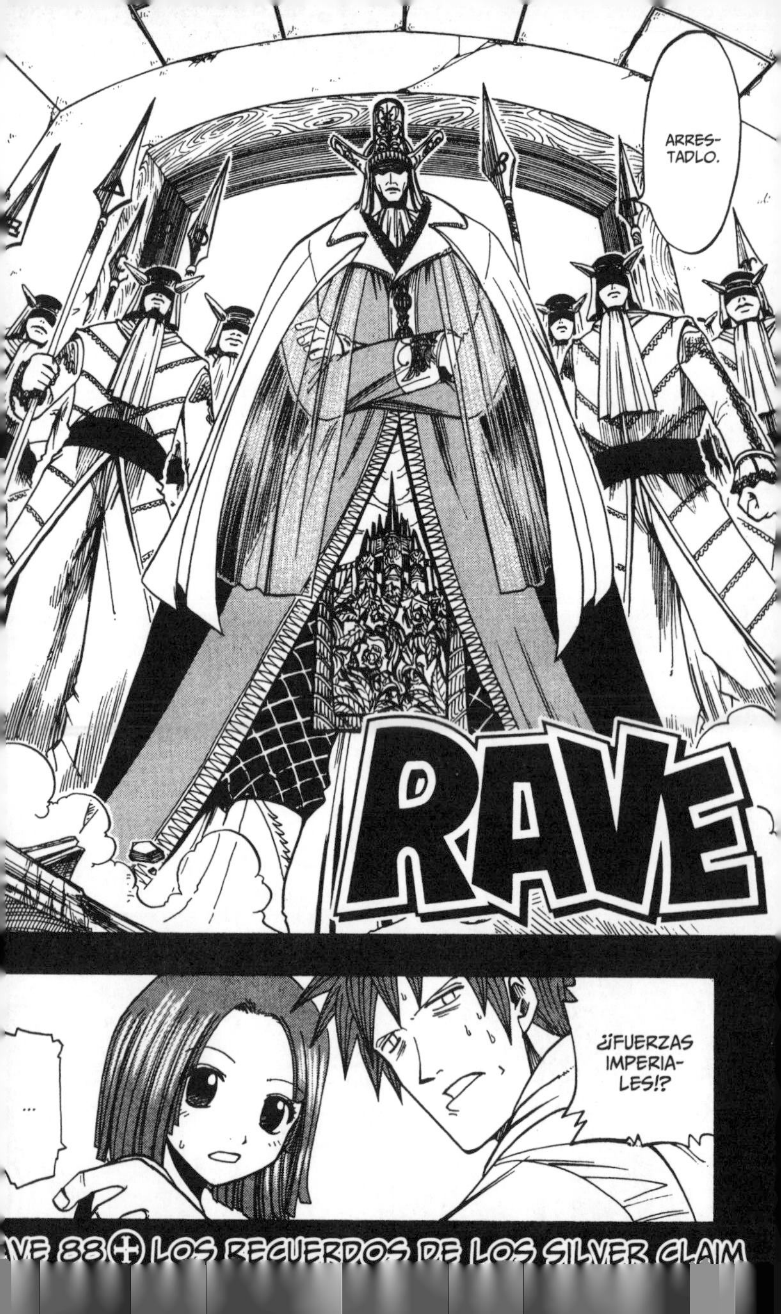
ARRES-
TADLO.
RAVE
¿FUERZAS IMPERIA-LES!?
...
AVE 88 ✠ LOS RECUERDOS DE LOS SILVER CLAIM

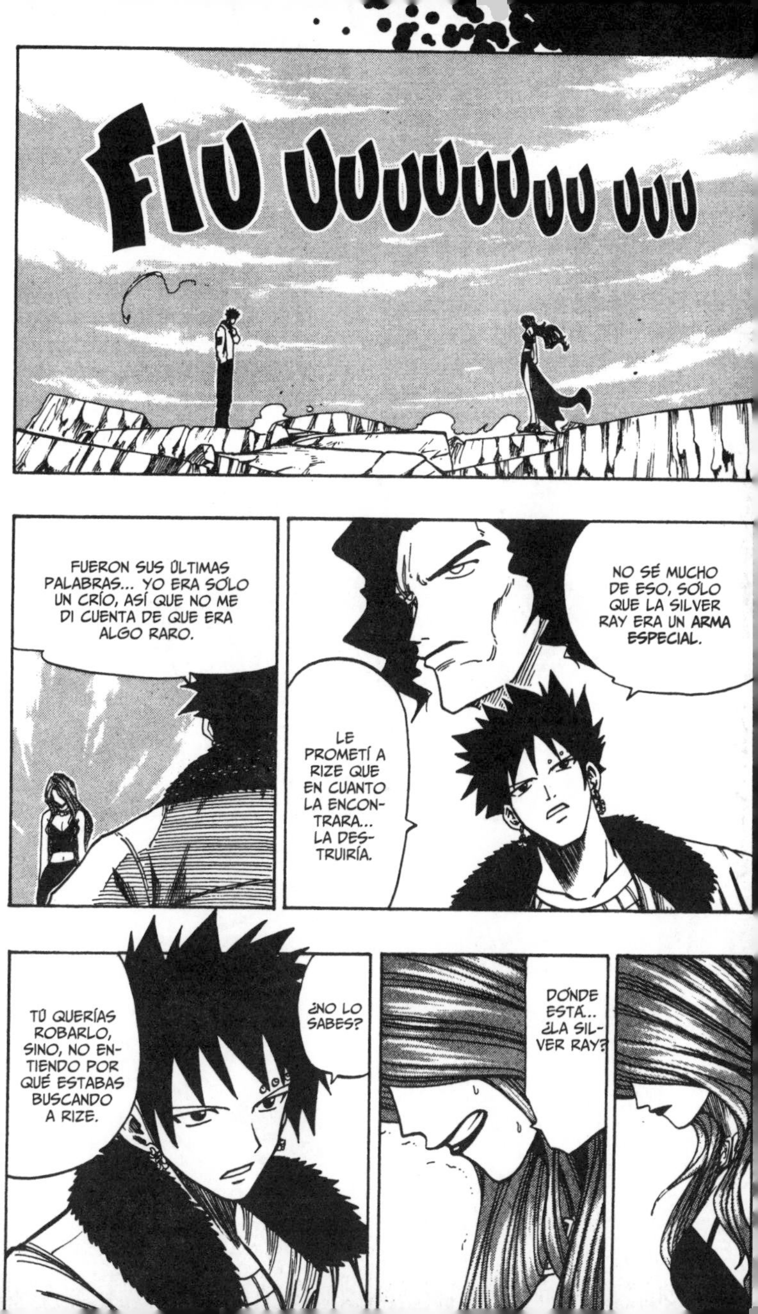
FIU UUUUUUUUU UUU
NO SÉ MUCHO DE ESO, SÓLO QUE LA SILVER RAY ERA UN ARMA ESPECIAL.
LE PROMETÍ A RIZE QUE EN CUANTO LA ENCONTRARA... LA DESTRUIRÍA.
FUERON SUS ÚLTIMAS PALABRAS... YO ERA SÓLO UN CRÍO, ASÍ QUE NO ME DI CUENTA DE QUE ERA ALGO RARO.
DÓNDE ESTÁ... ¿LA SILVER RAY?
¿NO LO SABES?
TÚ QUERÍAS ROBARLO, SINO, NO ENTIENDO POR QUÉ ESTABAS BUSCANDO A RIZE.

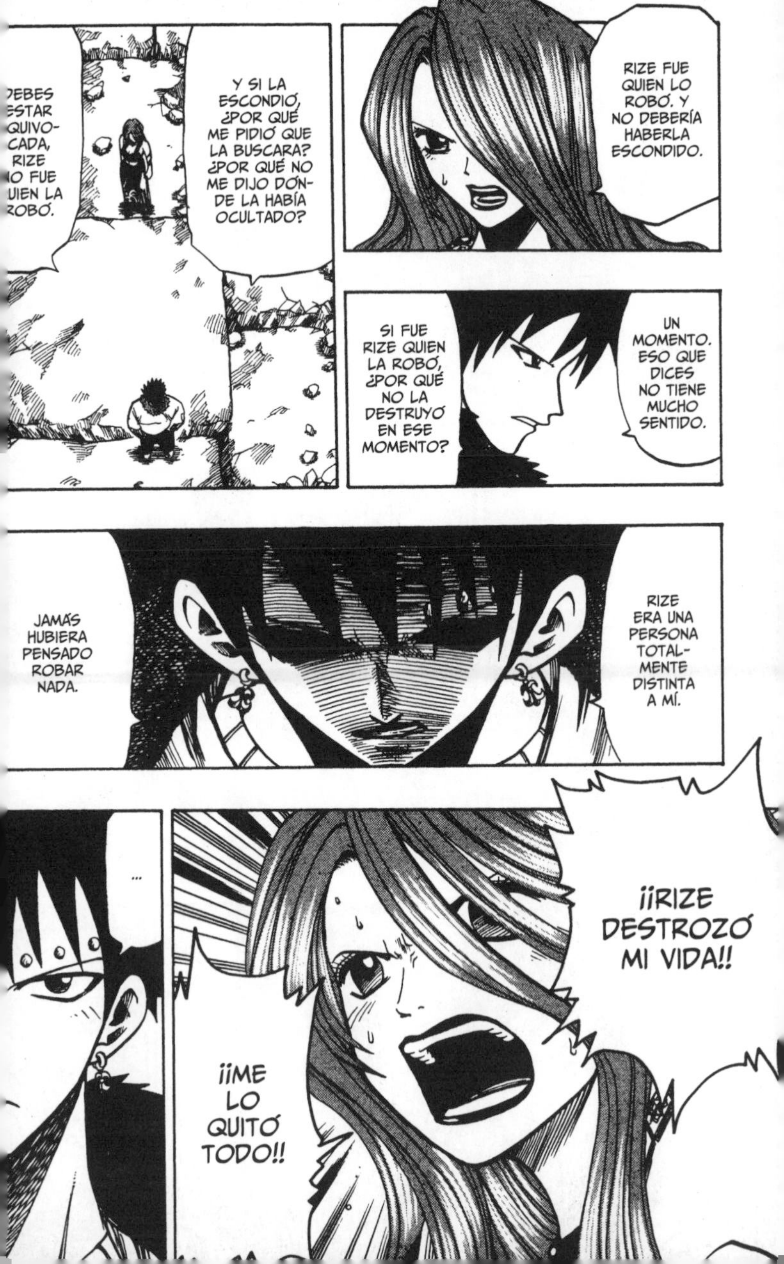
RIZE FUE QUIEN LO ROBÓ. Y NO DEBERÍA HABERLA ESCONDIDO.
Y SI LA ESCONDIÓ, ¿POR QUÉ ME PIDIÓ QUE LA BUSCARA? ¿POR QUÉ NO ME DIJO DÓNDE LA HABÍA OCULTADO?
EBES ESTAR QUIVOCADA, RIZE O FUE UIEN LA OBÓ.
UN MOMENTO. ESO QUE DICES NO TIENE MUCHO SENTIDO.
SI FUE RIZE QUIEN LA ROBÓ, ¿POR QUÉ NO LA DESTRUYÓ EN ESE MOMENTO?
RIZE ERA UNA PERSONA TOTALMENTE DISTINTA A MÍ.
JAMÁS HUBIERA PENSADO ROBAR NADA.
¡¡RIZE DESTROZÓ MI VIDA!!
¡¡ME LO QUITÓ TODO!!
...

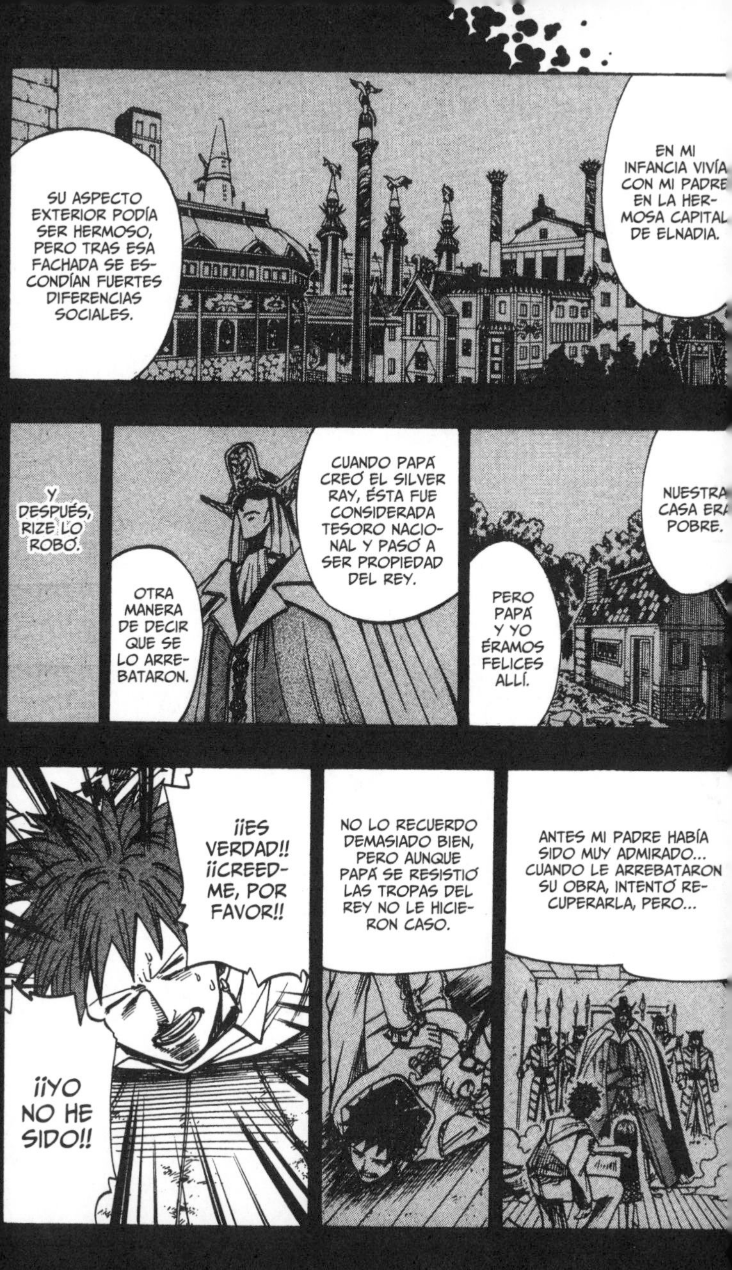
EN MI INFANCIA VIVÍA CON MI PADRE EN LA HERMOSA CAPITAL DE ELNADIA.
SU ASPECTO EXTERIOR PODÍA SER HERMOSO, PERO TRAS ESA FACHADA SE ESCONDÍAN FUERTES DIFERENCIAS SOCIALES.
NUESTRA CASA ERA POBRE.
PERO PAPÁ Y YO ÉRAMOS FELICES ALLÍ.
CUANDO PAPÁ CREÓ EL SILVER RAY, ÉSTA FUE CONSIDERADA TESORO NACIONAL Y PASÓ A SER PROPIEDAD DEL REY.
OTRA MANERA DE DECIR QUE SE LO ARREBATARON.
Y DESPUÉS, RIZE LO ROBÓ.
ANTES MI PADRE HABÍA SIDO MUY ADMIRADO... CUANDO LE ARREBATARON SU OBRA, INTENTÓ RECUPERARLA, PERO...
NO LO RECUERDO DEMASIADO BIEN, PERO AUNQUE PAPÁ SE RESISTIÓ LAS TROPAS DEL REY NO LE HICIERON CASO.
¡¡ES VERDAD!! ¡¡CREEDME, POR FAVOR!!
¡¡YO NO HE SIDO!!

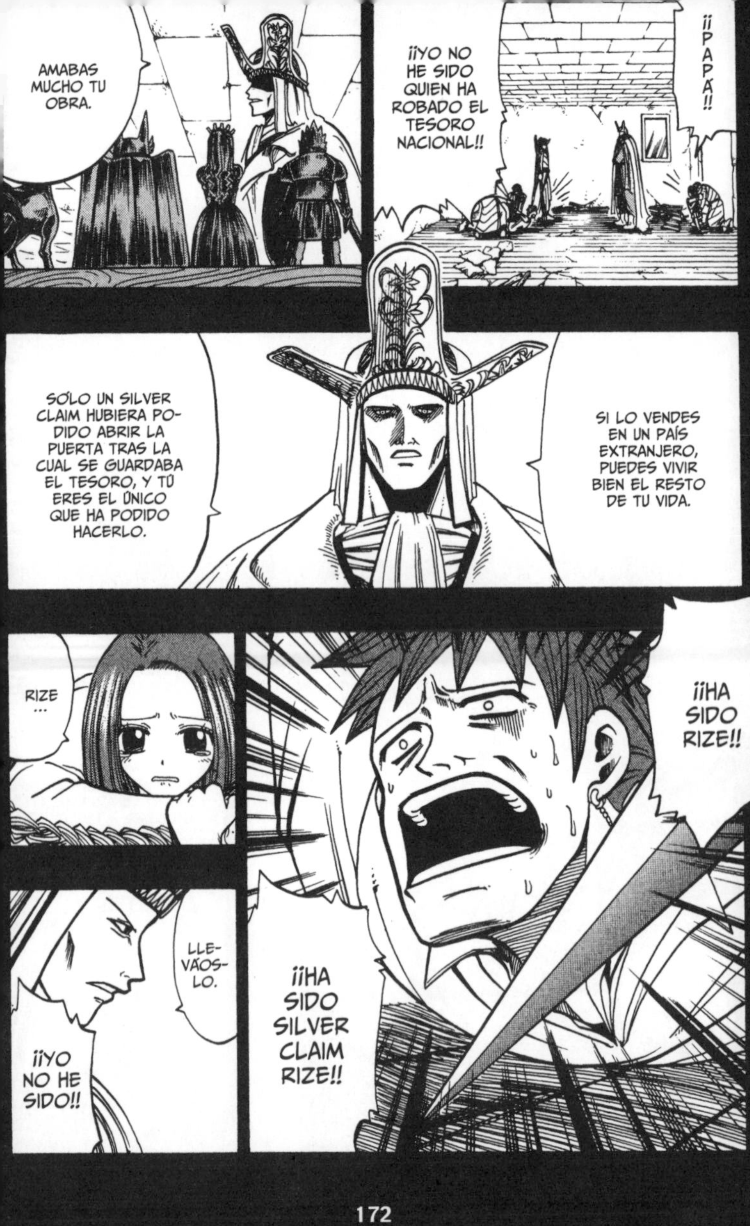

¡¡PAPÁ!!
¡¡YO NO HE SIDO QUIEN HA ROBADO EL TESORO NACIONAL!!
AMABAS MUCHO TU OBRA.
SI LO VENDES EN UN PAÍS EXTRANJERO, PUEDES VIVIR BIEN EL RESTO DE TU VIDA.
SÓLO UN SILVER CLAIM HUBIERA PODIDO ABRIR LA PUERTA TRAS LA CUAL SE GUARDABA EL TESORO, Y TÚ ERES EL ÚNICO QUE HA PODIDO HACERLO.
¡¡HA SIDO RIZE!!
RIZE…
¡¡HA SIDO SILVER CLAIM RIZE!!
LLEVÁOSLO.
¡¡YO NO HE SIDO!!

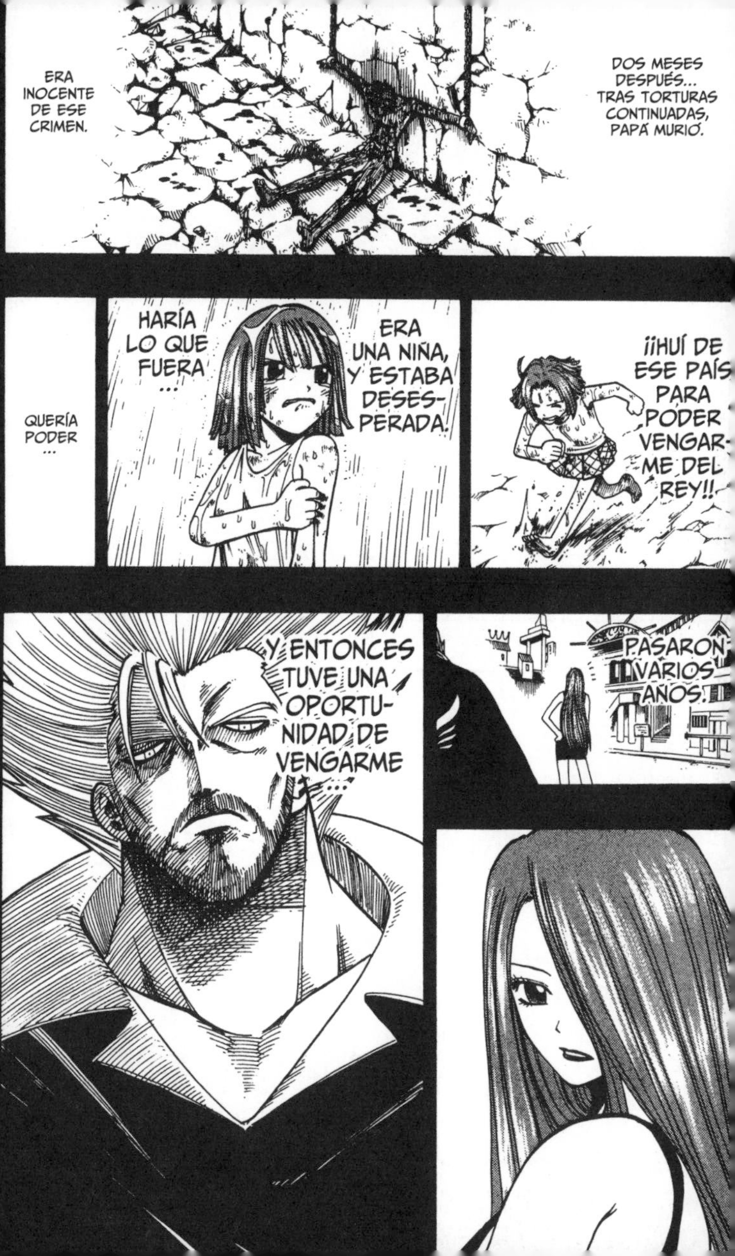
ERA INOCENTE DE ESE CRIMEN.
DOS MESES DESPUÉS... TRAS TORTURAS CONTINUADAS, PAPÁ MURIÓ.
QUERÍA PODER ...
HARÍA LO QUE FUERA ...
ERA UNA NIÑA, Y ESTABA DESESPERADA.
¡¡HUÍ DE ESE PAÍS PARA PODER VENGARME DEL REY!!
Y ENTONCES TUVE UNA OPORTUNIDAD DE VENGARME ...
PASARON VARIOS AÑOS.

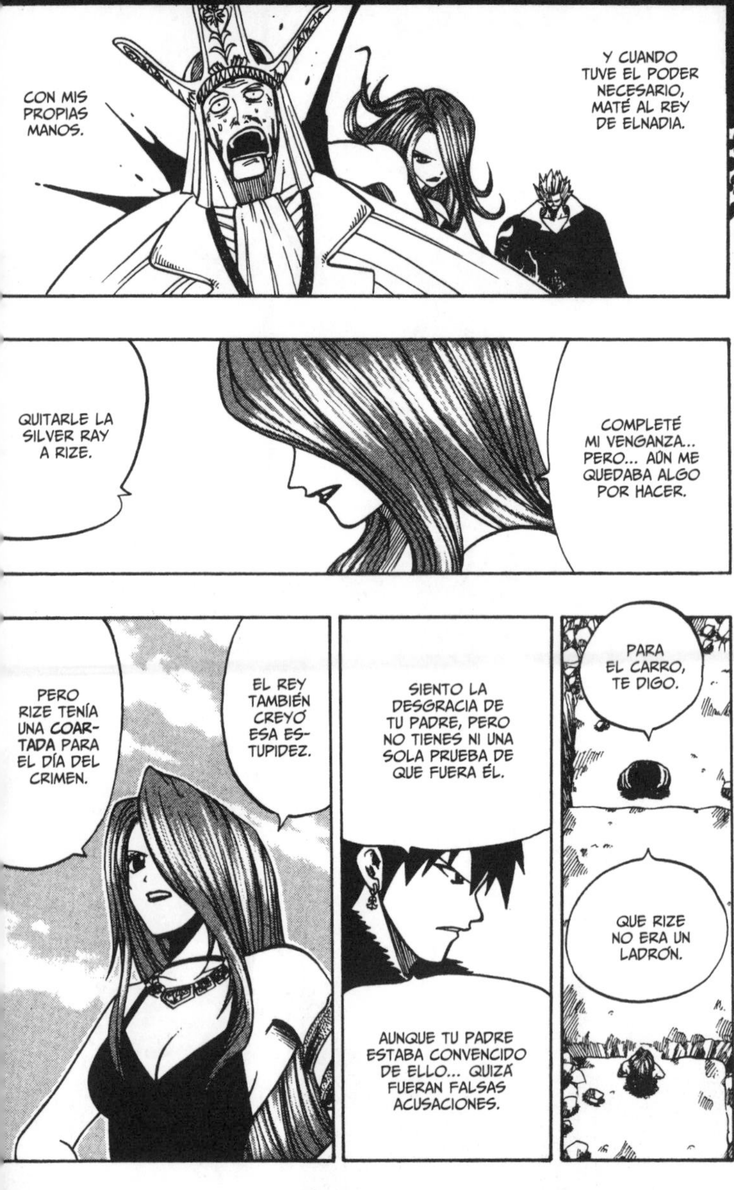
Y CUANDO TUVE EL PODER NECESARIO, MATÉ AL REY DE ELNADIA.
CON MIS PROPIAS MANOS.
COMPLETÉ MI VENGANZA... PERO... AÚN ME QUEDABA ALGO POR HACER.
QUITARLE LA SILVER RAY A RIZE.
PARA EL CARRO, TE DIGO.
QUE RIZE NO ERA UN LADRÓN.
SIENTO LA DESGRACIA DE TU PADRE, PERO NO TIENES NI UNA SOLA PRUEBA DE QUE FUERA ÉL.
AUNQUE TU PADRE ESTABA CONVENCIDO DE ELLO... QUIZÁ FUERAN FALSAS ACUSACIONES.
EL REY TAMBIÉN CREYÓ ESA ESTUPIDEZ.
PERO RIZE TENÍA UNA COARTADA PARA EL DÍA DEL CRIMEN.

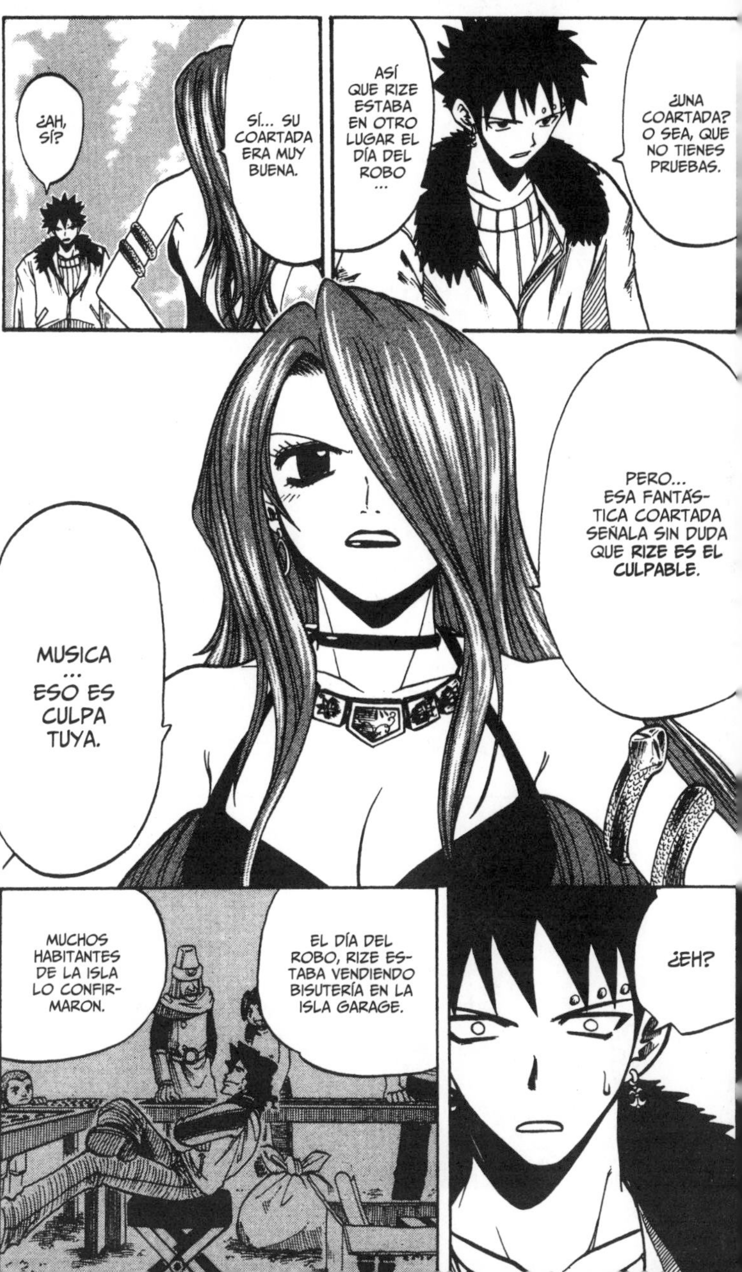
¿UNA COARTADA? O SEA, QUE NO TIENES PRUEBAS.
ASÍ QUE RIZE ESTABA EN OTRO LUGAR EL DÍA DEL ROBO ...
SÍ... SU COARTADA ERA MUY BUENA.
¿AH, SÍ?
PERO... ESA FANTÁS-TICA COARTADA SEÑALA SIN DUDA QUE RIZE ES EL CULPABLE.
MUSICA ... ESO ES CULPA TUYA.
¿EH?
EL DÍA DEL ROBO, RIZE ES-TABA VENDIENDO BISUTERÍA EN LA ISLA GARAGE.
MUCHOS HABITANTES DE LA ISLA LO CONFIR-MARON.

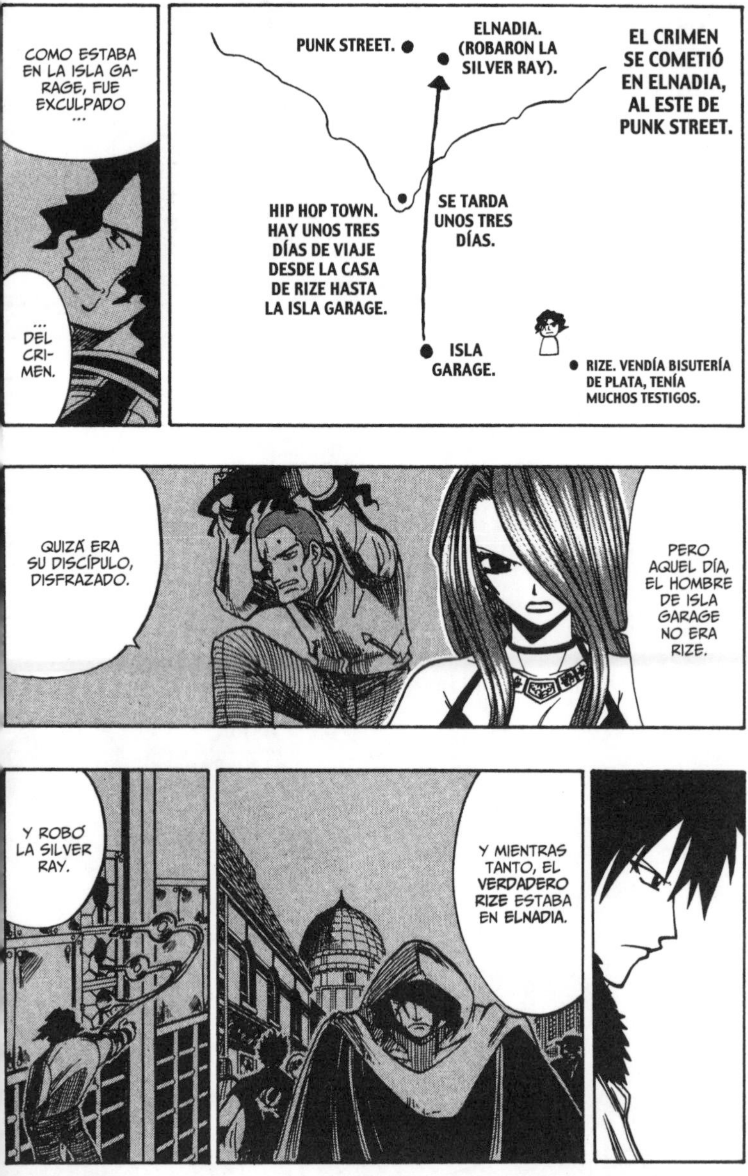
EL CRIMEN SE COMETIÓ EN ELNADIA, AL ESTE DE PUNK STREET.
ELNADIA. (ROBARON LA SILVER RAY).
PUNK STREET.
SE TARDA UNOS TRES DÍAS.
HIP HOP TOWN. HAY UNOS TRES DÍAS DE VIAJE DESDE LA CASA DE RIZE HASTA LA ISLA GARAGE.
ISLA GARAGE.
RIZE. VENDÍA BISUTERÍA DE PLATA, TENÍA MUCHOS TESTIGOS.
COMO ESTABA EN LA ISLA GARAGE, FUE EXCULPADO ...
... DEL CRIMEN.
PERO AQUEL DÍA, EL HOMBRE DE ISLA GARAGE NO ERA RIZE.
QUIZÁ ERA SU DISCÍPULO, DISFRAZADO.
Y MIENTRAS TANTO, EL VERDADERO RIZE ESTABA EN ELNADIA.
Y ROBÓ LA SILVER RAY.

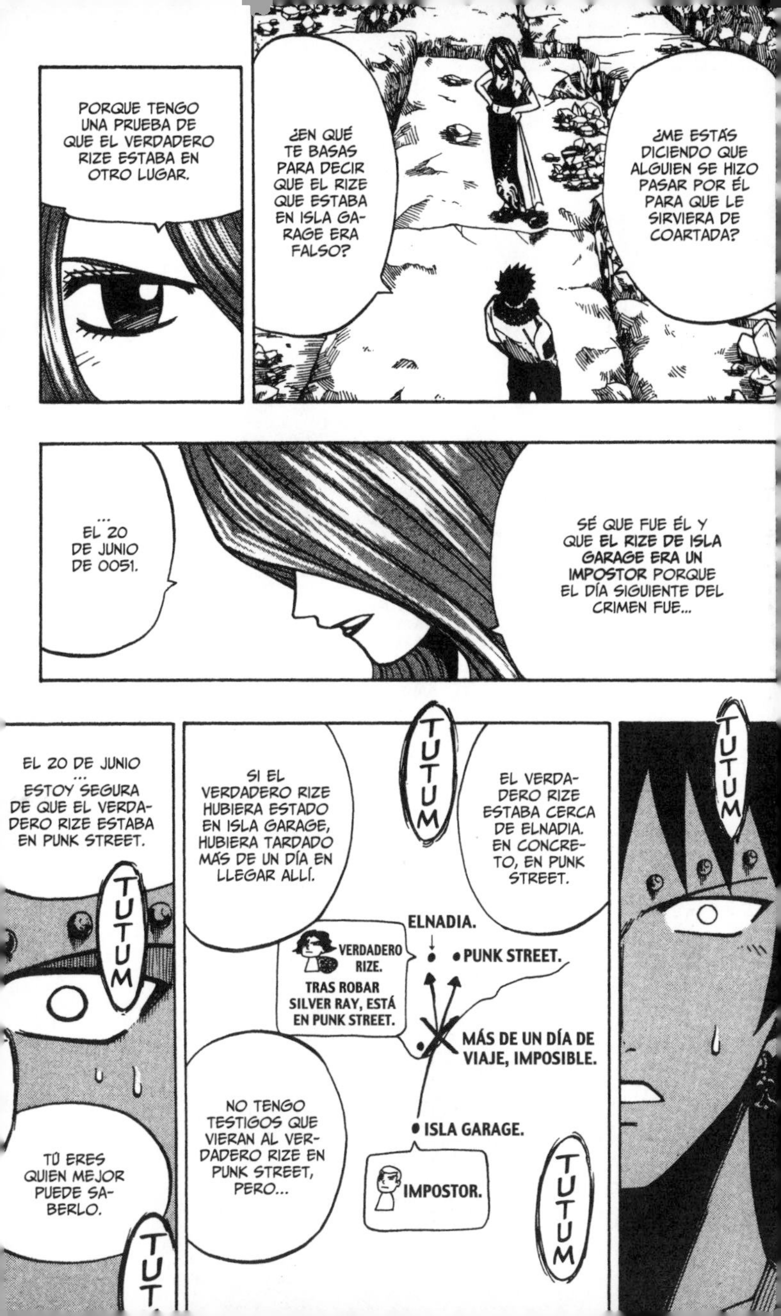

¿ME ESTÁS DICIENDO QUE ALGUIEN SE HIZO PASAR POR ÉL PARA QUE LE SIRVIERA DE COARTADA?
¿EN QUÉ TE BASAS PARA DECIR QUE EL RIZE QUE ESTABA EN ISLA GA-RAGE ERA FALSO?
PORQUE TENGO UNA PRUEBA DE QUE EL VERDADERO RIZE ESTABA EN OTRO LUGAR.
SÉ QUE FUE ÉL Y QUE **EL RIZE DE ISLA GARAGE ERA UN IMPOSTOR** PORQUE EL DÍA SIGUIENTE DEL CRIMEN FUE...
... EL 20 DE JUNIO DE 0051.
TUTUM
TUTUM
EL VERDA-DERO RIZE ESTABA CERCA DE ELNADIA. EN CONCRE-TO, EN PUNK STREET.
SI EL VERDADERO RIZE HUBIERA ESTADO EN ISLA GARAGE, HUBIERA TARDADO MÁS DE UN DÍA EN LLEGAR ALLÍ.
ELNADIA.
PUNK STREET.
VERDADERO RIZE.
TRAS ROBAR SILVER RAY, ESTÁ EN PUNK STREET.
MÁS DE UN DÍA DE VIAJE, IMPOSIBLE.
ISLA GARAGE.
IMPOSTOR.
NO TENGO TESTIGOS QUE VIERAN AL VER-DADERO RIZE EN PUNK STREET, PERO...
TUTUM
EL 20 DE JUNIO ... ESTOY SEGURA DE QUE EL VERDA-DERO RIZE ESTABA EN PUNK STREET.
TUTUM
TÚ ERES QUIEN MEJOR PUEDE SA-BERLO.

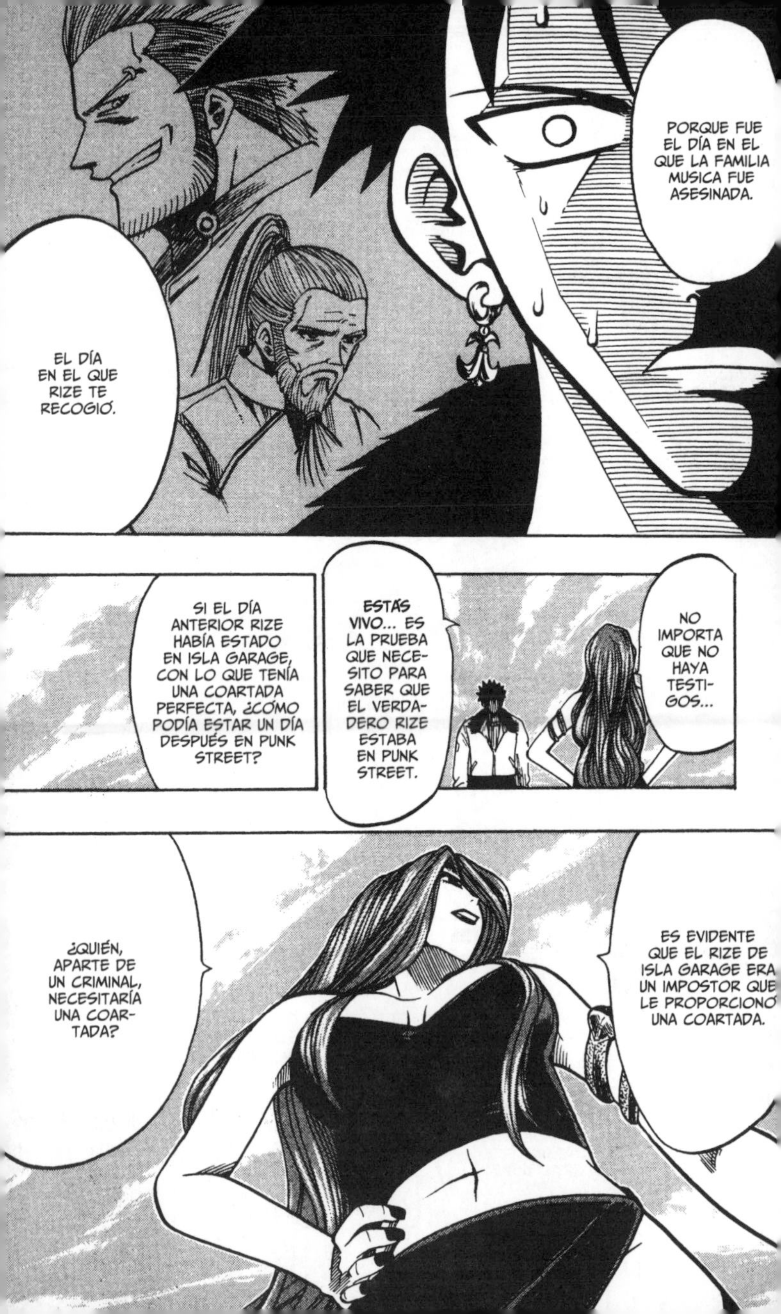
PORQUE FUE EL DÍA EN EL QUE LA FAMILIA MUSICA FUE ASESINADA.
EL DÍA EN EL QUE RIZE TE RECOGIÓ.
NO IMPORTA QUE NO HAYA TESTI-GOS...
ESTÁS VIVO... ES LA PRUEBA QUE NECE-SITO PARA SABER QUE EL VERDA-DERO RIZE ESTABA EN PUNK STREET.
SI EL DÍA ANTERIOR RIZE HABÍA ESTADO EN ISLA GARAGE, CON LO QUE TENÍA UNA COARTADA PERFECTA, ¿CÓMO PODÍA ESTAR UN DÍA DESPUÉS EN PUNK STREET?
ES EVIDENTE QUE EL RIZE DE ISLA GARAGE ERA UN IMPOSTOR QUE LE PROPORCIONÓ UNA COARTADA.
¿QUIÉN, APARTE DE UN CRIMINAL, NECESITARÍA UNA COAR-TADA?

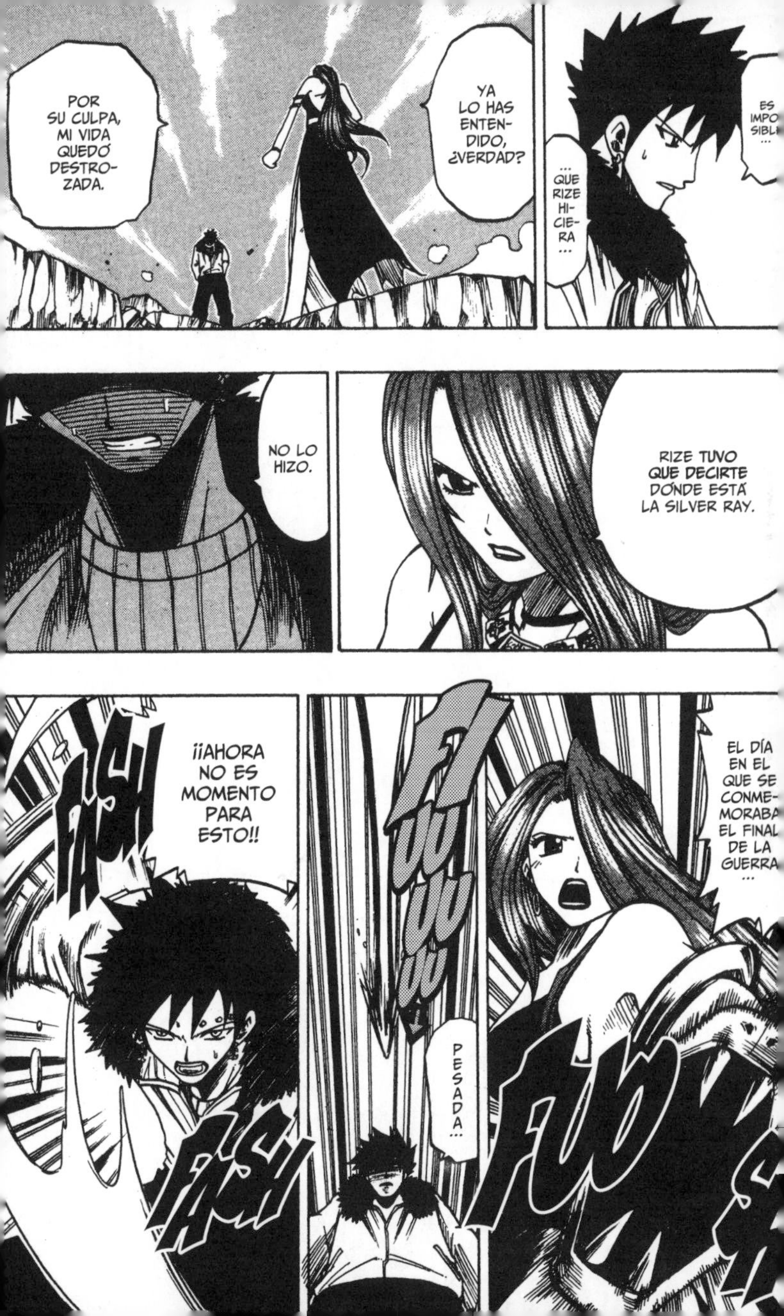
ES IMPOSIBL...
...QUE RIZE HICIERA...
YA LO HAS ENTENDIDO, ¿VERDAD?
POR SU CULPA, MI VIDA QUEDÓ DESTROZADA.
RIZE TUVO QUE DECIRTE DÓNDE ESTÁ LA SILVER RAY.
NO LO HIZO.
EL DÍA EN EL QUE SE CONMEMORABA EL FINAL DE LA GUERRA...
PESADA...
¡¡AHORA NO ES MOMENTO PARA ESTO!!
FASH
FASH

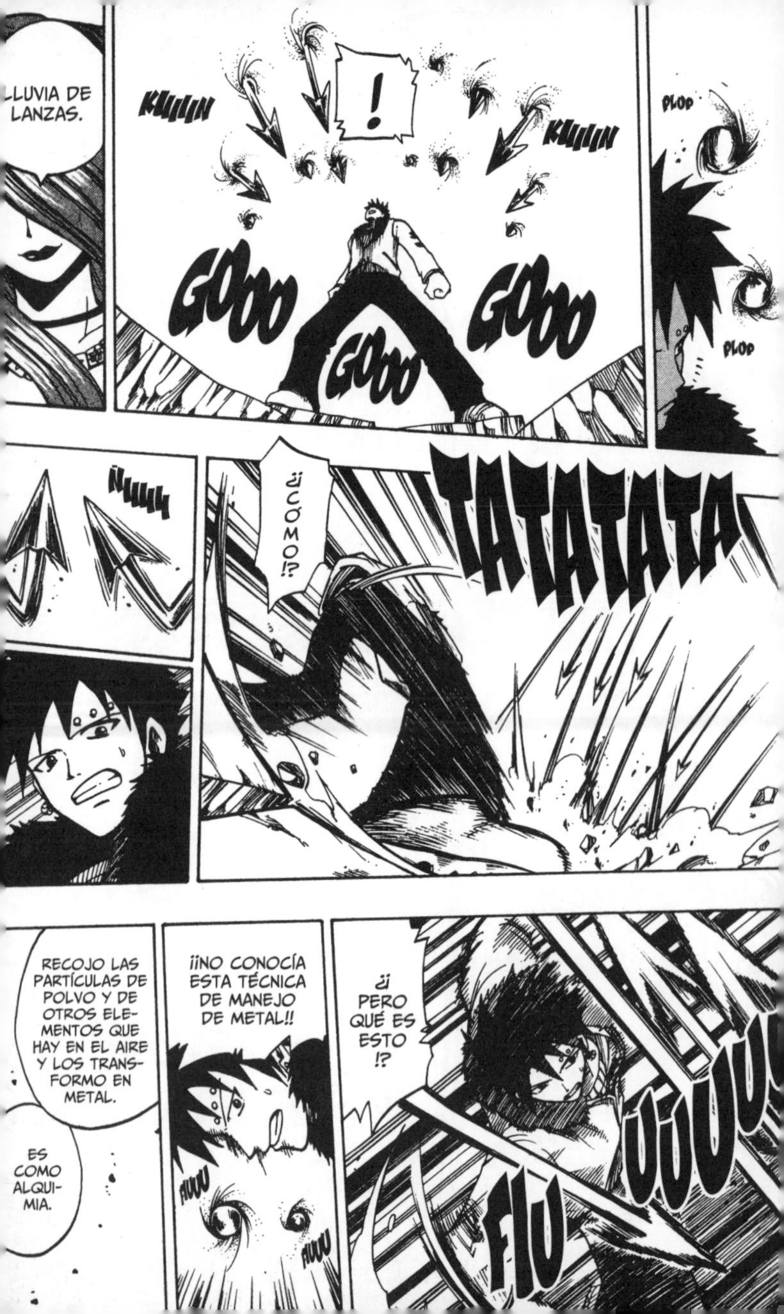
PLOP
PLOP
KUIIIN
!
KUIIIN
GOOO
GOOO
GOOO
LLUVIA DE LANZAS.
TATATATA
¿¡CÓMO!?
ÑUUUH
¿¡PERO QUÉ ES ESTO!?
FIU
UUUUU
¡¡NO CONOCÍA ESTA TÉCNICA DE MANEJO DE METAL!!
FIUUU
FIUUU
RECOJO LAS PARTÍCULAS DE POLVO Y DE OTROS ELEMENTOS QUE HAY EN EL AIRE Y LOS TRANSFORMO EN METAL.
ES COMO ALQUIMIA.

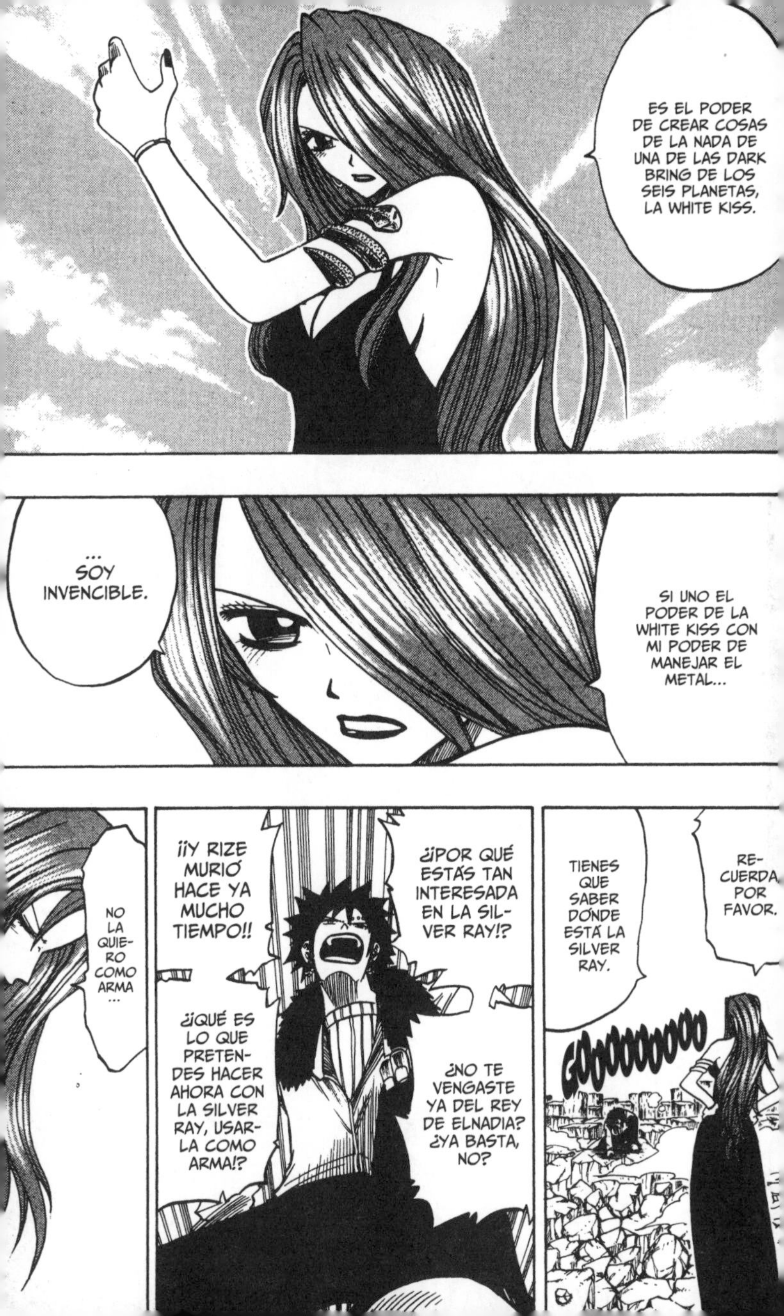
ES EL PODER DE CREAR COSAS DE LA NADA DE UNA DE LAS DARK BRING DE LOS SEIS PLANETAS, LA WHITE KISS.
SI UNO EL PODER DE LA WHITE KISS CON MI PODER DE MANEJAR EL METAL...
... SOY INVENCIBLE.
RE-CUERDA, POR FAVOR.
TIENES QUE SABER DÓNDE ESTÁ LA SILVER RAY.
GOOOOOOOOO
¿¡POR QUÉ ESTÁS TAN INTERESADA EN LA SILVER RAY!?
¡¡Y RIZE MURIÓ HACE YA MUCHO TIEMPO!!
¿NO TE VENGASTE YA DEL REY DE ELNADIA? ¿YA BASTA, NO?
¿¡QUÉ ES LO QUE PRETENDES HACER AHORA CON LA SILVER RAY, USAR-LA COMO ARMA!?
NO LA QUIE-RO COMO ARMA...

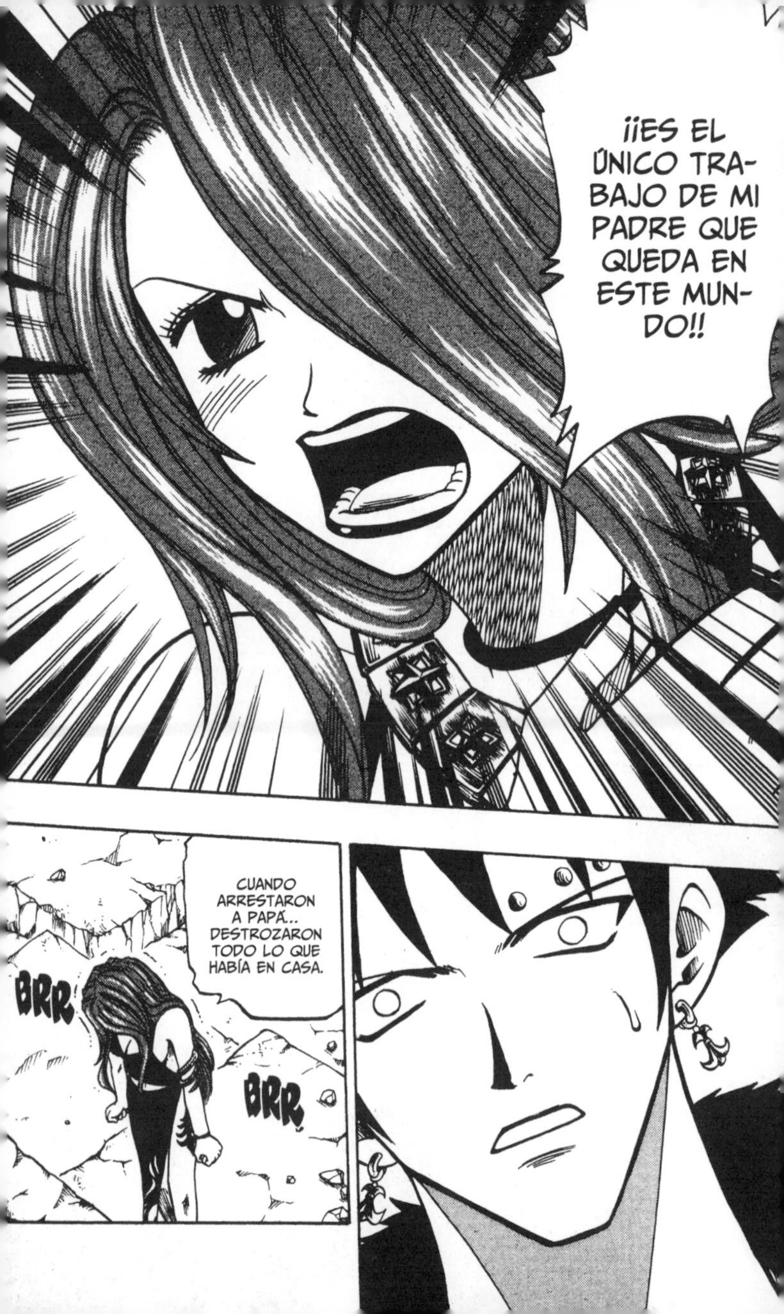
¡¡ES EL ÚNICO TRABAJO DE MI PADRE QUE QUEDA EN ESTE MUNDO!!
CUANDO ARRESTARON A PAPÁ... DESTROZARON TODO LO QUE HABÍA EN CASA.
BRR
BRR

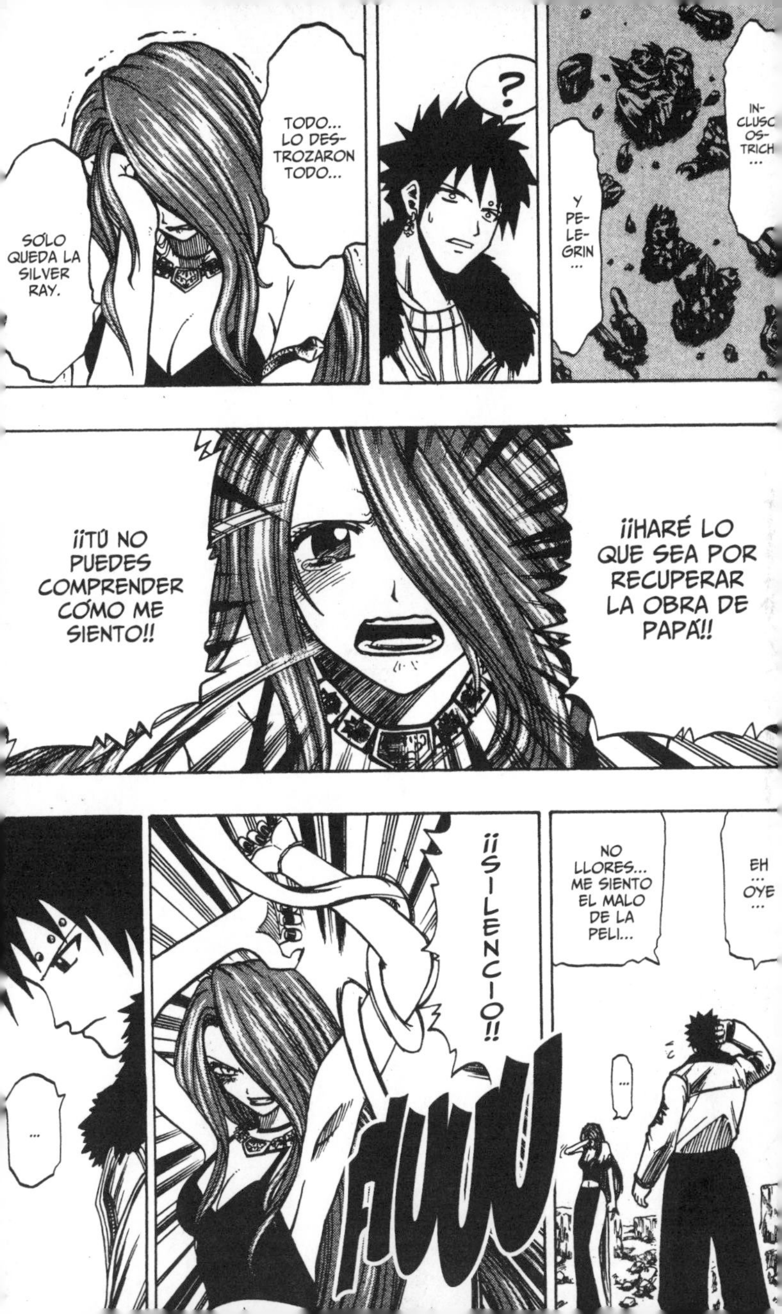
INCLUSO OSTRICH...
Y PELEGRIN...
?
TODO... LO DESTROZARON TODO...
SÓLO QUEDA LA SILVER RAY.
¡¡HARÉ LO QUE SEA POR RECUPERAR LA OBRA DE PAPÁ!!
¡¡TÚ NO PUEDES COMPRENDER CÓMO ME SIENTO!!
EH... OYE...
NO LLORES... ME SIENTO EL MALO DE LA PELI...
...
¡¡SILENCIO!!
FUUU
...

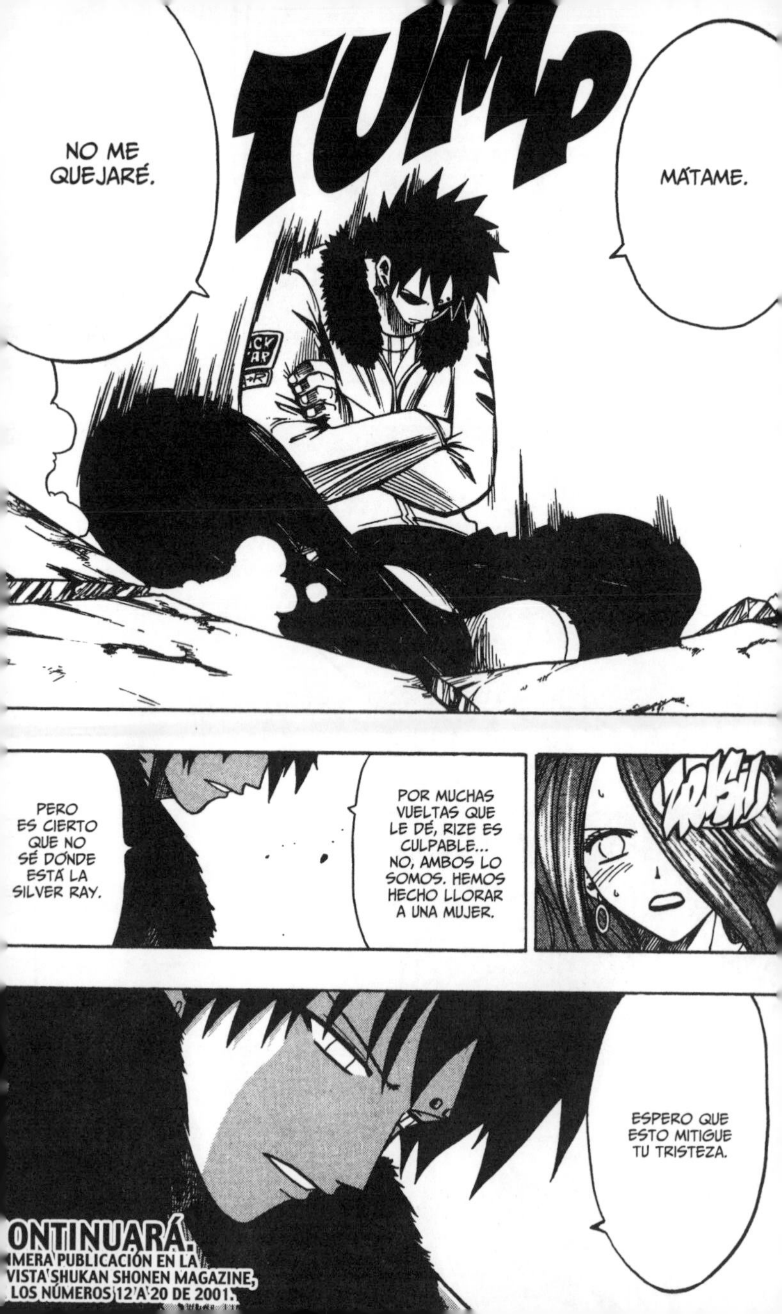
MÁTAME.
TUMP
NO ME QUEJARÉ.
POR MUCHAS VUELTAS QUE LE DÉ, RIZE ES CULPABLE... NO, AMBOS LO SOMOS. HEMOS HECHO LLORAR A UNA MUJER.
PERO ES CIERTO QUE NO SÉ DÓNDE ESTÁ LA SILVER RAY.
ESPERO QUE ESTO MITIGUE TU TRISTEZA.
ONTINUARÁ.
IMERA PUBLICACIÓN EN LA
VISTA SHUKAN SHONEN MAGAZINE,
LOS NÚMEROS 12 A 20 DE 2001.

LA ESPADA DE LOS DIEZ PODERES

5. LA ESPADA DOBLE: BLUE CRIMSON.

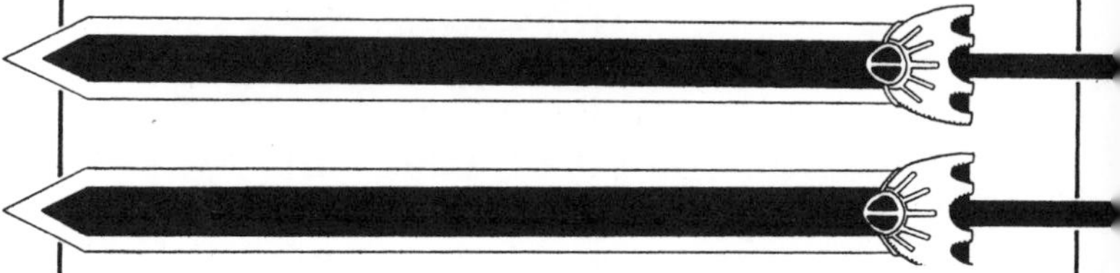

LA ESPADA DOBLE DE FUEGO Y HIELO, ¿SERÁ UNA ESPADA MÁGICA?
EN REALIDAD, SE LE SACA MAYOR PARTIDO CON ATAQUES MUY TÉCNICOS, PERO A HARU LE ESTÁ COSTANDO DOMINARLA.
BLUE ES AZUL, Y CRIMSON ES ESCARLATA...
SON DE FUEGO Y HIELO, CLARO.

6. LA ESPADA DEL VACÍO: MEL FORCE.

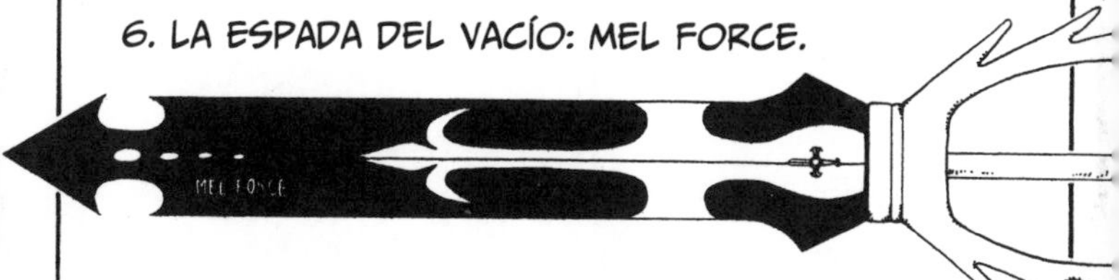
MEL FORCE

ES UNA ESPADA QUE SÓLO MANDA DESPEDIDO AL ADVERSARIO.
Y PARECE QUE LUEGO IMPIDE QUE EL ADVERSARIO PUEDA MOVERSE.
QUEDAN CUATRO FORMAS DE LA ESPADA DE LOS DIEZ PODERES POR APARECER, PERO TENDRÉ QUE PENSAR BIEN EN CUÁLES...
AH, ES VERDAD, SOBRE EL TOMO 9: ¿EN LA PUERTA DE LA PÁGINA 73 HARU LLEVA LA ESPADA DE LOS DIEZ PODERES EN SU FORMA FINAL?
ES QUE ME HAN HECHO MUCHO ESA PREGUNTA, PERO NO ES ASÍ.
ESO NO SIGNIFICA NADA.

UNA NUEVA ENTREGA DE LAS DESCRIPCIONES DE MIS ASISTENTES.

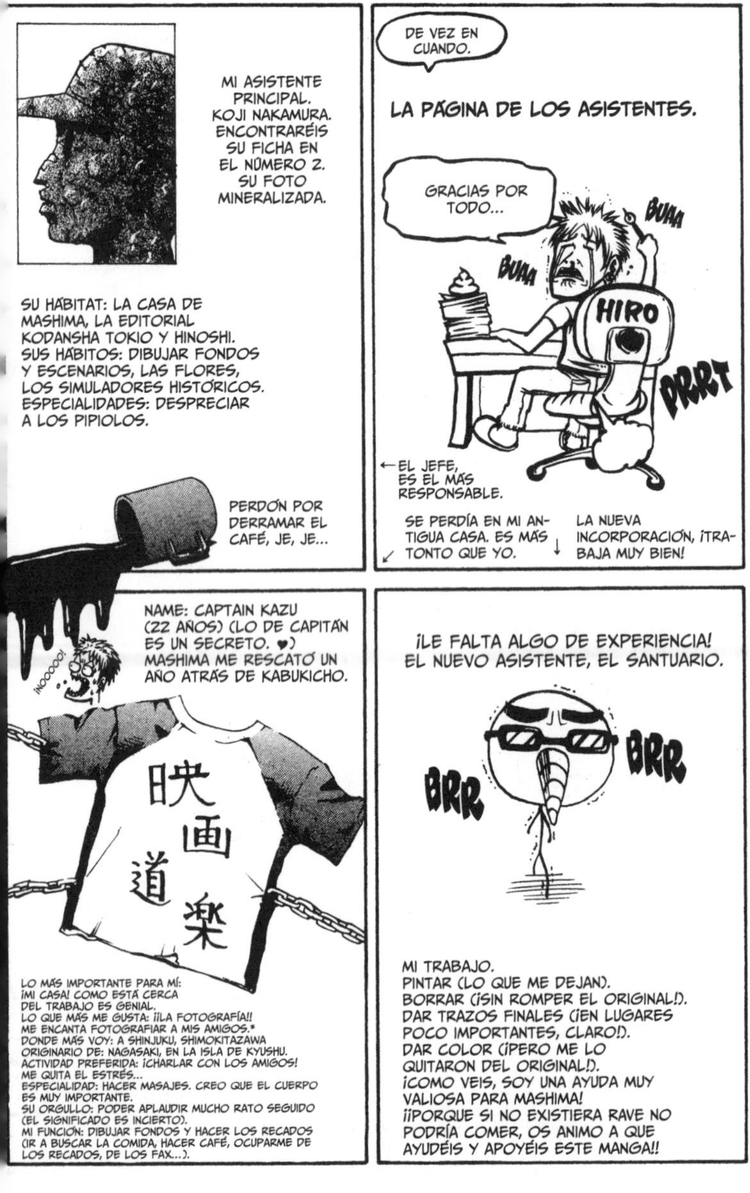
DE VEZ EN CUANDO.
LA PÁGINA DE LOS ASISTENTES.
GRACIAS POR TODO...
BUAA
BUAA
HIRO
PRRT
←EL JEFE, ES EL MÁS RESPONSABLE.
SE PERDÍA EN MI ANTIGUA CASA. ES MÁS TONTO QUE YO.
LA NUEVA INCORPORACIÓN, ¡TRABAJA MUY BIEN!
MI ASISTENTE PRINCIPAL. KOJI NAKAMURA. ENCONTRARÉIS SU FICHA EN EL NÚMERO 2. SU FOTO MINERALIZADA.
SU HÁBITAT: LA CASA DE MASHIMA, LA EDITORIAL KODANSHA TOKIO Y HINOSHI. SUS HÁBITOS: DIBUJAR FONDOS Y ESCENARIOS, LAS FLORES, LOS SIMULADORES HISTÓRICOS. ESPECIALIDADES: DESPRECIAR A LOS PIPIOLOS.
PERDÓN POR DERRAMAR EL CAFÉ, JE, JE...
¡LE FALTA ALGO DE EXPERIENCIA! EL NUEVO ASISTENTE, EL SANTUARIO.
BRR
BRR
MI TRABAJO.
PINTAR (LO QUE ME DEJAN).
BORRAR (¡SIN ROMPER EL ORIGINAL!).
DAR TRAZOS FINALES (¡EN LUGARES POCO IMPORTANTES, CLARO!).
DAR COLOR (¡PERO ME LO QUITARON DEL ORIGINAL!).
¡COMO VEIS, SOY UNA AYUDA MUY VALIOSA PARA MASHIMA!
¡¡PORQUE SI NO EXISTIERA RAVE NO PODRÍA COMER, OS ANIMO A QUE AYUDÉIS Y APOYÉIS ESTE MANGA!!
NAME: CAPTAIN KAZU (22 AÑOS) (LO DE CAPITÁN ES UN SECRETO. ♥) MASHIMA ME RESCATÓ UN AÑO ATRÁS DE KABUKICHO.
¡NOOOOO!
映画道楽
LO MÁS IMPORTANTE PARA MÍ: ¡MI CASA! COMO ESTÁ CERCA DEL TRABAJO ES GENIAL.
LO QUE MÁS ME GUSTA: ¡¡LA FOTOGRAFÍA!! ME ENCANTA FOTOGRAFIAR A MIS AMIGOS.*
DONDE MÁS VOY: A SHINJUKU, SHIMOKITAZAWA
ORIGINARIO DE: NAGASAKI, EN LA ISLA DE KYUSHU.
ACTIVIDAD PREFERIDA: ¡CHARLAR CON LOS AMIGOS! ME QUITA EL ESTRÉS...
ESPECIALIDAD: HACER MASAJES. CREO QUE EL CUERPO ES MUY IMPORTANTE.
SU ORGULLO: PODER APLAUDIR MUCHO RATO SEGUIDO (EL SIGNIFICADO ES INCIERTO).
MI FUNCIÓN: DIBUJAR FONDOS Y HACER LOS RECADOS (IR A BUSCAR LA COMIDA, HACER CAFÉ, OCUPARME DE LOS RECADOS, DE LOS FAX...).

CAPÍTULO 10. CAMBIO DE IMAGEN

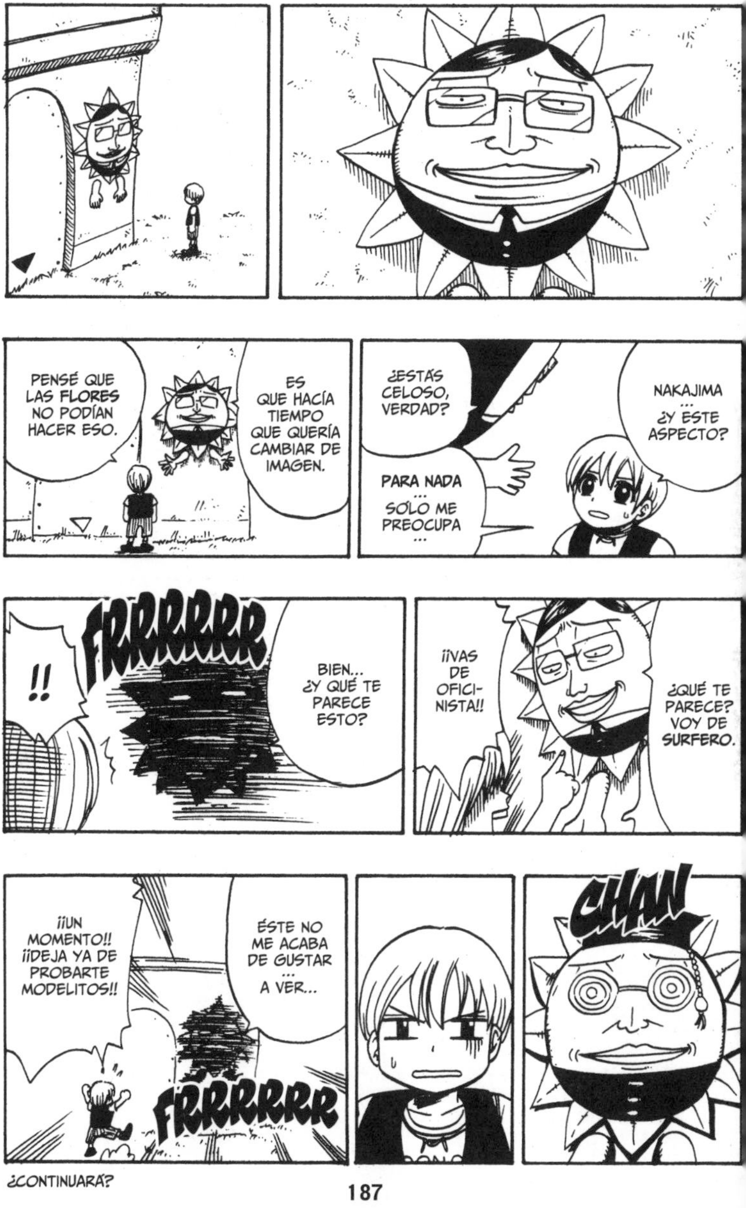
PENSÉ QUE LAS FLORES NO PODÍAN HACER ESO.
ES QUE HACÍA TIEMPO QUE QUERÍA CAMBIAR DE IMAGEN.
NAKAJIMA ... ¿Y ESTE ASPECTO?
¿ESTÁS CELOSO, VERDAD?
PARA NADA ... SÓLO ME PREOCUPA ...
!!
FRRRRRR
BIEN... ¿Y QUÉ TE PARECE ESTO?
¿QUÉ TE PARECE? VOY DE SURFERO.
¡¡VAS DE OFICINISTA!!
ÉSTE NO ME ACABA DE GUSTAR ... A VER...
FRRRRRR
¡¡UN MOMENTO!! ¡¡DEJA YA DE PROBARTE MODELITOS!!
CHAN

¿CONTINUARÁ?

POSTSCRIPT

¡DOT COM! ¡HOLA, SOY MASHIMA! ÚLTIMAMENTE HE ESTADO MUY OCUPADO. ME ENCANTA SER *MANGAKA*, PERO SIEMPRE ESTOY MUY LIADO. PARECE QUE NUNCA ACABO DE DIBUJAR, AHORA APARTE DE LAS ENTREGAS PARA LA REVISTA TENGO QUE HACER LAS ILUSTRACIONES PARA UN CALENDARIO, Y MÁS COSAS QUE AÚN NO PUEDO CONTAROS, PERO EL CASO ES QUE NO PARO DE DIBUJAR. HE OÍDO COMENTAR QUE PARA UN DIBUJANTE DE MANGA ES FANTÁSTICO ESTAR TAN OCUPADO, PERO A ESTE PASO VOY A ACABAR GRITANDO... DE ALEGRÍA. QUIERO AGRADECERLE A MI EDITOR TODO EL TRABAJO QUE ME CONSIGUE. BUENO, ¿QUÉ OS HA PARECIDO ESTE NÚMERO 11? EN ESTE NÚMERO, APARTE DE LA HISTORIA PRINCIPAL ENTRE RAVE Y DARK BRING, TAMBIÉN TENEMOS LA DE JEGAN Y LET, O MUSICA Y REINA, HISTORIAS PARALELAS QUE IRÉ DESARROLLANDO. LE DI MUCHAS VUELTAS A LA TRANSFORMACIÓN HUMANA DE LET, PERO LA VERDAD ES QUE DESPUÉS DE HABERLO PUBLICADO ME DI CUENTA QUE DESDE QUE LUCHÓ CONTRA HARU (EN EL TOMO 8), TENÍA LA INTENCIÓN DE CONVERTIRLO EN HUMANO. PARA SER SINCERO, HACE MUCHO QUE DECIDÍ QUE REINA FUERA UNA SILVER CLAIM (DESDE LA PÁGINA 127 DEL TOMO 6) Y AHORA EXPLICO LA HISTORIA QUE HAY DETRÁS DE ELLA. AH, ¡Y TENGO LA INTENCIÓN DE QUE BELIAL SE PASE EL RATO REVOLOTEANDO! LA VERDAD ES QUE YO NO HE ESCOGIDO SU NOMBRE (RISAS).
¡¡BIEN!! ¡¡PUES PONGÁMOSLE UN NOMBRE!!
¡¡ESCRIBID VUESTRA PROPUESTA DE NOMBRE DEL MURCIÉLAGO JUNTO A UN DIBUJILLO EN UN FOLIO DE PAPEL!!

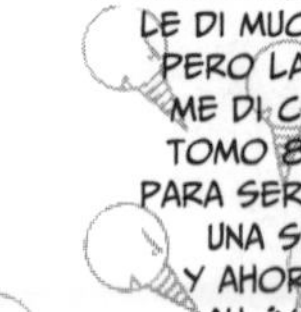
○○ さん××
MASHIMA.

← ¡¡QUÉ MAL ROLLO!! (RISAS)

ASÍ ES COMO QUEDA EL →
DIBUJO DE RAVE TRAS KING.
LA FECHA DE ENTREGA ES
EL ÚLTIMO DÍA DE 2001.

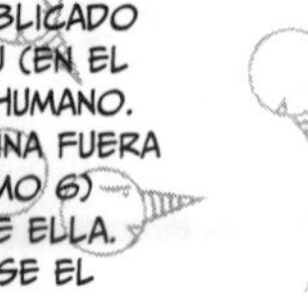
○○ さん××
RAVE
MASHIMA.

¡ANUNCIARÉ EL RESULTADO EN ESE TOMO!
¡ENVIADME CÓMO CREÉIS QUE DEBERÍA LLAMARSE EL MURCIÉLAGO!
¡NATURALMENTE, USARÉ EN EL MANGA EL NOMBRE ESCOGIDO!

MASHIMA.

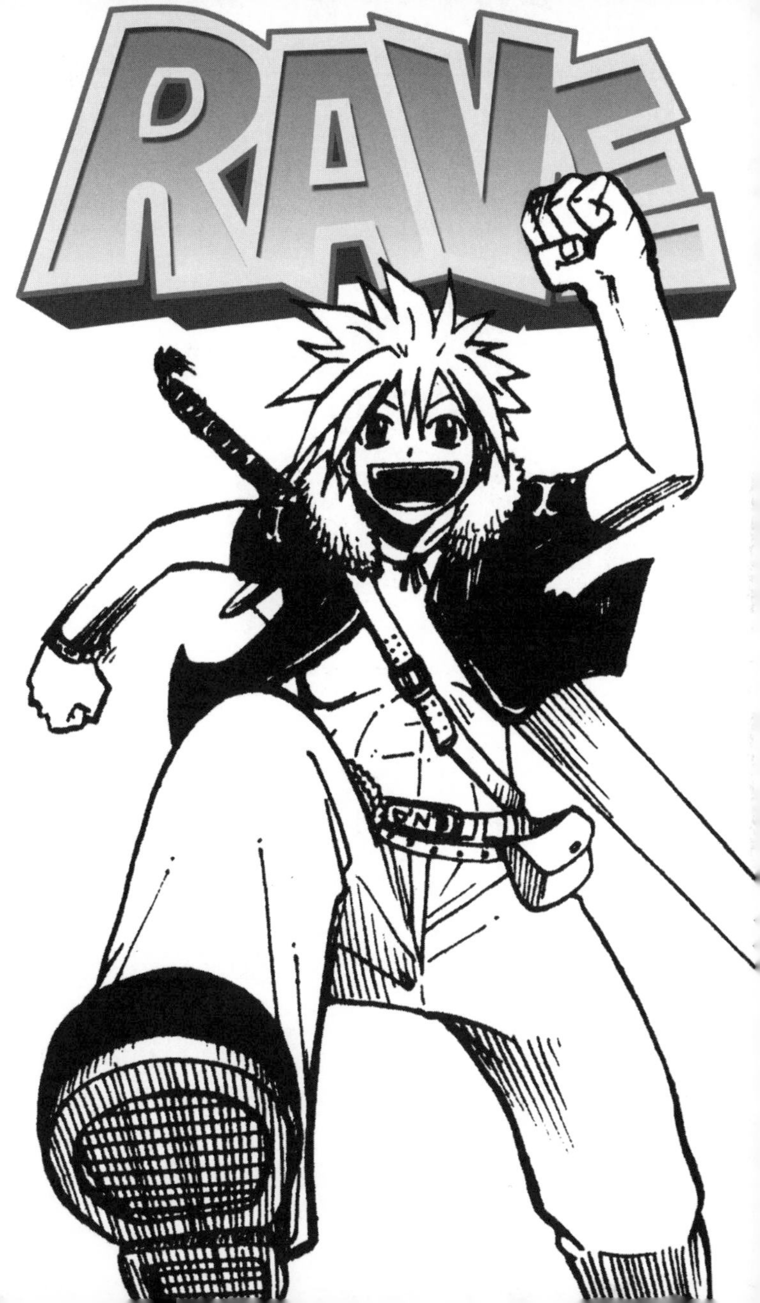
RAVE

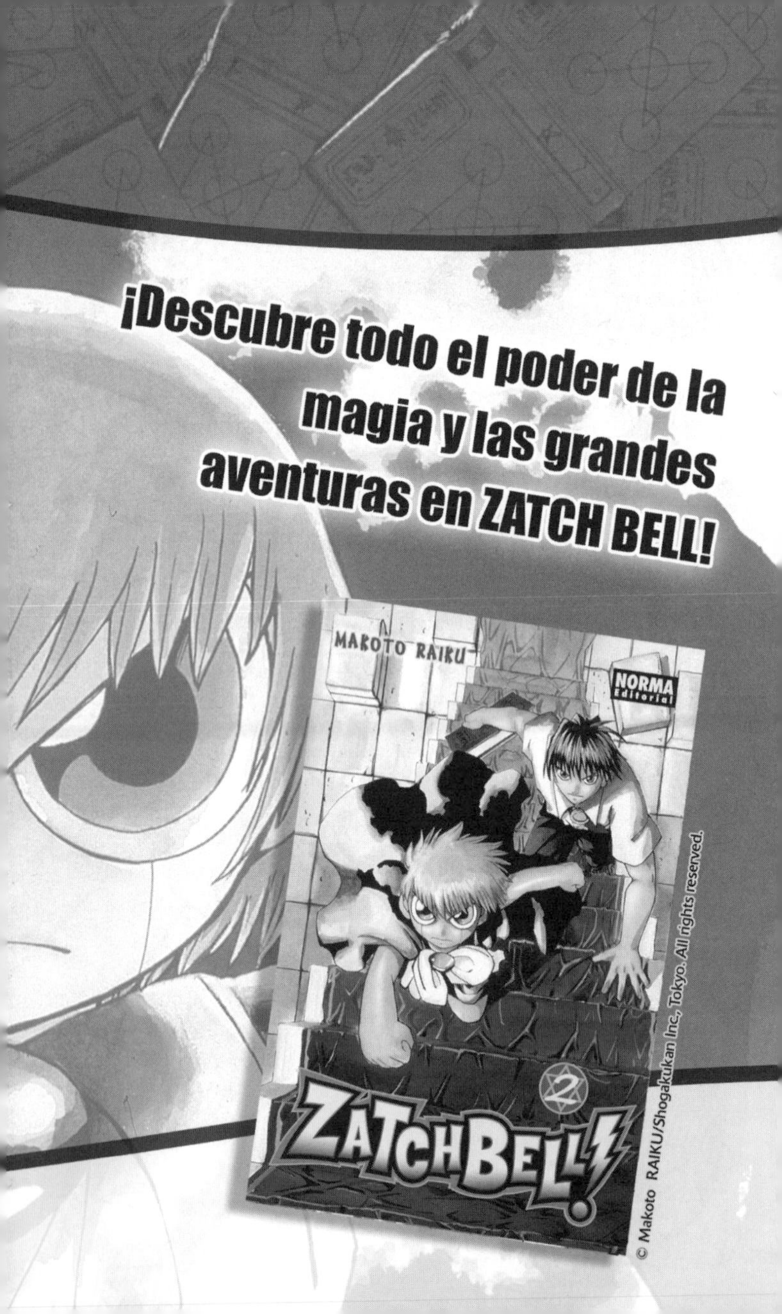
¡Descubre todo el poder de la magia y las grandes aventuras en ZATCH BELL!
MAKOTO RAIKU
NORMA Editorial
2
ZATCH BELL!
© Makoto RAIKU/Shogakukan Inc., Tokyo. All rights reserved.

ZATCHBELL!

MAKOTO RAIKU

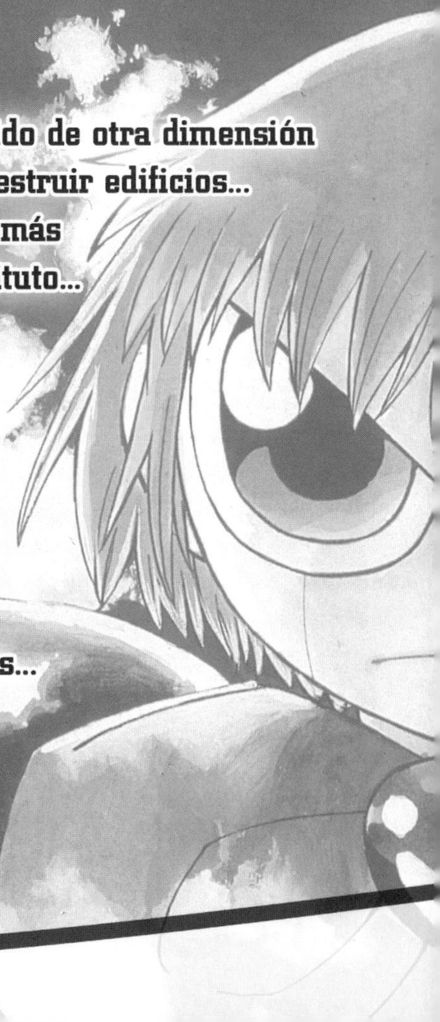

Zatch, un niño venido de otra dimensión tiene el poder de destruir edificios... Kiyomaro, el chico más inteligente del instituto... y el más odiado...

Un torneo entre mundos para elegir al nuevo rey de los Mamodos...

NORMA Editorial

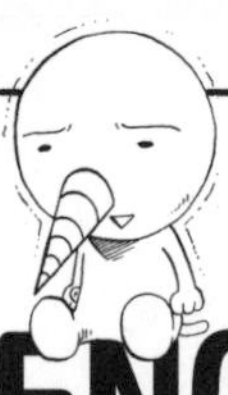

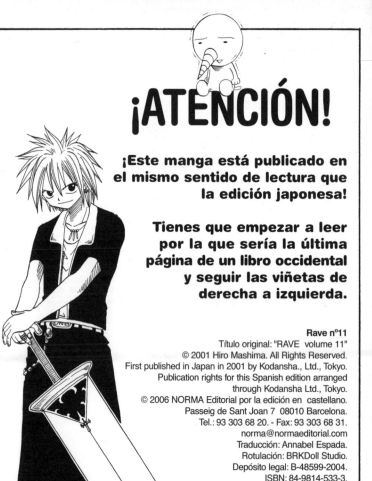

¡ATENCIÓN!

¡Este manga está publicado en el mismo sentido de lectura que la edición japonesa!

Tienes que empezar a leer por la que sería la última página de un libro occidental y seguir las viñetas de derecha a izquierda.

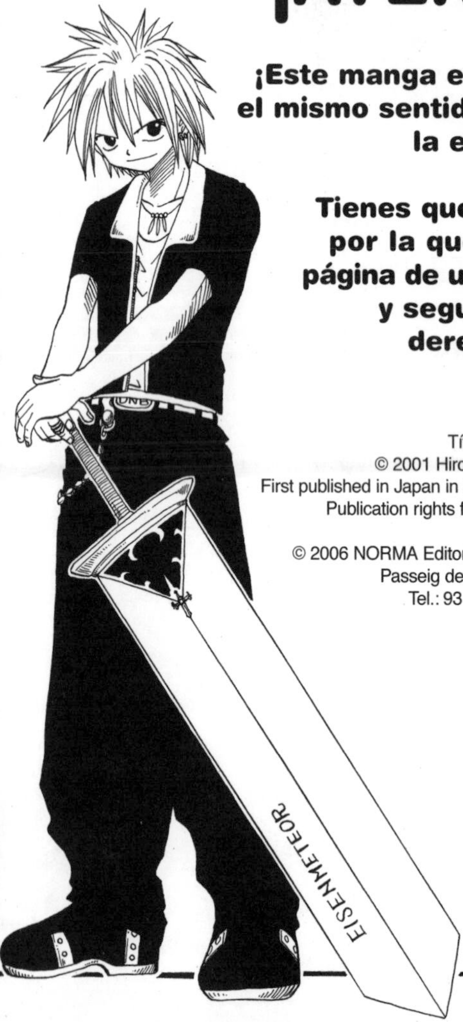
EISENMETEOR

Rave nº11
Título original: "RAVE volume 11"

First published in Japan in 2001 by Kodansha., Ltd., Tokyo.
Publication rights for this Spanish edition arranged through Kodansha Ltd., Tokyo.

Passeig de Sant Joan 7 08010 Barcelona.
Tel.: 93 303 68 20. - Fax: 93 303 68 31.
norma@normaeditorial.com
Traducción: Annabel Espada.
Rotulación: BRKDoll Studio.
Depósito legal: B-48599-2004.
ISBN: 84-9814-533-3.
Printed in the EU.

www.NormaEditorial.com

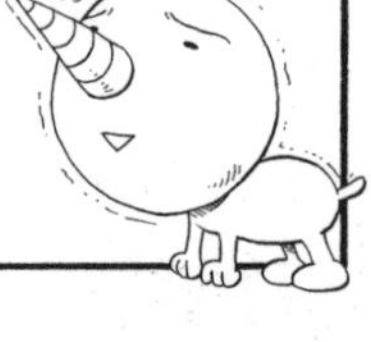